场馆学习

——理论·技术·实践

Museum Learning Theory Technology Practice

杜华◎著

吉林大学出版社
长春

图书在版编目（CIP）数据

场馆学习：理论·技术·实践 / 杜华著 . -- 长春：
吉林大学出版社，2020.5
ISBN 978-7-5692-6493-7

Ⅰ . ①场… Ⅱ . ①杜… Ⅲ . ①博物馆—社会教育—研
究②科学馆—科学教育学—研究 Ⅳ . ① G266 ② G311

中国版本图书馆 CIP 数据核字（2020）第 078529 号

书　　名 场馆学习——理论·技术·实践
CHANGGUAN XUEXI——LILUN·JISHU·SHIJIAN
作　　者：杜　华　著
策划编辑：卢　婵
责任编辑：卢　婵
责任校对：田茂生
装帧设计：汤　丽
出版发行：吉林大学出版社
社　　址：长春市人民大街 4059 号
邮政编码：130021
发行电话：0431-89580028/29/21
网　　址：http：//www.jlup.com.cn
电子邮箱：jdcbs@jlu.edu.cn
印　　刷：北京虎彩文化传播有限公司
开　　本：787mm × 1092mm　　1/16
印　　张：24.5
字　　数：330 千字
版　　次：2020 年 5 月　第 1 版
印　　次：2020 年 5 月　第 1 次
书　　号：ISBN 978-7-5692-6493-7
定　　价：122.00 元

前　言

博物馆、科技馆等各类场馆是在漫长的人类社会演进与变迁中形成的机构，是人类历史与记忆的现场、文化传承与创新的殿堂，而今更肩负着神圣的、公益性的科学教育使命，是公众尤其是青少年学习的绝佳场所，在配合学校教育与开展终身学习中扮演着极其重要的角色。随着人类社会的发展和科技的进步，人们开始关注将信息技术应用于场馆，关于场馆学习的理论研究与实践探索的脚步也从未停止。尤其是近年来发展迅猛的物联网、大数据、云计算、人工智能等新兴信息技术，为场馆学习的创新提供了契机和广阔的空间。场馆学习的数字化、智能化转向已是大势所趋。如何充分运用信息技术来优化场馆学习的物理境脉，以及数字化展品资源创建与分享形式，感知和识别学习者的个性化特征并提供个性化的支持与服务，从而使学习者能够获得“以人为本”的更好的场馆学习体验，从而实现更深层的意义建构，日渐成为场馆学习研究与实践必须面对的重大课题与现实挑战，而且对于教育领域的综合改革也存在着适切而又紧密的理论关照和实践意义。

同时，作为一个跨学科的研究领域，场馆学习曾经与教育技术有着非常紧密的联系，一度成为教育技术在初创阶段——视听教育中的重要研究与实践领域。随着教育技术的关注点逐渐转向正规的学校教育体系，以非正式为主要特征兼具正式色彩的场馆学习逐渐淡出教育技术领域。

而进入21世纪，学校的围墙被包括信息技术在内的各种新兴力量所打破，发生在正规教育体系之外的各种非正式学习重新引起关注。在这种情况下，场馆学习又逐渐回到了教育技术研究者的视野，成为研究热点之一。

基于此，本书围绕着场馆学习的理论、技术与实践问题进行了一些探索。全书共分十二章。在内容编排上，梳理了国内外相关理论与实践研究成果的同时，也糅合了笔者的研究与实践，既注重对场馆学习的解读，也投入了较多笔墨在信息技术之于场馆学习的理论与实践中。

第一章旨在从世界范围的趋势、国家层面的重视、场馆教育功能的凸显、信息技术的发展等方面，窥见场馆学习正在成为一个值得关注的研究领域这个事实。探讨场馆学习，必须首先回答“什么是场馆学习”这一关键问题。第二章通过对场馆、学习等的内涵进行梳理，对场馆学习的概念、本质、特征、理论基础等进行了分析与描述。在场馆漫长的发展过程中所表现出来的场馆功能、性质及其与社会关系的变化，对于我们认识今天的场馆、场馆学习以及指导场馆学习的未来发展，有着重要的借鉴作用。第三章根据研究主题需要，从理念与实践的角度，对国际场馆学习的发展历程进行简要论述，并对我国场馆学习的发展进行回顾。基于对场馆学习的不同理解和视角，研究者提出了一些观点和理论模型来解释场馆学习系统及其要素，致力于回答“人是如何进行场馆学习的”“场馆学习的本质是什么”“场馆学习会受到什么因素的影响”等问题，对真实情境中的人类场馆学习问题及其发生过程进行描述性研究，试图从学习机制、非正式环境和正式环境方面的学习等不同角度，探讨场馆学习的基本问题，以获得对于场馆学习发生的“实然状况”的描述和理解，逐渐在学习机制上达成了诸多共同的观点，在一定程度上揭示人类场馆学习的原理与本质。第四章遴选了几个有代表性的理论模型，从中可以看到研究者对场馆学习的理解。场馆面向所有社会公众开放，每一个人都是场馆的学习者或者潜在的学习者。场馆学习者以及潜在学习者的分析与研究，在近些年来越来越成为场馆学习研究领域关注的问题。第五章对场馆学习者群体、研究范畴、研究方法等进行了梳理。“怎样促进人们的场馆学习”也是学者们聚焦的问题之一，场馆学习环境研究旨在通过场馆学习环境的设计以促进人们进行更深入、更有效的学习，为学习者提供服务。第六章围绕着场馆学习环境的概念、特征、设计等问题进行了探讨。从第七章开始，着重关注信息技术在场馆及场馆学习中的应用。第七章梳理了自20世纪50年代以来信息技术应用于场馆的发展演进。随着信息技术的发展，世界各国都非常重视将信息技术应用于场馆，相关研究与实践在国际范围内开展得如火如荼。第八章从地域角度梳理了美国、欧洲各国以及我国的发展脉络。信息技术用于场馆这一类特殊场景中，必然有着与学校、企业等场景的不同之处。重新思考与检视信息技术给场馆学习变革带来的可能性，这也是非常值得追问及深思的问题。第九章首先归纳了与场馆学习最具有相关性的信息技术，主要分为四类，即数字化展示与交互技术、数字化资源开发与知识管理技术、感知与适应技术、跟踪与分析技术，在此基础上分析了信息技术在场馆学习中的替代、增强、修改、重塑作用。第十章从信息技术赋能 / 增能场馆学习入手，分析了信息技术所带来的赋能 / 增能作用，诸如信息技术可以提供器物层面的技术中介、丰富的工具、多样化的资源、增强学习者体验、支持学习者感知给养、为学习者探究提供支架等。信息技术不仅赋能 / 增能场馆学习，而且也可能会引起学习者与展品之间的关系发生一些变化，可能会带来原有系统要素间平衡的解构和新的要素间关系的重构；信息技术赋能优化场馆学习环境，突破场馆学习时空限制，转变学习者的场馆学习方式；信息技术适应学习者个体差异、满足个性化学习需求；信息技术改变管理与决策方式；具有不可替代的赋能加力功能和促进场馆学习变革的内生性动力。信息技术改变了传统场馆学习的过程结构和生态场景。这些是第十一章重点探讨的问题。近年来，大数据、云计算、物联网、人工智能技术的出现，为场馆的发展带来了新的机遇和挑战。如同社会其他领域一样，场馆也正在经历着一次新的飞跃——正在迈向以感知、互联和智能为特点的智慧场馆，以实现“物”与“物”、“人”与“物”、“人”与“人”的信息交互。最后一章也就是第十二章，着重讨论了智慧场馆的内涵、关键技术、体系架构等问题，并遴选了几个典型案例进行分析。

笔者深知，场馆学习作为不断发展的研究领域，具有动态性、多样性和复杂性，本书难以涵盖各方面出现的问题。加之笔者自身的研究水平有限，以及限于目前的文献梳理和资料搜集状况，书中肯定有考虑不周和疏漏之处。诚请各位专家学者和读者批评指正，以便对相关内容做进一步修改和完善。

杜 华

2019 年 12 月

目　录

第一章　场馆学习：一个值得关注的研究领域

第一节　他山之石：世界各国的普遍关注

世界著名的未来学家约翰·奈斯比特（John Naisbitt）曾经预言道，“终身教育将成为第二次文艺复兴，而场馆将成为第二次文艺复兴的重地”[①]。从缪斯神庙、阿什莫林博物馆、南通博物苑，到今日林林总总、种类繁多的各类场馆，历经了漫长的人类社会演进与变迁，既是人类历史与记忆的现场，又是人类文化传承与创新的殿堂[②]，同时也肩负着神圣的、公益性的科学教育使命，是社会公众学习的绝佳场所。

自从1683年英国牛津大学阿什莫林博物馆（The Ashmolean Museum）面向公众开放以来，教育就是其非常重要的功能。如果展品是

① 郑奕. 博物馆教育活动研究——观众参观博物馆前、中、后三阶段教育活动的规划与实施［D］. 上海：复旦大学，2012.

② 郭俊英，王芳. 博物馆——以教育为圆心的文化乐园［M］. 广州：暨南大学出版社，2011.

场馆的心脏，展示和教育工作就是场馆的灵魂。美国场馆界专家古德（G. B. Goode）曾说，“场馆不在于它拥有什么，而在于它以其有用的资源做了什么”[①]，这句话一直被西方学者奉为至理名言。1888 年，格拉斯哥艺术博物馆管理者重申：“我们现在站在迎接重要挑战的门槛上，我们需要与科学和学校教育紧密联系起来，在有效的教育改革活动中，场馆应该占据重要的位置。它应该是其他教育机构的中心，是一个教室和报告厅中所用资源的储藏室。”[②]1984 年美国博物馆协会发布的《新世纪的场馆》（*Museums for a New Century*）报告中指出：“场馆担任着教育方面的重要使命，要成为名副其实的教育机构，还需充分发掘其潜能……场馆和学校之间还有巨大的合作空间……”[③]

时下，在终身教育的思想与理念广泛地被接受与传播的今天，各类场馆确实扮演着重要的角色，发挥着越来越重要的作用。博物馆、科技馆等各类场馆的教育功能，也受到世界各国尤其是欧美发达国家的普遍关注，已经成为一种国际潮流与发展趋势，这些从有影响力的机构发布的一些重要报告可见一斑。联合国教育科学及文化组织、国际博物馆协会、美国博物馆联盟、英国博物馆与美术馆委员会、澳大利亚博物馆协会等机构，发布了《关于场馆向公众开放最有效方法的建议》《场馆，教育的想象力》《构建教育的未来：场馆与学习生态系统》等重要报告，都充分肯定了教育作为场馆核心功能的地位以及场馆在教育生态系统中所发挥的作用等。近年来发布的一些报告更是对这些进行了着重强调与再次申明。2016 年 2 月 24 日，美国博物馆联盟发布了《美国博物馆联盟战略规划（2016—2020）》的报告，指出场馆将在不断发展的教育生态

---

① 郑奕 . 博物馆教育活动研究——观众参观博物馆前、中、后三阶段教育活动的规划与实施［D］. 复旦大学，2012.

② Hein，G. Learning in the museum［M］. London：Rootledge，1998.

③ AAM. Commission of museum for a new century. Museums for a new century［M］. Washington，D. C.，1984.

系统尤其是基础教育生态系统中发挥越来越重要的作用，列为重点关注的领域与重要的议题。这些报告及其相应的表述对我们有着重要的借鉴意义。

第二节　政策依据：国家层面的高度重视

自清末状元张謇于20世纪初创立南通博物苑以来，我国场馆事业至今已经走过了百年历程。现如今更是大范围地免费向公众开放，在数量、种类、规模、展陈设计等方面都有很大飞跃，呈现出空前的发展趋势。近年来，我国政府高度重视将博物馆、科技馆等各类场馆作为重要的教育资源、场所加以利用，这一点在相应的政策文本中有所体现。

早在1999年6月13日，中共中央办公厅颁布了《中共中央国务院关于深化教育改革全面推进素质教育的决定》，指出实施素质教育“应当贯穿于学校教育、家庭教育和社会教育等各个方面”。并且“各类文化场所（博物馆、科技馆、文化馆、纪念馆等）要为学生提供优秀的精神产品，向学生免费或优惠开放”，为学校开展素质教育创造条件[①]。2001年，教育部在《基础教育课程改革纲要（试行）》中提出“学校应广泛利用校外的图书馆、展览馆、科技馆、博物馆等社会资源以及丰富的自然资源，积极利用并开发信息化课程资源”[②]。2004年3月19日，文化部、国家文物局印发《关于公共文化设施向未成年人等社会群体免

① 中共中央国务院. 关于深化教育改革，全面推进素质教育的决定[EB/OL].[1999-06-13]. http://old.moe.gov.cn/publicfiles/business/htmlfiles/moe/moe_177/200407/2478. html.

② 教育部. 基础教育课程改革纲要（试行）[EB/OL].[2001-06-08]. http：// www.gov.cn/gongbao/content/2002/content_61386.htm.

费开放的通知》[①]，要求从2004年5月1日起，全国文化、文物系统各级博物馆、纪念馆、美术馆等公共文化设施要对未成年人集体参观实行免票；对学生个人参观实行半票；家长携带未成年子女参观的，未成年子女免票。同年10月13日，文化部、国家发展改革委员会、教育部、科技部、民政部、财政部、国家文物局、解放军总政治部、全国总工会、全国妇联、共青团中央、中国科协等12部委又联合印发了《关于公益性文化设施向未成年人免费开放的实施意见》，提出“博物馆、纪念馆、美术馆要加强陈列设计，根据未成年人的心理特点和教育需求，举办学术性、专业性和知识性、趣味性、观赏性紧密结合的陈列和展览，充分发挥对未成年人的教育引导功能”[②]。2006年，中共中央办公厅和国务院办公厅印发《关于进一步加强和改进未成年人校外活动场所建设和管理工作的意见》，指出科技馆等场所是“与学校教育相互联系、相互补充、促进青少年全面发展的实践课堂”，“各类科技馆要积极拓展为未成年人服务的功能……要利用展馆资源，开展面向未成年人的科普活动”，“积极探索建立健全校外活动与学校教育有效衔接的工作机制……根据不同场所的功能和特点，结合学校的课程设置，统筹安排校外活动。要把校外活动列入学校教育教学计划”[③]。2007年，陕西省教育厅、省文物局联合发出《关于将博物馆教育纳入国民教育体系的实施意见》，将全省博物馆教育纳入国民教育体系，全省各级文物部门管理的国有博物馆将向

---

① 文化部，国家文物局. 关于公共文化设施向未成年人等社会群体免费开放的通知［EB/OL］.［2004-03-19］. http：//news.xinhuanet.com/zhengfu/2004-03/25/ content_1383710.htm.

② 文化部，国家发展改革委，教育部，科技部，民政部，财政部，国家文物局，解放军总政治部，全国总工会，共青团中央，全国妇联，中国科协. 关于公益性文化设施向未成年人免费开放的实施意见 [Z]. 中华人民共和国教育部公报，2004（12）.

③ 中共中央办公厅，国务院办公厅. 关于进一步加强和改进未成年人校外活动场所建设和管理工作的意见［EB/OL］.［2006-01-21］. http：//www.gov.cn/gongbao/content/2006/content_291935.htm.

中小学生实行集体预约无限次免费开放。2011 年 11 月，再次联合下发《关于加强博物馆教育的通知》，明确提出将博物馆教育和文化遗产教育纳入学校教学计划、中小学德育课程和综合实践活动课程；要求全省中小学进一步加强文化遗产教育和博物馆教育活动。2008 年 3 月 5 日，在第十一届全国人民代表大会第一次会议上，温家宝同志在政府工作报告中提出“具有公益性质的博物馆、纪念馆和全国爱国主义教育示范基地，今明两年实现全部向社会免费开放”[①]，中共中央宣传部、财政部、文化部和国家文物局联合下发了《关于全国博物馆、纪念馆免费开放的通知》[②]，指出“博物馆、纪念馆是陈列、展示、宣传人类文化和自然遗存的重要场所，是国民教育体系的重要组成部分”，要求“全国各级文化文物部门归口管理的公共博物馆、纪念馆，全国爱国主义教育示范基地免费开放”，“有利于完善我国现代国民教育体系和履行教育功能”。

2010 年，《国家中长期教育改革和发展规划纲要（2010—2020）》也提及人才培养模式的创新要注重知行合一，注重利用社会教育资源，要“开发实践课程和活动课程，增强学生科学实验、生产实习和技能实训的成效。充分利用社会教育资源，开展各种课外及校外活动”[③]。2014 年，教育部颁布《完善中华优秀传统文化教育指导纲要》，指出：“利用学校博物馆、校史馆、图书馆、档案馆等，结合校史、院史、学科史和人

① 2008 年政府工作报告［EB/OL］.［2008-03-05］. http://www.gov.cn/test/2009-03/16/content_1260198.htm.

② 关于全国博物馆、纪念馆免费开放的通知［EB/OL］.［2008-01-23］. http://www.gov.cn/gzdt/2008-02/01/content_877540.htm.

③ 中共中央办公厅，国务院办公厅 . 国家中长期教育改革和发展规划纲要（2010—2020 年）［EB/OL］.［2010-07-29］. http：//www.moe.edu.cn/publicfiles/business/htmlfiles/moe/moe_838/201008/93704. Html.

物史的挖掘、整理和研究，发挥其独特的文化育人作用。”[①] 国务院办公厅2016年印发的《全民科学素质行动计划纲要实施方案（2016—2020年）》等，提出要“拓展校外青少年科技教育渠道，鼓励中小学校利用科技馆、青少年宫、科技博物馆、妇女儿童活动中心等各类科技场馆及科普教育基地资源，开展科技学习和实践活动”，“探索科技教育校内外有效衔接的模式，推动实现科技教育活动在所有中小学全覆盖”[②]。

综上，我国从宏观层面上出台的相关政策文件和各类场馆免费开放等重大举措，充分说明国家高度重视将各类场馆作为重要的教育资源和场所加以利用。

第三节　重要趋势：场馆的教育功能日益彰显

公元前290年，马其顿亚历山大大帝（公元前356年—前323年）的部下托勒密·索托（Ptolemy Soter）在亚历山大城创建了一座缪斯神庙（当时被称为“Mouseion”，该词汇被公认为是“Museum”一词的最早来源），被认为是人类历史上最早的场馆。缪斯神庙以保存和研究古典文化为己任，其收藏重点由宗教和伦理转向科学知识领域，从此，场馆作为收藏、教育、研究人类生存及其环境物证和传播相关知识的机构与载体，登上历史舞台，并伴随着社会的发展而不断地发展。

而今，随着社会愈加开放，各类场馆承担的教育使命、社会教育功能日益凸显，使得其教育功能超越了收藏、科学研究等功能，而位列诸项功能之首。再加上场馆免费开放等举措的推行，各类场馆已逐渐从曲

---

① 教育部．完善中华优秀传统文化教育指导纲要［EB/OL］．［2014-03-26］．http://old.moe.gov.cn//publicfiles/business/htmlfiles/moe/s7061/201404/xxgk_166543.html.

② 国务院办公厅．关于印发全民科学素质行动计划纲要实施方案（2016—2020年）的通知［EB/OL］．［2016-02-25］． http://www.gov.cn/zhengce/content/2016-03/14/content_5053247.htm.

高和寡的“阳春白雪”，走向了雅俗共赏的“下里巴人”。它们不再只是高高在上的神圣殿堂，也不是冷冷清清、门可罗雀的场所，而是“飞入百姓家”的寻常之地了。

我们可以从国际博物馆协会历次修改的定义看出其教育功能的凸显。据国际博物馆协会（ICOM，The International Council of Museums）从1946年到2007年对Museum的历次定义修订来看，在1946年制定章程规定“Museum是指向公众开放的美术、工艺、科学、历史以及考古学藏品的机构，也包括动物园和植物园，但图书馆如无常设陈列室者则除外”，到了2007年的定义中规定“Museum是为社会及其发展服务的、非营利永久机构，并向大众开放。它为教育、研究、欣赏之目的征集、保护、研究、传播并展示人类及人类环境的物质与非物质文化遗产”，其中把教育职能提升到了诸项功能的首位，其重要性可见一斑。

场馆的教育功能受到越来越多的关注。1990年，时任该协会首席执行官的爱德华·埃博明确提出，场馆第一重要的是教育，事实上教育已经成为场馆服务的基石。1992年，美国博物馆协会继续致力于强化场馆的教育角色，推出了《卓越与平等：场馆教育与公共面向》，该报告鼓励场馆将“教育”放在公共服务的中心，并且指出，场馆是“公共服务与教育机构，而‘教育’这个字眼包括了探索、研究、观察、理性思考、沉思与对话之意涵”[①]。国际博物馆协会前副主席伯妮斯·墨菲（B. Murphy）分析定义内容演变过程时说，“从层次和优先来看，开始时，征集和保护处于较重要位置，后来展出、传播和教育受到重视”[②]。这个变化反映出场馆正日益认识到自己的社会责任，工作关注的重心由自身

---

① AAM. Excellence and equity: education and the public dimension of museums [M]. Washington, D.C., 1992.

② 徐士进，陈红京，董少春. 数字博物馆概论 [M]. 上海：上海科学技术出版社，2007.

的需要转向公众的需要。2015 年 3 月 20 日，李克强同志签署了《博物馆条例》，规定和调整了博物馆的三大功能（收藏、展示和教育）的次序，将“教育”功能提到首位[①]。

第四节 技术支持：信息技术为场馆学习的创新提供契机

信息技术的发展带来了经济、社会、文化、教育等诸多领域的颠覆、创新、爆发式变革，同时也为场馆学习的创新提供了契机。《新媒体联盟地平线报告》旨在预测未来 5 年内技术在教育领域内发展的趋势，有基础教育版、高等教育版，具有一定的风向标作用。自 2010 年以来，该报告发布场馆教育版，报告从近期趋势（1 年内）、中期趋势（2 ～ 3 年）、远期趋势（4 ～ 5 年）三个阶段，分析了以场馆作为教育的重要场所，如何应用新兴信息技术开展场馆学习活动的潜能与方法，为场馆学习提供具有借鉴意义的参考。

表 1-1 新媒体联盟地平线报告（场馆版）

年份	时间	资源建设	社会交往	人与展品互动
2010	近期（1 年内）		社交媒体	移动设备
	中期（2 ～ 3 年）			增强现实
	远期（4 ～ 5 年）	语义网		基于手势的计算
2011	近期（1 年内）			移动设备平板电脑
	中期（2 ～ 3 年）	电子出版		增强现实智能助手
	远期（4 ～ 5 年）	数字资源保存		
2012	近期（1 年内）		社交媒体	移动设备
	中期（2 ～ 3 年）	开放内容		增强现实
	远期（4 ～ 5 年）			物联网、自然用户界面

① 国务院 . 博物馆条例（国务院令第 659 号）［EB/OL］.［2015-02-19］. http：//www.gov.cn/ zhengce/2015-03/02/content_2823823.html.

续表

年份	时间	资源建设	社会交往	人与展品互动
2013	近期（1年内）		众筹	自带设备
	中期（2～3年）	电子出版		基于位置的服务
	远期（4～5年）	保护与保存技术		自然用户界面
2014	近期（1年内）	电子出版		移动应用
	中期（2～3年）	开放内容		
	远期（4～5年）	语义网		物联网
2015	近期（1年内）			自带设备、游戏和游戏化
	中期（2～3年）			基于位置的服务、创客空间
	远期（4～5年）			物联网、自然用户界面
2016	近期（1年内）	数字人文技术		创客空间
	中期（2～3年）	虚拟现实		智能定位
	远期（4～5年）	信息可视化		物联网

扑面而来的信息技术，尤其是近年来发展迅猛的物联网、大数据、云计算、人工智能等新兴信息技术，为场馆学习的创新提供了契机和广阔的空间。场馆学习的数字化转向乃至智能化转向已是大势所趋。如何充分运用信息技术来优化场馆学习的物理境脉，以及数字化展品资源创建与分享形式，感知和识别学习者的个性化特征并提供个性化的支持与服务，从而使学习者能够获得“以人为本”的更好的场馆学习体验，从而实现更深层的意义建构，日渐成为场馆学习研究与实践必须面对的重大课题与现实挑战。

第五节　场馆学习：一个跨学科研究领域

场馆是一个广义的概念，是各类主题单个馆的集合。场馆不再只是陈列展品的场所，更是一个开展教育活动的场所，一个可以为人的“终生”学习（life-long Learning）、“宽生”学习（life-wide Learning）、“深生”

学习（life-deep Learning）提供独特学习给养和学习体验的学习环境①。自然博物馆、历史博物馆、科技馆、天文馆、美术馆、动物园、植物园、水族馆等各类场馆都是在漫长的人类社会发展史中逐渐形成的教育与文化载体，不仅仅是收藏与陈列展品的场所，更是一个通过展陈设计及学习活动设计为公众提供更为灵活、多样和交互性非正式学习的社会教育机构（Hui-Jong Hsieh，2010）②，其巨大教育潜力和智慧尚未得到充分挖掘。

当下，从国际视角来看，场馆作为一种承载着物质文化与精神文化的特殊机构，与社会、政治、经济、文化、教育的发展程度是密不可分、密切相关的。场馆学习正逐渐引起越来越多理论研究者与实践工作者的关注，是当前具有活力和旺盛生命力的研究领域。场馆学习是一个多学科交叉的研究领域，主要基于场馆内的展品和陈列的内容，围绕场馆的四大类功能——教育、展示、收藏、研究，形成了文博界（如博物馆学、历史学等学科领域）、教育界（教育学、传播学等领域）、信息技术界（如计算机科学等领域）等多个学科交叉的研究领域。文博界关注的是自然标本与人类文化遗存的保存、研究与利用；历史学关注的是展品和陈列的历史价值与意蕴；传播学视角聚焦于展品参观过程中的传播要素及要素之间关系的动态变化与演进；教育学关注的是如何充分利用展品资源，设计相关的学习活动，以促进学生的学习；学习科学视角则关注的是在场馆境脉中的学习是如何发生的、学习会受到哪些因素的影响、学习发生的条件是什么、如何能够促进学习者的学习；信息技术的视角则聚焦于利用信息技术尤其是网络技术、数字技术、移动技术等新兴技术手段，设计与开发各种干预手段与措施以促进场馆各种功能的发挥。多学科、

① 鲍贤清 . 博物馆场景中的学习设计研究［D］. 华东师范大学，2013.

② Hsieh H J . Museum life long learning of the aging people［J］. Procedia Social and Behavioral Sciences，2010，2（2）：4831-4835.

跨领域的研究群体不仅拓宽了场馆学习研究的广度，也挖掘了场馆学习研究的深度。诸多的学科或领域，彼此之间相互渗透、相互促进，为场馆学习提供了不同的理论支撑与研究视野，为场馆学习研究走向成熟增加了更多的学术底蕴。

第二章　场馆学习的概念及特征

探讨场馆学习，必须首先回答“什么是场馆学习”这一关键问题。本章通过对场馆、学习等的内涵进行梳理，对场馆学习的概念、本质、特征、理论基础等进行了描述与分析。

第一节　场馆的概念

一、概念

在很多中文的研究文献中，“博物馆”与“场馆”两个概念是同时存在的，甚至在同一篇文献中在指代相同或者相近的事物时，同时使用了这两个术语。这可能是缘于研究者的研究视角与研究领域的不同。当然可能还存在着对这两个概念和范畴的发展衍变缺乏清晰的认识以及中西方话语体系的差异等问题。因此，我们有必要就这两个概念，以及围绕概念展开的讨论，做一个简单的论述。

（一）“博物馆”是“舶来品”

事物的定义与概念是对该事物本质特征所作的简要的科学概括和说

明。什么是“博物馆”呢？我们今天使用的“博物馆”一词是近代从英文“museum”译出的。“博物馆”并非汉语固有词语，它是一个舶来品。汉语中“博物馆”一词出现是较为晚近的事。

在中国古代文献中很早就有“博物”的词汇。早在西晋时期，一位名叫张华的人写过一本名叫《博物志》的书。该书共十卷，分类记载了山川地理、飞禽走兽、人物传记、神话古史、神仙方术等①。《博物志》是继《山海经》后又一部包罗万象的奇书，是中国第一部博物学著作，填补了中国无博物类书籍的空白。在汉语中，“博”有“广大丰富”之含义；“物”字则表示世间的各种物质，包括自然物质和人工制品。“馆”主要是指各种公共建筑物，唐代以来，往往把专门保存和管理文物与讲论学问的建筑物称为“馆”。这样一来，我们很容易把“博物馆”这一概念理解为是中华民族文化传统的延续，但这种看法并不完全符合历史事实。尽管从历史早期开始中国就有专门收藏和保存文物的建筑与机构，但是这一传统并没有发展出以公共教育为特色的近代意义的博物馆。

到了近代，“博物馆”作为一个词语才从西方文字中翻译过来，并在社会上广泛地使用。19 世纪中期，鸦片战争后，中国去西方出访、留学的人逐渐增多。这些追求知识和真理的人往往被西方形形色色的博物馆所吸引，如骤嵩涛在国外逗留两年时间内就参观了数百个博物馆。在他们的游记和随笔中，时常有参观西方博物馆的记载，所用的名称有“集宝楼”“积宝楼”“禽骨馆”“画阁”“军器楼”等，并没有统一的名称。后来人们直接借用日语翻译，取“博物洽闻，通达古今”（《汉书·楚元王传赞》）之意，把“museum”翻译为“博物馆”，自此以后，“博物馆”之称逐渐被国人沿用至今。所以，“博物馆”是一个“舶来品”。

① 张华．博物志［M］．张恩富，译．重庆：重庆出版社，2007.

（二）“场馆”＝“museum”

再来看“museum”，从词源来看，“museum”起源于希腊语“mouseion”，意即“供奉缪斯（Muse 是掌管学问与艺术等的 9 位女神）及从事研究的处所”。15 世纪时，德国出现“wunderkammer”（可译为“多宝阁”），指存放各种有一定价值事物的储藏间，为激发灵感与好奇并展示世界图景之用，是现代“museum”的原型之一。17 世纪英国牛津阿什莫林博物馆建立，“public museum”在英国首次出现，“museum”逐渐表现出现代性和系统性，被广泛地用来表示收藏和展出历史古物、艺术品和自然标本的一种机构，成为一个通用的名称。

20 世纪以来，随着世界范围内 museum 的广泛发展，人们对它的认识也日趋丰富，并不断深化。国际上，1946 年 11 月成立了国际博物馆协会（international council of museums，简写为 ICOM）。为了适应与概括世界博物馆的发展和演进，也不断修改“museum”的解释。它在 1946 年制定章程规定“museum 是指向公众开放的美术、工艺、科学、历史以及考古学藏品的机构，也包括动物园和植物园，但图书馆如无常设陈列室者则除外”。1951 年，修订后的定义为“是运用各种方法保管和研究艺术、历史、科学和技术方面的藏品，以及动物园、植物园、水族馆的具有文化价值的资料和标本，供观众欣赏、教育而公开开放为目的的，为公众利益而进行管理的一切常设机构”。1962 年，国际博物馆协会章程将“museum”又规定为“以研究、教育和欣赏为目的，收藏、保管具有文化或科学价值的藏品并进行展出的一切常设机构”。1974 年 6 月，国际博物馆协会于哥本哈根召开第 11 届会议，其章程第三条规定，“museum 是一个不追求盈利、为社会和社会发展服务的、公开的永久性机构。它把收集、保存研究有关人类及其环境见证物当作自己的基本职责，以便展出（这些见证物），（将它们）公之于众，（为公众）提供学习、教育、欣赏的机会”。1989 年 9 月，在荷兰海牙举行的国际博物馆协会第十六届全体会议通过的《国际博物馆协会章程》第二条，再次修改定义为“museum 是为社会及其发展服务的、非营利的永久机构，并向大众开放。它为研究、教育、欣赏之目的征集、保护、研究、传播并展示人类及人类环境的见证物”①。到了 2007 年，协会将该定义做了微调，表述为“museum 是为社会及其发展服务的非营利的永久机构，并向大众开放。它为教育、研究、欣赏之目的征集、保护、研究、传播并展示人类及人类环境的物质与非物质文化遗产”，与 1989 年定义相比较，该定义一方面将“人类及人类环境的见证”修订为“人类及人类环境的物质与非物质文化遗产”，另一方面将“教育”功能提升到了功能的首位。和以往的定义相比，这样一个相对宽泛的定义适应了场馆外延不断扩大的变化，表现出广泛的协作姿态，把具有场馆性质的机构都接纳为自己的伙伴。该定义更重视各类场馆与社会的关系，强调场馆“为社会及社会发展服务”，这迎合了近代以来场馆社会化运动的趋势，以及社会发展的需要。该定义是迄今国际上比较通行也相对稳定的定义。不少论著引用这个定义，很多国家确定本国定义时也往往以此为依据或参照。2019 年，国际博物馆协会的新一轮讨论修改定义又被提上议事日程。这充分说明了由于技术的发展和社会的变迁，处于变化状态的当代社会中，“museum”一词的内涵也在发生着变化。

笔者在本书中采纳这个国际上通行的“museum”定义：

为社会及其发展服务的非营利的永久机构，并向大众开放。它为教育、研究、欣赏之目的征集、保护、研究、传播并展示人类及人类环境的物质与非物质文化遗产。

根据国际博物馆协会第十六届全体会议在荷兰海牙修订的《国际博物馆协会章程》第二条，②“museum”主要包括以下几类：

---

① 王宏钧 . 中国博物馆学基础［M］. 上海：上海古籍出版社，2001.

② 曹兵武 . 记忆现场与文化殿堂：我们时代的博物馆［M］. 北京：学苑出版社，2005.

（1）从事征集、保护并传播人类及人类环境物证、具有博物馆性质的自然、考古及人种学的古迹与遗址，以及历史古迹与遗址；

（2）收藏并陈列动物、植物活标本的机构，如动物园、植物园、水族馆和人工生态园；

（3）科学中心及天文馆等；

（4）由图书馆及档案中心长期经办的保护研究所及展览厅；

（5）自然保护区；

（6）执行委员会经征求咨询委员会意见后，认为其具有博物馆的部分或全部特征，或通过博物馆学研究、教育或培训，支持博物馆及博物馆专业工作人员的此类其他机构。

通过国际组织的描述我们可以看出，“museum”是一个广域的概念，是各类单个场馆的集合。西方语境中的“museum”和汉语的“博物馆”实际上并非准确地指示同一事物。因此将“museum”译为“博物馆”易导致语辞互译的歧义。鉴于此，在本书中，将“场馆”对应于西方语境中的“museum”一词，并非来自辞源上的文本解释，而是基于“museum”语义矫正的描述性表达①。这一方面要把握了场馆这一社会文化现象的本质特征，另一方面也适应现代社会对场馆提出的新要求，体现了时代特点。

需要声明的是，在本书中，除特指狭义博物馆、一些具有约定俗成名称的专业机构之外，均将“museum”译作“场馆”。

二、场馆的特征

特征是本质的反映，明确其特征，把握其特征，有助于加深对场馆的认识。按照前文所述场馆的定义，场馆应当具备四个条件。首先是具有“人类及人类环境的物质与非物质文化遗产”，也就是藏品、展品，

---

① 王乐，涂艳国．场馆教育引论［J］．教育研究，2015（4）：26–32.

或者说是实物。第二，要“展示”，也就是说要有基本陈列，直观呈现给公众。第三，要“向大众开放”。第四，要有管理展品及开展社会教育的专业人员。这种非营利的永久性机构，才是现代意义的场馆。与学校、图书馆、文化馆、剧院、出版社等其他文化教育机构相比较，虽然都是文化教育机构，但场馆有自己的不同于其他文化教育机构的特征。

（一）丰富的“人类及人类环境的物质与非物质文化遗产”——展品

场馆必须具备一定数量和质量的“人类及人类环境的见证物”，可以称之为藏品、展品，它们都应该是实物。这些实物是典型性和重要性的、负载着关于人类活动和自然变迁的各种信息，是对某种事物的实物见证，见证人类及人类环境的发展与变迁。没有这样的实物，就不能成为场馆。从场馆发展的雏形时期，到现在各种类型的场馆，其共同特点就在于它的实物性。这一根本的共同点，也是场馆与其他文化教育机构的根本区别点。所以，具有丰富的“人类及人类环境的见证物”是场馆的主要特征。

《牛津大词典》将“展品”解释为“由人创造的文化存在或历史存在，由严谨的科学调查或实验过程所产生的非自然呈现的结果”。场馆是一部部立体的“百科全书”、实物的“图书馆”，从社会历史到自然生态，从艺术到科学，从古老的石器到宇宙飞船，从中国民族文化到世界各民族的风俗。这些丰富的展品，是一个充满新奇的天地，是补充新知识、研究问题的绝佳场所。

需要说明的是，近年来随着信息技术的发展，涌现出数字场馆、虚拟场馆甚至智慧场馆，可以利用计算机技术、虚拟现实技术、增强现实技术等模拟产生三维空间的虚拟影像甚至虚实融合的影像供人们参观。这种影像虽是虚拟的、虚实融合的，但它们是以实物为原型制成的，所以可以被称为实物的虚拟存在形态，而实物展品本身才是实存形态，强调场馆是“人与物之间的结合”。

（二）直观的呈现

在国际博物馆协会（ICOM）的定义中强调“展示”，也就是说场馆要有基本陈列。场馆不仅有展示，而且非常直观与生动。所以，与场馆丰富的实物紧密联系的另一个特征是直观性。场馆以大量实物例证通过多渠道向人们的各种感官输送信息。实践证明，把实物例证直观地呈现在人们面前，比其他文字资料或图像资料有着更强的感染力，更易使人们产生深刻的印象，从而促进意义建构。近年来，在现代场馆中，许多先进教育手段的实施使人们不仅可以充分观察展品，而且可以触摸、进行实际操作或实验，进一步丰富了场馆直观性的特征。

（三）内容的广博

人类发展历史久远，“人类及人类环境的物质与非物质文化遗产”更是极为丰富，所以场馆的展品内容非常广泛。从地质、天文到当代的航天科学，从古生物到各个自然学科，从各个门类的科学技术，到文学、工艺、美术以及国防军事，从一个国家、地区的历史到个别卓越人物以及各个民族的风俗，从自然界到人类社会，从遥远的古代到现实生活，从本国本地区到异国他乡，从宏观到微观，各种实物例证和资料都是场馆收藏、展示与研究的对象。所以，展品涉及知识领域的广博性，也是场馆区别于其他文化教育机构的一个特征。

（四）对象的广泛

早在20世纪60年代，联合国教科文组织发布的《关于博物馆向公众开放最有效方法的建议》中，就明确提出“为了进一步推动普及教育及传播文化；通过建立人民之间的合作促进不分种族、性别或任何经济、社会差别的教育机会均等之观念，在增进人民之间相互了解的事业中开展合作，并保存、增加和传播知识；考虑到场馆可以有效地协助完成这些任务；考虑到各类场馆均是欣赏与教育的根源；亦考虑到场馆通过保护艺术品和科学资料并将其展示于众，有助于传播各种文化知识，并以此促进各国之间的了解；考虑到因此应尽一切努力鼓励各阶层公众，特别是劳动阶级；考虑到随着世界工业体制的发展，人们享有更多的闲暇，这些闲暇应用于全民利益及其文化发展”。当今，各类场馆是社会教育角色的担当者之一，面向所有公众敞开大门。不同民族、肤色、国别、年龄、性别、职业、教育背景、文化程度、兴趣爱好的人们都是场馆的受众。所以，对象的广泛性是场馆的特征之一。

（五）注重互动

注重互动是场馆的特征之一。人们一方面与展品进行互动，如观看、浏览、动手操作、角色扮演等，另一方面与他人进行互动。

与展品的互动是重要的互动形式之一。场馆内一些互动投影、地震模拟演示、空中悬浮成像、动感平台、虚拟翻书、时空隧道等，使人们可以便捷地与展品互动。如电子沙盘是实物沙盘模型结合声光电系统、多媒体系统、电脑智能触摸控制系统、多媒体演示软件、大屏幕投影演示等立体化动态高科技沙盘系统，展示方式不仅生动、形象、直观，还能让人们参与互动，提高人们的兴趣，给人身临其境之感。再如，电子翻书系统是利用动作感应技术以及计算机多媒体技术实现的一种虚拟翻书的视觉效果。它展现在人们面前的是一本以大屏幕投影机投影方式显示的电子书，只需要站在展台前方，伸出手臂，在空中做出左右挥动手臂的动作，计算机就能识别出人们的动作，在人们面前的电子书就会随着手臂的左右挥动进行翻页，栩栩如生的动态翻页效果让观众在惊叹神奇虚拟技术的同时，也会对图书内容产生浓厚的兴趣。

除了与展品互动之外，与他人的互动也是极为重要的。场馆的参观不仅是个人行为，更是一种社会活动，因为在整个场馆参观过程中，每个人都需要与讲解员、同伴甚至陌生人进行一定程度的沟通和交流。具体的互动包括：在观众和场馆引导者之间，该引导者可以是讲解员、导览员、表演者或者示范者；在观众和一些引导性的展品展项之间，如音频、视频、电脑导览节目；观众和参观小组中的其他观众；观众和其他参观小组等。与他人进行互动被证明是场馆内最有效的互动方式。学者约翰·福克和林恩·迪尔林等开展的研究发现，场馆内的社会环境和氛围是学习者体验的重要组成部分。

三、场馆的基本功能

场馆作为社会文化教育机构，从其承担的社会职责而言，称为场馆的功能或职能，它指的是场馆通过收藏有价值信息载体和整体传播信息所发挥的社会作用。随着社会的发展，当今的场馆已经借助多种方法与渠道多层次、多角度、全方位地服务于社会。由于各个时期、不同国家或地区的政治、经济、文化和体制上的差异，不同类型的场馆在展品内容、传播范围上有一些不同，场馆所发挥的社会功能也各有侧重。如美国博物馆联盟认为，场馆的功能是“保存、保护、研究、阐释、收集和展览具有教育和文化价值的物体和标本”，英国博物馆协会认为“征集、保护、展示文物和标本”的功能更加重要。欧美比较通行的是 3E 功能，即教育国民（educate）、提供娱乐（entertain）、充实人生（enrich）。美国纽约自然历史博物馆把本馆的职能标志挂在馆徽上——教育、探索、研究。

一般认为，场馆的基本功能是教育、收藏、展示、研究，这四大功能是场馆功能中最基本和被广泛认可的，也是场馆工作开展和良好运营的出发点和归宿。它们是场馆的支柱，缺少其中任何一个部分，其主体都很难支撑，其他功能都是这四者的扩展。场馆早已不是一个简单的收藏中心，场馆作为一种文化现象，随着不同时期政治、经济、文化和社会的变迁，人们对场馆作用和价值的认识也在改变。今天，场馆为社会发展做出了巨大贡献。作为集体记忆的守护者，场馆在帮助人们理解、认同和加强一个地区或者群体的归属感和认知性上发挥了巨大的作用。

（一）教育功能

教育功能超越了收藏、科学研究等功能，位列诸项功能之首。通过实物对公众进行教育、传播科学文化知识，这是在近代场馆产生之初就开始承担的基本社会职责之一。人们把场馆视为学校教育的补充，是学校的第二课堂，是普及科学文化知识的重要途径，而且还是家庭教育和社会教育第 *N* 个课堂。各种主题的场馆能提供来自各个领域的知识内容，如人文、社科、自然、科技、艺术等，从古老石器到宇宙飞船，从民族文化到世界潮流，都可以在各种场馆内学习到。与学校和其他文化教育机构不同，场馆的受众对象包括了社会各个不同的群体：这些群体拥有不同的年龄、不同的知识结构、不同的职业以及不同的民族等。场馆运用物品，通过多样式的陈列，把各种知识传播给人们，使人们从不同的场馆里，根据自己的需要和喜好，汲取科学的养料，得到知识的启迪。这里没有学校教育的强制性，所以就其教育方式的形象性和生动性而言，是其他教育机构所不能相比的，这就成为场馆与教育机构与众不同的特点。

（二）收藏功能

场馆是自然遗产和文化遗产的最佳保存与收藏场所，收藏可以说是场馆最早产生和最基本的功能之一。从场馆的产生历史来看，最初就是从收藏活动开始的，当代场馆已不再是单纯着眼于对珍品的追求，而是肩负着把人类社会和自然世界遗留的各类见证物保存下来，并传之久远的社会责任。古代宫廷的收藏最初的目的可能不是为了保存，但是客观上保存了文化遗产。在今天，收藏功能在场馆来说目的明确，就是为了保存人类社会发展及人类环境的见证物，职能和功能统一起来，主、客观达到了和谐。

（三）展示功能

场馆还具备着展示的功能。通过空间规划、平面布置、灯光控制、色彩布置以及各种组织策划，以功能的科学性、合理性为基础，以形式的艺术性、民族性为表现手法，有目的、有计划、符合逻辑地向社会展示其收藏的物品，传播相关历史文化和遗存。展示以实物材料为基础，利用一定的科学方法与艺术手段，向人们进行形象思维活动的科学表达。

（四）科学研究功能

场馆是以服务社会、传播知识为己任的社会公益非营利机构，科学研究是场馆发展的重要支撑。通过科学研究，增进人们对场馆及其展品的认识深度与兴趣，更加有利于场馆在教育、文化、经济等方面的功能的持续发挥。所以，场馆被明确赋予了开展科学研究的职能。场馆的实物资料储存了人类活动与生活的信息，是研究者进行科学研究和生产活动有价值的资料。而且，场馆的实物资料本身就具有某一价值，再加上场馆工作者对其进行了搜集、整理、鉴定和研究，才成为展品，因此它也蕴含了场馆工作者的科学研究工作。场馆工作本身就具有科学研究性质，场馆研究工作是研究人员揭示事物真相的表现，标本或文物的展示则是提供给人们了解事实真相的机会，两者之间是互为一体的。如果一个场馆没有专业研究人员对展品深入研究和发现，就不可能激发人们的求知性需求，满足人们的好奇心。所以世界上许多著名场馆不仅以其丰富的展品享誉世界，而且科研硕果累累。我国一些著名场馆如故宫博物院就是这方面的代表。

第二节　场馆的类型

场馆是人类历史文化遗产与自然遗产的宝库，是人类文明的展示橱窗。作为重要的教育与文化机构，场馆大大扩展了人类的视觉、知觉和思维范式，给人们提供了丰富的社会课堂，成为现代社会文化最重要的塑造力量之一。场馆形形色色，种类繁多，如历史、自然、科技、艺术、民族、民俗、军事、纪念、遗址等类型，构成多姿多彩的现代场馆景观，在社会生活中发挥着更广泛的作用。各类场馆类型丰富多样，让人或是在自然科学类场馆里品味科学的奥妙，抑或在社会科学类场馆内感悟历史的厚重、文化的博深，在终身教育体系、公共文化服务体系中发挥着越来越重要的功能。

场馆类型研究始于对场馆发展状态的描述，用于描述和归纳具体场馆的运营业态。场馆的类型是指一定数量的场馆依据某种共同的标准相互联系所形成的类别。不同类型的场馆具有不同的特点。这些特点体现在它们各项具体业务活动中，也决定了它们的社会职能具有不同的侧重点。探究场馆的类型区分，可以更科学地把握某一类型场馆的特点与规律。分类问题是依据一定的原则和方法，把现有场馆划分为不同的类型。早在 18 世纪末期，已经出现按展品的不同学科性质对场馆进行分类，将其区分为美术、考古、历史、人种学、自然科学及各类专业场馆等。一般会从展品和陈列内容、隶属关系、观众群体对象、场馆规模、展品的展出方式、场馆功能等众多角度进行划分。场馆的自然性要素也是常见的分类标准，如“馆舍”就有常规建筑与“露天”场馆之分；场馆功能曾被作为分类标准，如收藏型、研究型、教育型场馆，特定对象也被作为场馆类型重要标准，如儿童场馆、民族场馆、社区场馆等；场馆管理或治理体制也是常见的分类标准，如公办场馆、民办场馆、高校场馆、文化系统场馆、行业场馆等。

一、国外的划分

美国场馆的分类标准很多，如按展品内容的划分、按隶属关系的划分、按不同对象的划分、按场馆规模大小划分、按展出方式划分（室内场馆、野外露天场馆）、按地区划分、按预算划分等。美国博物馆协会认为，恰当的分类应该是根据场馆的基本性质所表现出来的内容来划分，主张分为综合、科学、艺术、历史、学校、公司、展览区等13大类72小类。

美国学者Alexander在《发展中的场馆》一书中，将场馆归类为艺术类、自然类、科技类、历史类、植物园和动物等几大类[①]。美国学者Burcaw指出，场馆类型的多样性是由学科的多样性造成的，赋予场馆展品以意义的“知识”更具分类意义，以知识标准分类的场馆如历史类、艺术类、自然科学类；场馆知识门类的综合性的考虑，应该也是按照知识划分的，如综合类、专门类等。综合类是对“百科全书”型场馆知识内容多样性的表达，专门类则主要是场馆知识框架的单一性。他在《场馆入门》一书中，以场馆藏品的知识属性为顶层标准，将场馆分为艺术类、历史类、科学类、人类学等几大类，艺术类场馆又区分为纯艺术、应用艺术、民俗艺术等子类，历史类场馆还可区分为地方史和纪念类等子类[②]。

《大不列颠百科全书》按照场馆功能大致归纳为艺术类、历史类、科学类三大类。艺术场馆主要展示其收藏品的美学价值，包括一般性绘画、雕塑、装饰艺术、实用艺术和工业艺术场馆等。历史类场馆是从历史观点展示收藏品，考古遗址、史迹名胜等纪念点所建场馆以及个人纪念馆均属此类。科学场馆包括自然科学场馆、实用科学场馆以及技术场馆等。

日本场馆的分类方法繁多，一般习惯采用“按场馆收藏资料种类”分类。按照这种方法，可把各种形式的场馆分为三大类：综合场馆、人文科学场馆和自然科学场馆。自然科学场馆又包括：自然史场馆、综合科学技术场馆、专业科学技术场馆和理科教育场馆（以青少年为主要对象的科学馆）。

---

① Edward P. Alexander. Museums in Motion：An Introduction to the History and Functions of Museums［J］. Winterthur Portfolio，1980，15（1）：65-66.

② Burcaw，G. Ellis. Introduction to Museum Work［M］. Washington DC：Rowman & Littlefield Publishers，1997.

目前，国际上通常以场馆的藏品和基本陈列内容作为类型划分的主要依据。按照这个标准主要划分为：历史场馆、艺术场馆、科学场馆、综合场馆及其他类型。

二、我国的划分

自中华人民共和国成立以来，我国的场馆事业有了很大发展。场馆的划分也有了新的发展。

第一，划分为综合性、纪念性和专门性（也称专题性）三类。这是1949年以来，国家统计机关一直使用的分类办法。国家文物局对全国场馆基本情况的统计也按这种办法进行。这种场馆分类简单、易行，至今仍然是通常采用的划分场馆的办法。

第二，从隶属关系按主管部门和领导系统划分。我国场馆一般分为以下几类：文化系统场馆，即国家和省市县场馆；国家科技系统场馆，即中国科学院和各地方科委主管的自然场馆和其他专门场馆；教育系统场馆，即大学、专科学校的场馆；军事系统的场馆和纪念馆。此外，还有园林管理系统的场馆；民政系统管理的场馆，如淮海战役博纪念馆、南京雨花台烈士陈列馆；其他有关政府部门主管或筹建的场馆。规模最大的是北京故宫博物院、中国历史博物馆和中国革命博物馆。地方场馆占绝大多数，包括省、市、自治区场馆，地市级场馆、县级场馆。

第三，从场馆的性质和陈列教育活动内容划分。《中国大百科全书·博物馆馆卷》按照场馆性质和陈列教育活动内容，将场馆划分为历史类、艺术类、科学与技术类、综合类。也有学者以科学作为分类的维度，可以大致将场馆分为自然科学类、社会科学类与综合类。社会科学类一般包括历史类、文化艺术类（主要展示其收藏品的美学价值，包括一般性绘画、雕塑、装饰艺术、实用艺术和工业艺术博物馆等）、民族民俗类、人物纪念类、文物展示类等。展示收藏品的历史价值，如考古遗址、史迹名胜、纪念馆等。自然科学类一般包括自然类（动物园、植物园、天文馆、水族馆、科学中心等）、科技类（自然科学博物馆、实用科学博物馆以及技术博物馆等）。综合类则指的是兼有社会科学类场馆与自然科学类场馆的内容。

第三节　学习

一般地说，学习有广义和狭义之分。广义的学习可以理解为人类以获得的经验去适应其周围不断变化环境的过程。人类的广义学习是在生活中进行的，人们通过生活实践，不断地积累知识，改变自己的思想行为，增强文化素养。狭义的学习主要是指学生在教师指导下，在一定的时空环境中进行的有目的、有计划、有系统地掌握知识技能和行为规范的过程。一百年来，西方心理学家花了很多的时间和精力去研究人类学习的各方面问题，由于研究的出发点不同，以及研究方法、手段等诸方面的迥异而产生了不同的学习理论，如行为主义学习理论、认知主义学习理论、建构主义学习理论、人本主义学习理论等。在学习理论的形成和发展进程中，不同学习理论对学习的界定是不一样的，他们从不同的侧面解释学习现象和规律。比较有代表性的观点有以下几种。[①]

学习是大脑的生化活动。从最本质上讲，学习需要从脑内的海马状突起中释放神经传递素，而这些海马状突起有助于在大脑的神经元之间传递细微的电子脉冲。行为和认知活动的模式与神经元激活的模式息息相关。因此，学习是对某种神经元模式的记忆。CAT 扫描和脑电图仪能显示学习是否发生，当人们从事不同的学习任务时，大脑的不同区域被激活。像大多数人一样，哲学家笛卡尔不赞同对学习的这种界定，因此，他在肉体和心灵之间做了区分。相对而言，心灵与它所承担的学习比肉

---

① 乔纳森，豪兰，摩尔，等．学会用技术解决问题——一个建构主义者的视角（第 2 版）［M］．任友群，李妍，施彬飞，译．北京：教育科学出版社，2007.

体所包含的东西更重要。大多数人都承认，虽然学习依赖于大脑活动，但却不能用它来充分地加以描述。

学习是相对持久的行为变化。19 世纪末 20 世纪初的行为心理学家认为当行为倾向发生变化时，学习发生了。当人们感受到某种刺激时，如果他们的行为得到强化，那么他们将针对该刺激做出预期的反应，甚至复杂的行为，如语言学习，也可以用行为倾向进行描述。行为心理学家主要研究的是人类行为的规律。认知心理学家认为人类意识具有目的性、创造性，而不仅仅是行为的强化。然而，行为主义却能精确地描述社会学习的很多方面。大部分人都不会在没有酬劳的情况下工作。行为主义的方法对许多特定学习群体是非常有效的。在某种程度上，强化几乎对所有人都生效。

学习是信息加工。最早的认知心理学家把人类学习想象成信息加工的过程。人类像计算机一样接收信息，并把它们暂时保存在短时记忆里，直到在长时记忆中提取出来转移至工作记忆，在那里利用信息执行某些操作。学习就是发展更熟练的处理方法的过程。虽然，信息加工理论找出了部分智力规律，但当代的建构主义哲学家则认为人类智力具有从事物所处环境中制定意义的独特能力，这一过程是不能用机器的隐喻来充分解释的。

学习是记忆与回忆。强调信息加工也许是最早的一种人们认为比较合理的对学习的解释。差不多所有正规的教育研究机构都是通过试卷考查学生对知识的记忆程度来测试学生是否掌握了知识。学习是知识获得、填充头脑的过程。

学习是社会协商。意义的建构很少可以通过个人完成。通常，人们会很自然地跟他人分享自己的理解，因此，意义建构更多地来自会话，而不是灌输。正如人类共享物质世界一样，我们也共享着许多从物质世界获得的某些意义。人类是社会性动物，他们依靠来自同伴的反馈确定自己的身份和他们个人信仰的合理性。社会建构主义者认为，意义建构是一个参与者通过对话及交谈相互协商的过程。学习本质上就是社会性对话的过程。拥有相似经验的人们喜欢互相交流，因此他们彼此之间学到了很多知识。

学习是思维技能。许多理论家认为，学习能通过使用智慧得到最好的展现，这种智慧表现在具有比他人更聪明的思考能力。为了对抗复制的、低级的学习，20世纪七八十年代人们提出了批判性思维问题。批判性思维有很多模式，但大部分都强调逻辑思维、评判性思维和实践性思维。批判主义理论家认为，当个体能分析并应用知识时，学习才发生了。

学习是知识建构。个体对世界有着自己的理解，而且这种理解与他们建构的各自经验的表征和模型有很大关系。知识建构是一个自然的过程。每当人们遇到他们尚不知道但却需要去理解的事物时，他们的自然倾向是尝试用自己已有的知识去确定该事物的意义。儿童就像建构主义的机器。他们不断地探索世界，经常遇到他们尚未理解的现象，因此他们进一步地探索它，使自己认识到其可能的功能和局限。虽然，父母总是希望教给他们课程，但儿童更喜欢自己探索和学习。

学习是概念的转变。许多概念转变理论家认为，学习是通过发展内在的概念结构理解领域内概念的过程。为了获取意义，人类会自然地根据新经验组织和重组他们关于世界的原有认知模型。他们对世界的认识越连贯，他们的概念结构也就越完善。当代大部分概念转变理论家都强调情境在概念重组中的重要作用。他们认为，概念转变更多的是对于镶嵌在不同情境中的概念来说的。

学习是境脉的变化。个体建构的关于现象的知识以及形成的智力技能包括它所发生的境脉的信息。关于情境的信息是学习者建构的知识的一部分，这些信息可以帮助学习者解释或理解现象。学习者建构的知识不仅包括观点（内容），也包括获得知识的境脉信息，如学习者在那个环境中正在做什么，认识者想要在那个环境中获得什么。这也就是为什么从境脉中抽象出来的规律和规则对大多数学习者都没有意义。如果把学习嵌入境脉，当在新境脉中重新应用这一学习中得到的知识时，就可以证明新的学习发生了。

学习是活动。我们不能把事物的知识同对事物的体验相分离。活动理论主张，有意识的学习与活动（现象）是相互作用、相互依赖的。活动和意识是学习的主要机制。最主要的区别是为了思考和学习，必须对某个实体采取行动。活动理论家不像认知心理学家那样关注知识的状态，他们更多关注的是人们参与的活动，活动中使用工具的性质，协作者之间的背景及社会关系，活动的目标或目的，以及活动的客体或结果。活动理论家很不愿意把不同的学习理论之间出现的矛盾作为活动系统不可缺少的一部分，这一活动系统包括了许多致力于理解学习的学者的努力。

学习分布在共同体中间。当个体在知识建构共同体中与他人互动时，个体关于世界的知识和信仰会受到学习共同体内信仰和价值观的影响。因此，学习可以称作一种个体与文化之间关系的转变，是这种文化将我们连接在一起。正像共同体内的每个成员影响了这个团体中的文化一样，通过参与共同体的活动，个体也吸收了部分文化，使其成为共同体所需要的一部分。如同实践共同体，学习共同体可以被看成是一种广泛的分布式记忆，每个共同体成员都存储了这个群体总记忆的一部分。群体作为一个整体所拥有的分布式记忆，显然要比个人记忆的容量大得多，因此，对记忆的共享使得共同体更有活力了。群体的知识分布在这些共同体的参与者中间。当需要完成一项复杂的任务时，群体内的成员会把他们拥有的知识贡献给整个团队。

学习是根据环境给养调试感知。生态心理学家认为，学习是对来源于环境并作用于环境的给养的相应的感知的结果。也就是说，不同的环境给养不同的思维和行为。作为学习者，个体根据环境的给养调试自己并以某种方式作用于环境。当个体对环境的感知能力和作用能力变化时，学习发生了。生态心理学强调学习中感知的作用。

人类是非常复杂的生物体，他们无法透彻地理解自己、理解学习。

这些解释学习的理论各自描述了人类学习的某些方面。

第四节　场馆学习

前文对于“场馆”和“学习”进行了描述，那么我们又如何来理解场馆学习？在“学习”一词前面加上了“场馆”，意味着什么？它具有哪些特征和属性？

一、概念

关于什么是场馆学习，很多学者认为，“场馆学习指的是发生在博物馆、科技馆、科学中心、动物园、植物园、水族馆等各类机构中的学习”①。很多国内学者也认为，场馆学习是发生在科技馆、博物馆、动物园、植物园等公共机构的一种非正式学习②③。这种界定实际上是将其等同于“learning in the museums”，也就是仅仅将场馆视为一种场所或环境。实际上 museum learning 的含义更为复杂一些，许多学者的研究明确了这样一种观点，场馆学习不仅仅局限在场馆之中，时间跨度可以延伸至进入场馆之前与离开场馆之后④⑤。对于“学习”一词的理解不同，也使得“场

① Leona，Schauble，Gaea，et al. A Framework for Organizing a Cumulative Research Agenda in Informal Learning Contexts［J］. The Journal of Museum Education，1997（2）：3-8.

② 李利 . 论场馆学习支持设计［J］. 现代教育技术，2014，24（05）：19-25.

③ 张剑平，夏文菁，余燕芳 . 信息时代的博物馆学习及其研究论纲［J］. 开放教育研究，2017，23（1）：102-109.

④ Anderson D，Lucas K B，Ginns I S，et al. Development of knowledge about electricity and magnetism during a visit to a science museum and related post-visit activities［J］. Science Education，2000，84（5）：658-679.

⑤ Falk J H，Dierking L D. School field trips：Assessing their long-term impact［J］. Curator，1997（40）：211-218.

馆学习”的含义更为复杂。

在20世纪90年代之前，在场馆学习文献中关于“学习”一词的明确定义尚不多见，一些学者给出了关于学习的看法。比如Lucas、McManus、Thomas认为，学习是“思想的获得”[①]，因此，“场馆学习”意味着“试图去评价参观者获得信息的数量”。但是Lucas等指出，“了解学习者如何学习比了解他们学了什么更重要”。一些研究报告[②]显示，学习是过程，而在其他报告[③]中，学习的产出则是主要焦点。关于学习应聚焦于过程还是结果，研究者的专业背景和研究动机扮演了重要角色。Falk & Dierking指出，学习既不是过程也不是结果，而是二者的综合[④]。

20世纪90年代以来，在教育心理学中正在发生着一场革命，人们对它叫法不一，但更多地把它称为建构主义学习理论。建构主义可以上溯至康德对理性主义和经验主义的综合。他认为，主体不能直接通向外部世界，而只能通过利用内部构建的基本的认知原则去组织经验，发展知识。建构主义理论认为，学习有时是循序渐进的、同化的，有时是显著的、迅速的。前者意味着个体概念理解的渐进式改变，后者则意味着个体知识的实质性重构。个体的现有概念是多样化个体经验、事物的观察、文化、语言与教师指导的结果，不必与学业知识结构相一致。而且，Mintzes等着重指出，“一般的教学实践，包括好的

① Lucas A M, Mcmanus P, Thomas G. Investigating learning from informal sources: Listening to conversations and observing play in science museums［J］. International Journal of Science Education, 1986, 8（4）: 341–352.

② Serrell B. Paying Attention: The Duration and Allocation of Visitors' Time in Museum Exhibitions［J］. Curator the Museum Journal, 1997, 40（2）: 108–113.

③ Gilbert J, Priest M. Models and discourse: A primary school science class visit to a museum［J］. Science Education, 1997, 81（6）: 749–762.

④ Falk J H, Dierking L D. School field trips: Assessing their long-term impact［J］. Curator, 1997（40）: 211–218.

教师以及教科书，都是迷思概念的主要来源”①。

在场馆学习领域的变化就是，建构主义视角的学习在科技场馆文献中频繁出现②③④⑤。这些文献的共同特征是认识到学习者先前知识、选择性概念、在场馆中意义建构的个体差异等的重要性。社会交互的重要性也得到了不同程度的重视。建构主义理论认为，学习有时是循序渐进的，有时又是在一次又一次跳跃中进行的。前者意味着个体概念理解的渐进式改变，后者则意味着个体知识的实质性重构。从建构主义视角来审视场馆学习，对学习者先前知识、学习者现有知识与个体在知识建构中的积极参与都十分关注，并认为知识建构是动态的。关于旨在确立在不同时间段的学生知识状态与理解知识状态发生变化的条件与过程的研究，不仅有助于证明建构主义学习模型的有用性，而且提供了有价值的洞察学生场馆学习的经验，以提高学生的学习效果。

就学习者的先前知识来说，以建构主义视角来看待场馆学习，不管是凯瑞（S. Carey）认为“似理论般”（theory-like）的概念架构，还是迪塞萨（A. DiSessa）认为片段的、零碎的、松散的和无结构的“现象基元”（phenomenlolgical primitives，简称为 p-prims），学生们都不是如传统

① Mintzes J J，Wandersee J H，Novak J D. Meaningful learning in science：The human constructivist perspective［M］//In Phye G. D.（Ed.），Handbook of academic learning：Construction of knowledge. San Diego：Academic Press，1997：405-447.

② Borun M，Massey C，Lutter T. Naive Knowledge and the Design of Science Museum Exhibits［J］. 1993，36（3）：201－219.

③ Feher E. Interactive museum exhibits as tools for learning: explorations with light［J］. International Journal of Science Education，1990，12（1）：35-49.

④ Hein G E. The Constructivist museum［J］. Journal of Education in Museums，1995（16）：21-23.

⑤ Lucas A M，Mcmanus P，Thomas G. Investigating learning from informal sources：Listening to conversations and observing play in science museums［J］. International Journal of Science Education，1986，8（4）：341-352.

经验主义所隐喻的“心智就像一块白板”①，他们带着自己的先前知识走进场馆。如果他们的先前知识与展品所蕴含的科学知识相差甚远，他们可能身处科学世界却如同遇到“斯瓦希里人”。如果场馆的展品及蕴含的知识概念在学生的最近发展区之内，那么让他们在自然状态下自定步调自由参观，那么可以想象，学生认知的发展将会以一种十分缓慢和微调的方式进行——毫无疑问，多数情况下的调整是在无意识状态下进行的。

学习被一些学者表征为“概念转变”，Mintzes 等所说的概念转变，即概念联结的建立与打破，需要知识框架的重构，有时是用一个概念来替代另一概念②。Falk 将“概念发展”这一术语用来表示“在有限的意义上能够重复展品所表征的特定的事实与概念”③。Chinn 和 Brewer 指出，知识转变是受到包含新数据、新概念、反思及社会压力等的事件触发的，目前系统阐释知识获得的理论即使有，也是极少的。将个体的经验考虑在内，我们可以利用理论框架来考察非正式情境中学习的本质与特征④。事实上，至今为止，许多场馆参观者的学习研究就是以建构理论框架的方式开展的⑤。

---

① 刘瑞 . 概念为本、过程导向的科学学习——基于科学哲学的科学学习理论研究［D］. 东北师范大学，2012.

② Mintzes J J，Wandersee J H，Novak J D. Meaningful learning in science：The human constructivist perspective［M］//In Phye G. D.（Ed.），Handbook of academic learning：Construction of knowledge. San Diego：Academic Press，1997：405–447.

③ Falk J H. Testing a museum exhibition design assumption：Effect of explicit labeling of exhibit clusters on visitor concept development［J］. Science Education，1997，81（6）：679–687.

④ Chinn C A，Brewer W F. Theories of knowledge acquisition［M］// In B. J. Fraser & K. Tobin（Eds.），International handbook of science education. Great Britain：Kluwer Academic，1998：97–113.

⑤ Linda Ramey - Gassert，Walberg H J，Walberg H J . Reexamining connections：Museums as science learning environments［J］. Science Education，1994，78（4）：345–363.

近年来，一些研究者采用知识社会建构框架[①②③]，他们对学习做这样的解释："学习是一个将先前知识和经验应用到新体验的过程，这个过程常常是在一个物理情境中进行的。而且，这个过程是以与其他个体的互动为中介的。另外，学习总是伴随着情绪和情感的。"这一定义突出强调了学习者学习过程的物理情境、社会情境与个人情境。与 Falk 等的看法不同，Gilbert 等把学习视为学习者个体心智模式的使用与发展。根据 Gilbert 和 Priest（1997）的界定，心智模式是"关于外部世界、生理与日常社会行为、事物与状态或其发展过程的内部表征"[④]。这两个定义都适用于正式学习与非正式学习、校内与校外学习。尽管这两个定义强调的重点不同，都被认为与奥苏贝尔、诺瓦克与哈尼森（1978）关于有意义学习的理论是一致的，并且是有意义学习的补充。有意义学习的理论影响了场馆学习与其他校外机构的学习研究[⑤⑥⑦]，可能是因为这一理论与个体角色在意义建构中的作用密切相关。Valsiner 和 Leung 描述了知识建构过程，将其视为学习的同义词，是学习者个体知识结构的改

---

① Falk J H. Testing a museum exhibition design assumption：Effect of explicit labeling of exhibit clusters on visitor concept development［J］. Science Education，1997，81（6）：679–687.

② Gilbert J, Priest M. Models and discourse: A primary school science class visit to a museum［J］. Science Education，1997，81（6）：749–762.

③ Leona，Schauble，Gaea，et al. A Framework for Organizing a Cumulative Research Agenda in Informal Learning Contexts［J］. The Journal of Museum Education，1997（2）：3–8.

④ Gilbert J, Priest M. Models and discourse: A primary school science class visit to a museum［J］. Science Education, 1997，81（6）：749–762

⑤ Lynn，Dierking. Learning Theory and Learning Styles：An Overview［J］. Journal of Museum Education，1991（16）：4–6.

⑥ Dierking L D，Falk J H. Family behavior and learning in informal science settings：A review of the research［J］. Science Education，1994，78（1）：57–72.

⑦ Orion N. A Model for the Development and Implementation of Field Trips as an Integral Part of the Science Curriculum［J］. School Science & Mathematics，1993，93（6）：325–331.

变[①]。根据 Valsiner 与 Leung 的看法，学习过程是受到约束的，不由学习者与环境之间的关系所决定。

场馆学习是极其复杂的社会现象，牵扯到多种要素及其之间复杂的联系。要正确认识它，不能用孤立的、片面的方法来看待，应该给予整体的、系统的考察。系统是由两个或两个以上处于相互作用中的元素有机地结合而成的具有特定功能的一个整体[②]。研究表明，建构主义学习理论对于研究者调研学习者的知识发展及场馆学习环境中的经验理解，具有理论指导价值及通用性。大量文献研究了学习者在场馆中的行为、与展品及他人的交互、何类实物展品更能吸引其注意、关于参观的记忆等[③④]。人与制品在塑造学习与思想的过程中的这种特有的交互，已经在聚焦于理解物理场境中人类活动的生态学研究中存在了很多年。建构主义是极好的审视场馆学习的视角。所以，我们可以说，场馆学习的定义是——

场馆学习是一种基于实物展品 / 人工制品的学习（Object-based learning/ Artefact-based learning），学习者个体在场馆环境中，以展品为基础，在各自的知识经验基础上，与展品、环境、他人等诸要素，以多种不同的方式进行互动，达成意义建构的过程。

成功的场馆学习，应该具备这样一些特征：（1）创设能提供认知工具、蕴含丰富给养、鼓励学习者通过与环境的互动去建构个人意义的学习环

---

① Valsiner J，Leung M C. From intelligence to knowledge construction：A socio-genetic process approach［M］// In Sternberg R J & Wagner R K （ed.），Mind in context：Interactionist perspectives on human intelligence. Cambridge：Cambridge University Press，1994.

② 钱学森，许国志，王寿云. 组织管理的技术——系统工程［J］. 上海理工大学学报，2011（6）：20–25.

③ Bitgood S C，Loomis R J. Environmental Design and Evaluation in Museums［J］. Environment and Behavior，1993，25（6）：683–697.

④ Falk J H，Dierking L D. Learning from museums［M］. Walnut Creek CA：Alta Mira Press，2000.

境；（2）建立有助于交流/协商的学习共同体；（3）重视学习者的社会参与，强调真实的学习活动和情境化内容，创设实践共同体，以使学习者所学知识/能力具有远迁移力；（4）知识不可能以现成的、孤立的方式掌握，必须重视知识的多元表征。

按照建构主义观点，学习是个体与环境之间复杂的交互引起的行为或思维的变化。虽然人们进入场馆的目的或动机可能是学习，亦或是休闲娱乐，但个体在与场馆环境交互过程中都会或多或少引起认知或情感上的变化，可被视作是学习的发生。从另外一个层面来讲，"学习者"已经成为终身学习社会的人的一个基本身份属性。在这样的视域下，本书将较少使用"参观""参观者""观众"等词汇，而代之以"学习""学习者"等。

二、特征

从时空上看，场馆学习是以"终身"和"全域"为核心的人本主义概念，包括民众启蒙、个人发展和公民教育。场馆通过创设丰富的资源环境，开放纵向时间维度的使用权限，扩大横向空间维度的覆盖场域，使学习者能够建立起个人经验与展品之间的联系。与学校环境中的学习相比，学校学习带有一定的强制性，场馆学习则倾向于积极主动的、兴趣引导的、自愿的、个人的、持续的、与境脉相关的、协作的、非线性的和开放的[①]，在学习对象、学习方式上有着明显不同的特点，学习更趋于流动性和偶发性，学习环境相对开放与自由，学习方法以观察、动手操作和自主探究为主，学习形式以学生活动为主，重在体验，产生的学习结果也是多元化的。在广义的水平上，场馆环境具有独到的长处，并和学校学习的长处相互补充。

① Griffin J. Learning to learn in informal science settings［J］. Research in Science Education, 1994, 24（1）: 121–128.

一些学者归纳了场馆学习的特征。如伍新春等将场馆科学学习的特征归纳为基于真实问题、强调探究过程、产出多元结果①。鲍贤清将场馆学习的特征概括为基于实物的学习、基于具体经验的学习、情境中的学习、自由选择的学习②。丁卫泽将场馆学习的特点总结为基于实物的学习、基于真实问题的学习、基于具体经验的学习、情境中的学习、自由选择的学习、基于主题的学习等③。笔者认为，场馆学习具备以下特征。

1. 基于情境的学习

人的学习是在复杂的教育系统中进行的，是个体、文化、环境共同作用的结果。任何一种教育都是在一定的情境中发生的，场馆学习同样也发生在一定的情境之中。场馆是一个公共文化机构，这决定了学习活动具有文化性。并且，场馆文化的特性决定了情境的特性，将其从根本上区别于其他的教育情境。学习的生态是由一系列能提供学习机会的情境所组成的④。情境可以理解为个体所处环境的综合。在《情境学习：合法的边缘参与》一书中，作者莱夫（J. Lave）明确指出，“情境……并不意味着某种具体和特定的东西，或是不能加以概括的东西，也不是想象的东西。它意味着在特殊性和普遍性的许多层面上，一个特定的社会实践与活动系统中社会过程的其他方面具有多重的交互联系”。⑤建构主义者认为，任何知识都是由学习者或学习者群体建构经验之后所赋予的意义，生活中充满了个人建构知识的情境。每种情境提供了独特的学习形

① 伍新春，曾笋，谢娟，等．场馆科学学习：本质特征与影响因素［J］．北京师范大学学报（社会科学版），2009（5）：15-21.

② 鲍贤清．博物馆场景中的学习设计研究［D］．华东师范大学，2013.

③ 丁卫泽．教育技术博物馆建设与场馆学习［M］．北京：科学出版社，2016.

④ Barron B. Interest and Self-Sustained Learning as Catalysts of Development：A Learning Ecology Perspective［J］. Human Development，2006，49（4）：193-224.

⑤ ［美］J. 莱夫．情境学习：合法的边缘性参与［M］．王文静，译．上海：华东师范大学出版社，2004.

态、资源，以及相互之间所形成的交互关系。从情境学习理论的观点来看，真实情境是学习发生的必要条件。与课堂上将科学知识从真实情境中抽取出来形成概括化的教条不同，场馆的独特之处在于提供了许多别处无法体验到的真实学习经验，提供了可观察、可触摸、可思考的情境，场馆境脉为学习者还原了科学知识所处的真实情境。场馆的物理环境建筑恢宏、陈列考究，或是让人领略科学的奥妙，比如科技馆，“或陈列各种最新的科学仪器，随时公开讲演，或按照进化的秩序，自最简单的器械，到最复杂的装置，循序渐进，使人一览了然”，比如自然博物馆，“陈列矿物及动植物标本，与人类关于生理病理的遗骸，可以见生物进化的痕迹，及卫生的需要”①。场馆在物件的展示上通过运用场景、声光电的手段还原展品所处的环境、历史背景，让参观者通过各种感官来获取知识。如美国自然历史博物馆在2009年举办了“丝绸之路”的展览，选取了四座沿途的城市作为故事线来叙述这条路线对当时世界科技、文化传播的贡献和相互影响。关于“丝绸”主题，设计者用图片展示中国古人发现蚕丝的传说和养蚕的方法。在透明的展柜中饲养活体的蚕，展示幼蚕、成蚕到织茧的过程。视频中播放的是从蚕茧手工抽丝的方法，一旁还放置了古代的织布机以及丝绸的成品。通过情境的创设，人们仿佛置身古代的中国，便于人们更好地了解丝绸的相关知识。场馆不仅提供了学习的物理情境，也提供了学习的社会情境。相比课堂依靠书本进行抽象知识的传递，场馆提供了一个“富媒体”的环境。场馆内丰富的各类展品，可以为学习者带来丰富的视觉、听觉、触觉等多重的感官刺激，为学习者创设了真实的学习情境。

2. 基于探究的学习

“探”，探测、寻求也。“究”，彻底推求。所谓“探究”，即深入探讨、反复研究。在我国《现代汉语词典》中，将“探究”解释为“探

---

① 中国蔡元培研究会 . 蔡元培全集第四卷 . 杭州：浙江教育出版社，1997.

索研究、探寻追究”，即努力寻找答案、解决问题。探究是学习者主动学习的方式之一，如观察、触摸、操作、摇动、敲打等[①]。场馆为学习者提供了极好的科学探究环境、丰富的科学探究资源以及独特的学习给养。学习者的学习是一种自由选择的学习，在自由、开放的环境中，学习者通过观察展品、操作展品，获取到具体的直接的经验，并由场馆中的展品获取直接经验，借助展品的文本、动画、视频等说明获取解释型经验，引发深层次的思考，发现展品背后的科学规律。从戴尔的经验之塔理论来看，学习应是一个从直接的具体经验逐步上升到间接的抽象经验的过程。场馆恰为学习者提供了获取做的经验、观察的经验，利于科学探究的学习环境。如美国国家历史博物馆设有“历史探索室”，内有许多历史上人们曾经用到的日常用品，如高轮脚踏车、缝纫机、编织品、绳索，不同民族的衣物、手工艺品、玩具及图书等，人们可以动手操作并体验过去生活的情景，还可按键听一段口述历史。美国加州科学馆设有“儿童探索室”，内有许多动植物标本、岩石、矿物、化石、幻灯片、录音带及图书等。比如，初中物理课程中的定滑轮、动滑轮、滑轮组部分的教学内容，科学知识与原理是这样的——定滑轮改变力的方向，动滑轮省力，使用滑轮组既省力又改变力的方向。使用滑轮组时，重物和动滑轮的总重量由几股通过动滑轮的绳索承担，知识内容较为抽象难以理解。科技馆为学习者提供了利于科学探究这些科学知识的学习环境。在科技馆力学展区“自己拉自己”的科学实验，让人们亲身体会自己拉起自己的趣味性，感受力学的神奇。再比如，初中物理课程中的压力、压强部分的教学内容，科学知识与原理是这样的——当压力一定时，受力面积越大，压强就越小。在科技馆力学展区“钉床”的科学实验，让学习者亲身体会躺在“钉床”的感觉，许多人认为躺在钉床上会刺破

① 中国社会科学院语言研究所词典编辑室．现代汉语词典（第三版）[M]．北京：商务印书馆，1996.

皮肤，但实际情况并非如此。这种反直觉的科学现象，对个体来说是一次全新的体验，也能引起强烈的认知冲突，有助于人们在探究中加深对科学概念的理解。

3. 基于体验的学习

从体验学习理论以及学习发生的内在机制来看，发生在场馆境脉中的学习是一种学习者的体验学习。学习者在场馆境脉中通过感知、触摸等，可以获得丰富的直接经验，通过反思性观察、抽象概括、实践等来实现知识、技能和态度多维整合发展。学习者在场馆环境中，通过触摸、倾听、观察、参与、体验、探究、尝试、讨论、交流、合作、分享等方式与展品进行交互，带来一些直接的真实的学习体验，从而引发个体特定的情感体验和主观感受。

格林希尔认为："学习包括许多过程。最为基础的就是理解和记忆。理解受到先前的经历（即我们所知道和认识的东西）的巨大影响。学习受到动机和目的、先前的经历、文化和背景的影响，尤其是在场馆中，还要受到设计、外观和物理环境的影响。当我们谈到学习特别是场馆学习时，所指的不仅仅是学习事实，还包括体验和情感。它要求个人付出努力，但同时它也是一种社会体验。在场馆中，学习更多时候被认为是一种社会体验。"[①]2001年，英国档案馆、图书馆和博物馆战略机构资源理事会出版了《利用博物馆、档案馆与图书馆来发展一种学习型社会：战略行动计划》，该文件特别将"学习"作为其主导词，并接受了英国"博物馆学习战略计划"中对"学习"的定义：学习是一种主动参与到体验中的过程。它是人们想要让自己对世界有意义时所做的事情。它涉及技能、知识、理解力、价值观和能力的提高。有效的学习能带来改变、发展与进一步学习的欲望。在场馆境脉中，学习者主动参与到体验中，是一种

① Hooper-Greenhill E. Museum and Gallery Education［M］.University of Illinois Press，1991.

基于体验的学习。Pekarik，Doering，Karns 曾指出，学习者在场馆学习中可以获得实物体验、认知体验、内省体验、社会体验。态度、兴趣等的建立恰恰就依赖于行为所带来的体验和主观感受以及行为完成所给予的心理强化。

表 2-1 场馆学习的多重体验（Pekarik，Doering，1999）[①]

体验类型	详 细
实物体验	观看实物展品的体验
	观看珍稀 / 非凡 / 有价值展品的体验
	美感体验
	想象
	对于专业发展有利
认知体验	获得信息或知识
	丰富理解
内省体验	展开不同时空的想象
	反思所看之意义
	回忆历程 / 生活经历 / 其他回忆
	获得精神层面的联结
	获得归属和联结的体验
社会体验	与朋友 / 家人 / 其他人交流

在场馆中，透过三维空间的实物造景、情境塑造或遗址复原，遥远时空的人类历史或自然风貌得以重现，学习者能身临其境感受到震撼与感动。如大英博物馆的古希腊和古埃及文化展示将整座古庙或城墙迁入馆内再组装复原，使学习者目睹远古人类的文明与风貌。另外，一些民俗村或户外博物馆，如美国马萨诸塞州的老史德桥村以走入历史的方式，带领人们融入美国 19 世纪初的农村生活。大家可以轻松徘徊于田野中，实地观察百年前农夫如何畜牧农耕、剪羊毛、制锅盘、烹饪食物，或与历史人物对话，或到教堂参加婚礼，体验活生生的历史。又如波士顿科学博物馆的“闪电剧场”“太空剧场”及“热带雨林区”，通过实物标本、临场演示活动及科技媒体的运用，让人们亲身体验雷电产生的

① Pekarik A J , Doering Z D , Karns D A . Exploring Satisfying Experiences in Museums［J］. Curator, 1999，42（2）：152–173.

原理与威力，或跨越时空俯仰遨游于星际宇宙中，或在雨林里听虫鸣鸟叫。法国拉威特科学工业城的太空剧场引领人们遨游天际，飞临世界尽头；而东京的下町风俗资料馆则以实物实景，重现明治时代的老百姓生活。

4. 基于社会交互的学习

自然状态下，人类在学习和知识建构共同体中工作，他们开发各自的技能并适当使用他们的知识。在真实世界中，人类会自然地寻找他人帮助自己解决问题、完成任务。社会性是人的最主要、最本质的属性，是个体不能脱离社会而孤立生存的属性，人的生活、生产活动也都具有社会性。虽然场馆学习是自由选择的学习，学习者可能是个体，但仍然离不开与其他社会角色的互动，同样具有社会性。群体可能包括教师、场馆教育者、学习同伴等角色。场馆学习活动是学习主体（学习者）在一定的社会环境下，与客体（展品内容、学习环境等）在与其他社会角色（教师、同伴、场馆教育者、其他人员等）的社会关系中不断互动的过程。与他人之间的会话交互也是场馆学习中学习者意义建构的重要形式。皮亚杰的理论认为，学习者只有接收到与学习者认知结构不匹配的外部信息时，才会促进学习者的认知发展。静态呈现的展品并不能被学习者同化到其认知结构中，而在学习者与他人的会话交互中，可能会产生认知冲突，认知冲突是认知发展的催化剂，使得学习者将新知纳入自己的认知结构，从而实现知识建构的目的。所以场馆学习是学习者与其他人员进行的认知冲突、协商建构知识的过程。

5. 自导式的学习

场馆学习形态是自由的、主动的。学习者可按照自己的意愿和喜好，选择喜欢的时间及项目去参与，也可依自我的能力和方式去探索，是一种自导式的学习，有别于学校教授式的学习。在场馆中，学习者没有外界的约束，可以自由地选择学什么、怎么学、在哪里学、和谁一起学。学习是由学习者自身需要自发形成的，是一种由内而外的动机驱使，具有强烈的兴趣支撑。他们可以根据各自的兴趣有取舍地进行浏览。现今场馆为让人们更自主地学习，除了提供导览机、导览查询系统及展示活动单外，许多都设有“探索室”，置放了各式各样的文物、标本、模型、图书资料、影片及仪器设备等，鼓励学习者自己动手寻找答案，并由亲身体验获得成就感和自信心。

6. 产出多重学习结果

Ansbacher（1998）认为，场馆学习的产出可能与教师期望的学习结果背道而驰。他引用杜威的观点，认为如果学习主要是为了乐趣，那么学习者可能学到了一些东西，但不一定是老师或场馆教育者所计划的。这意味着，学习者可能会学会追求更多的乐趣，而不是进一步学习。[①] 场馆学习产生的结果也可能出现在不同的时间阶段，可能是短期效应，也可能是长期影响，是极为多元化、难以测量的。场馆学习产生的学习结果范围远远超过了通常学校学习所强调的概念知识。在场馆中，学习者可以发展知觉、兴趣、动机、社会能力和实践，可以被描述为知识、技能、态度、情感和行为——可以以多种方式进行归总。

但这并不意味着场馆境脉中的学习结果不能评价和测量。Garnett 根据美国的 180 份科技类场馆评估报告，从中提取出了一些有关场馆学习结果的证据，科技类场馆对人们产生的影响表现在以下方面：科学知识学习（54%）、对科学态度的转变（18%）、兴趣（14%）、建立职业发展方向（7%）、其他（7%）等。

美国国家研究委员会（NRC，National Research Council）科学教育委员会于 2008 年发表非正式科学教育项目评估框架，将有关博物馆展品展项的学习结果总结为：知识、参与程度、态度、行为和技能五个方面。

① Ansbacher T. John Dewey’s experience and education：Lessons for museums［J］. Curator, 1998，41：36－49.

该委员会在幼儿园大班至年级学生而发展的科学学习框架基础上，通过对大量的有关非正式学习环境中的科学学习研究的文献进行总结后，于2009年发表《非正式环境下的科学学习：人、场所与活动》（*Learning Science in Informal Environments*：*People*，*Places and Pursuits*），从“发展科学兴趣”“理解科学知识”等六方面来评价非正式环境中的科学学习结果，描述了学习者在认知、社会性、发展性和情感等各方面的表现①。

（1）“发展科学兴趣”——体验获得物理世界和自然世界现象相关的新知的过程中的兴奋、兴趣和动机；

（2）“理解科学知识”——逐步生成、理解、回忆和使用与科学相关的概念、解释、论点、模型和事实；

（3）“从事科学推理”——操作、验证、探究、假设、观察物质世界与自然世界，并建构其意义；

（4）“反思科学”——反思科学作为认识与学习的方式；反思科学的过程、概念和机制；反思科学学习的过程；

（5）“参与科学实践”——运用科学术语与科学工具，与他人共同参与科学与实践学习活动；

（6）“认同科学事业”——将自己视为科学学习者，发展一种身份认同，成为那种认识科学、运用科学、将来为科学做出贡献的人。

三、属性

由于正规教育与非正规教育界线模糊，场馆学习本身或多或少兼具了正规教育和非正规教育的共同特点，是兼具正规与非正规属性的学习活动。

---

① Bell P E，Lewenstein B E，Shouse A W E，et al. Learning Science in Informal Environments：People，Places，and Pursuits［J］. Journal of Science Communication，2010，8（3）：66-68.

一般而言，正规教育指由教育部门认可的教育机构（学校）所提供的有目的、有组织、有计划、由专职人员承担的，以影响入学者身心发展为直接目标的全面系统的训练和培养活动。非正规教育即在没有外在必要课程标准的前提下对理解、知识和技能的追求。它可以发生在任何课程化的教育机构之外，基本准则由参与其中的个人和组织决定，包括目标、内容、手段、理解、间歇、结果评估和应用。贝克曼等人认为，非正规教育是没有强制性课程标准指导的知识习得和技能培养，它可以发生在任何场域，整个学习过程包括目标、内容、方式、评价、时间、应用等，将完全由参与者自主决定。正规教育一般以有计划性的活动和明确的教学内容为前提，同时，它在某种程度上也存在对固定场地（教室）的依赖，非正规教育则主要以对话的形式发生在开放场地。

无论我们如何将两者进行区分，学习行为的发生都不再局限于某一独立的空间，而是同时具有两种属性，既可以是正规教育，也可以是非正规教育。越来越多的学者提出，正规教育与非正规教育并不存在明显的界限，非正规学习可能发生在正规教育里（校内学生交往），正规学习也可能发生在非正规教育里（校外培训），并不存在被普遍认可的科学标准测量两者对人的发展产生影响的结果差异。正如 Dierking（1991）[①]说的那样，人们往往认为正式学习发生于正规学校环境，非正式学习往往发生于场馆及类似机构等非正式环境中，而仅仅从二者发生的情境来区分彼此，是非常不合适的。因为“学习就是学习，它受到环境、社会交互以及个人因素诸如信念、知识及态度的影响”，她强调学习过程的复杂性，学习环境是其中非常重要的而未必是支配性角色。所以，可以认为场馆学习是兼具正规与非正规教育属性的学习活动。

① Dierking L. Learning theory and learning styles：An overview［J］. Journal of Museum Education，1991，16：4–6.

四、理论基础

（一）建构主义学习理论

建构主义是场馆学习重要的理论基础之一。建构主义理论的哲学渊源可以追溯至康德的批判哲学，其心理学渊源可以追溯至瑞士心理学家皮亚杰、苏联心理学家维果茨基等学者的思想与理论观点。建构主义在知识观、学习观、学生观、教师观、教学观等方面的见解十分新颖且丰富，是认识人类学习过程和认知过程的一次质的飞跃，对教育领域产生了深远的影响。建构主义是一种流派纷呈的学习理论，如激进建构主义、社会建构主义等。虽然建构主义存在多种表达方式和观点分歧，但大多数建构主义者对学习核心观点的认识是能达成共识的：（1）学习者是学习的主体，学习者积极主动地建构自己对于外部世界的理解与看法；（2）知识不是通过传授获得，而是学习者在一定的情境中，在与他人（教师、同伴等）的协作与会话中，通过意义建构的方式获得；情境、协作、会话、意义建构是建构主义学习理论强调的学习四要素；（3）教学应该为学习者的意义建构创设真实或仿真情境，教师的角色是学生学习的帮助者、引导者与促进者。

从很多学者的描述中，可以看出建构主义是场馆学习重要的理论基础之一。George Hein 是第一位将皮亚杰的建构主义思想应用到场馆情境的学者，并描述了场馆中的发现学习与建构主义的关系①。Anderson David 也曾在文献中对场馆学习研究理论基础进行梳理，深入分析了建构主义作为场馆学习的重要理论基础②。建构主义主张将学习视为相关的、交叠的过程，为理解如何从实物和经验中获取场馆学习意义的复杂性本质提供了系统思路。学习发生的必要条件是真实情境。意义并不是脱离情境

---

① Hein，G. Learning in the Museum［M］. London：Rootledge，1998.

② Anderson D，Lucas K B，Ginns I S. Theoretical perspectives on learning in an informal setting［J］. Journal of Research in Science Teaching，2003，40（2）：177-199.

而存在的。更具体地说，学习是在特定的情境中发生的，在特定的情境中，当学习者认识到知识的实用性，意识到需要把知识用于更广泛的认知目的以分析、阐述和解决真实世界中的问题时，学习就产生了。[①] 总之，场馆学习研究对个体先前知识、动机、兴趣等特征的关注，对学习者意义建构过程中与他人协作互动的关注，对有意义学习的关注等都是建构主义学习理论理念的一个体现。

（二）社会文化学习理论

社会文化学习理论起源于心理学的文化—历史学派（也称维列鲁学派），其创始人是苏联杰出的心理学家维果茨基。维果茨基是苏联早期一位十分有才华且极富开拓创新意识的杰出心理学家，他是苏联心理科学的奠基者之一，在普通心理学、儿童心理学、教育学习学、病理心理学和艺术心理学领域都开展过理论和实验研究。维果茨基的主要贡献之一在于，强调有社会性意义的活动对人类意识的重要影响。这也便是文化—历史学派的基本观点。社会文化历史学派强调人类所处的外部环境与人类自身的内部心理机能有着密切的联系，人们生活在由先辈们创造的历史文化环境及其物化成果中，因此，人的高级心理机能是受到人类社会文化历史的影响和制约的[②]。

维果茨基的理论强调人际（社会）关系、文化—历史和个人因素的互动是人类发展的关键[③]。在三者对人类发展的影响中，得到最多关注的是人际（社会）关系，这一点尤其受到西方研究者和实践者的关注。也因此，维果茨基的理论成为社会建构主义的主要基础[④]，而社会建构主义是建构

---

① 乔纳森，兰德．学习环境的理论基础（第二版）［M］．徐世猛，李洁，周小勇，译．上海：华东师范大学出版社，2015.

② 唐卫海，刘希平．教育心理学［M］．天津：南开大学出版社，2005.

③ 申克．学习理论（第六版）［M］．南京：江苏教育出版社，2012.

④ 高文．教学模式论［M］．上海：上海教育出版社，2002.

主义理论中十分重要的一个流派。维果茨基认为社会环境对学习很重要，社会互动是学习经验的重要来源。社会行为不仅能够帮助解释意识的变化现象，而且能够建立起使外在行为表现与内在思想观念相统一的心理活动。社会环境正是通过其“工具”来影响人类认知。工具是指社会文化产品、社会语言和社会机构。认知发展源于在社会交互作用中文化工具的使用，源于将这种交互作用内化和心理转换的过程①。维果茨基认为人类创造了两种工具：一种是用来从事物质生产和劳动操作的物质工具，如石刀和石斧，以及现代化的生产机器等。这些物质工具的创造、发明和使用使人类脱离了动物界；而人类创造的另一种工具则是人类用来进行文化传承与思想交流的认知工具，如符号、语词和语言等认知制品。维果茨基认为动物没有也不可能创造出这种工具，所以动物的心理机能只能永远停留在低级水平上②。

综上所述，社会文化学习理论的主要观点是：（1）社会文化是人类认知发展的来源，社会关系、历史文化和个人因素的互动是人类认知发展的关键；人所特有的心理机能不是从内部自发产生的，而只能产生于人们的协同活动和人际交往之中③。学习者在与学习共同体的互动中激发认知过程，促进认知发展。（2）人所特有的高级心理机能是以符号、语言、认知制品等社会文化的产物为中介的。人类认识的发展深受人类历史文化变迁的影响；人类与动物最本质的区别就在于能否创造并使用物质工具和认知工具，正是通过物质工具的运用以及以认知工具为中介的文化传承，人类才能有从低级心理机能向高级心理机能的发展。在所有工具和符号中到读好语言尤其重要，它是思考与认知的工具，是进行社

---

① 干静枫，唐小云．维果茨基的唯物认识论和方法论的研究［J］．湖南社会科学，2012（5）：37–40.

② 刘兴富．现代教育理论选讲［M］．沈阳：东北大学出版社，2009.

③ 维果茨基．维果茨基教育论著选（第二版）［M］．余震球，选译．北京：人民教育出版社，2005.

会性互动活动的基础，是学习者自我调节和反思的工具[①]。（3）个体的认知发展是一个“内化”的过程。维果茨基将发展定义为社会共享的活动向内化过程的转化。他提出人所特有的高级认知技能最初都是在人与人的交往互动过程中，以外在的动作和行为表现出来的；之后经过多次重复与变化，才内化为内在的智力结构。也就是说个体所具有的高级心理机能都是通过内化社会关系而形成的，被内化了的社会关系就构成了个体的社会结构[②]。（4）维果茨基用“最近发展区”的概念解释了教学与发展的关系问题。他认为个体认知发展具有两个水平，一个是自己独立解决问题的水平，也称为现有水平；另一个是需要别人帮助才能够解决问题的水平，也称为可能的水平。因此，“教学必须走在发展前面”，即教学不能仅依据学习者过去已完成的状态，而应依据其最近发展区的潜力状态[③]。

（三）分布式认知理论

在场馆境脉中，各种各样的展品在学习者的学习活动中扮演着愈加重要的角色，致使学习者的认知活动呈现出了分布式特征，是一个复杂的分布式学习系统。学习者在学习过程中，不仅需要学习者个体的认知参与，还需要学习者个体与展品、他人之间的交互，甚至有时候可能需要多个个体与展品、他人的交互作用。所以分布式认知理论为场馆学习提供了重要的理论基础。

分布式认知（distributed cognition）理论是在20世纪80年代中后期，由加利福尼亚大学的埃德温·赫钦斯（Edwin Hutchins）提出的理论，也称分布式学习、分布式智力。赫钦斯经过长期在自然情境中对人类认知活动的考察指出，认知活动总是发生并分布于特定的文化和历史背景中的。

---

① 高文．教学模式论［M］．上海：上海教育出版社，2002.

② 维果茨基．维果茨基教育论著选（第二版）［M］．余震球，选译．北京：人民教育出版社，2005.

③ 刘兴富．现代教育理论选讲［M］．沈阳：东北大学出版社，2009.

在认知活动过程中，他人、认知制品、外部表征和外在环境共同构成了认知实现不可或缺的部分，因此，认知最好被理解为一种分布式的现象[①]。赫钦斯分布式认知理论的提出与传统认知观点将认知作为个体级别的信息加工过程区别开来，并成为重新思考人类所有认知现象的一种全新范式。研究者认为，分布式认知理论作为认知领域的全新范式而广受关注的主要原因在于：首先，随着技术的进步，计算机、智能手机等数字化产品在智能活动中扮演着愈加重要的角色，致使认知活动的分布性特征比以往任何时期都要明显，也就是说，越来越多的认知任务在解决过程中，不仅需要个体的认知参与，还需要个体与计算机之间的交互参与，甚至需要多个个体与计算机的交互作用；第二，维果茨基的社会文化理论引起了许多研究者的关注，研究者日渐认同该理论所强调的观点，即个体的内部认知不仅与外在的社会文化有交互作用，而且就存在于社会和文化情境之中，并构成了社会文化的一部分；第三，人们逐渐认识到由于忽视了认知的潜在分布特性而将认知作为个体级别的信息加工过程是存在缺陷的。

分布式认知理论的主要观点如下：（1）分布式认知理论将系统性作为认知活动的本质属性和出发点，提出认知分析的单元是一个包括认知主体、环境系统及参与认知活动所有事物的功能系统。（2）该理论强调认知的分布特性，即认为认知分布于个体内部、个体之间、媒介中、环境中、文化、社会中、时间和空间之中[②]。（3）关于表征与交互。分布式认知理论认为认知是在内部表征系统和外部表征系统之间的相互转换中产生的，因此各种不同表征系统或表征状态之间所产生的会话、交流、信息转换、新表征的建立等是知识产生和传播的重要特征。（4）分布式认知系统具有三个主

① 于小涵，李恒威. 认知和心智的边界——当代认知系统研究概观［J］. 自然辩证法通讯，2011，33（1）：21-28.

② 周国梅，傅小兰. 分布式认知——一种新的认知观点［J］. 心理科学进展，2002，10（2）：147-153.

要特点，分别是交流、共享和各要素之间的相互依赖关系。

（四）体验学习理论

1984 年美国组织行为学教授大卫·库伯（David Kolb）在总结约翰·杜威（John Dewey）、库尔特·勒温（Kurt Lewin）和皮亚杰经验学习模式的基础上，出版了《体验学习——让体验成为学习与发展的源泉》（*Experiential Learning: Experience as the Source of Learning and Development*）一书[①]。在该书中，大卫·库伯正式提出了体验学习理论。他认为体验学习是由四个基本阶段——具体经验获取、反思性观察、抽象概括、积极实践构成的完整的学习循环系统。体验式学习是个体在形体、情绪、知识上的参与，它以个体体验为基础，通过与环境间不断交互，借助经验去转换创造知识。

从体验学习理论来看，发生在场馆境脉中的学习是一种学习者的体验学习。学习者在场馆境脉中通过感知、触摸等，可以获得丰富的直接经验，通过反思性观察、抽象概括、实践等来实现知识、技能和态度多维整合发展。

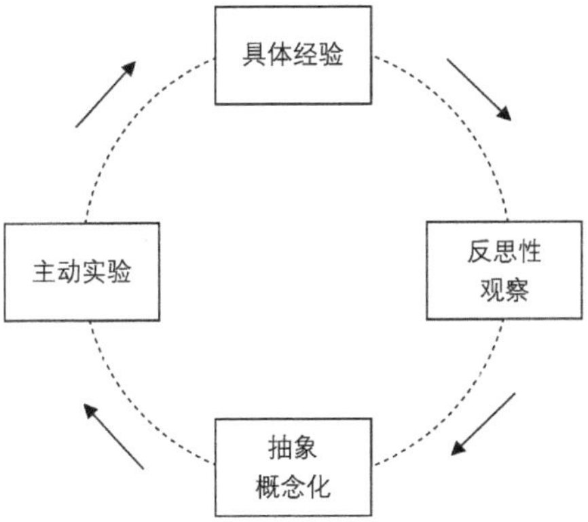

图 2-1　体验学习理论

① ［美］D. A. 库伯．体验学习——让体验成为学习与发展的源泉［M］．王灿明，朱水萍，等，译．上海：华东师范大学出版社，2008.

（五）活动理论

阿列克谢·尼古拉耶维奇·列昂捷夫在维果茨基理论的基础上创立的活动理论被认为是第二代活动理论。其核心思想在于，人的内部的思维活动是由外部的实践活动转化而来，所以内部的思维活动与外部的实践活动具有相同的结构。因此，便可以通过对外部的实践活动的研究与考察，来实现对内部的思维活动的研究与考察，也就是说，可以通过对人的活动的研究来实现对人的心理的研究。① 从第二代活动理论开始，学者开始关注个体与共同体之间的复杂关系。20 世纪 70 年代后期，以恩格斯托姆（Y. Engestrom）为代表的西方学者在前人研究的基础上形成了第三代活动理论。他们提出，活动理论中分析的基本单元是活动，而活动是由活动系统组成的，它包括主体、共同体和客体等三个核心成分以及工具、规则和分工等三个次要成分，这些共同构成了活动系统的六大要素。在活动系统中，主体是活动执行者，是活动系统中的个体要素。客体是主体想影响或改变的东西，具有自然、社会文化属性，其变化蕴涵着某种动机或目标。共同体是指活动发生时活动主体所在的群体。也就是说，所有活动都是以客体为导向，是由主体通过工具作为媒介对客体进行改造来完成的。第三代活动理论同样认为，人类的活动必须以工具为中介。工具包括具体的工具和抽象的工具，它将活动主体与客体联系起来，客体与工具也可以相互转化。

一般认为，活动系统包含了 6 个基本要素，主体、工具、客体、规则、共同体和劳动分工。它们之间的关系如图 2–2 所示。

① 于璐 . 列昂捷夫的活动理论及其生态学诠释［D］. 吉林大学，2011.

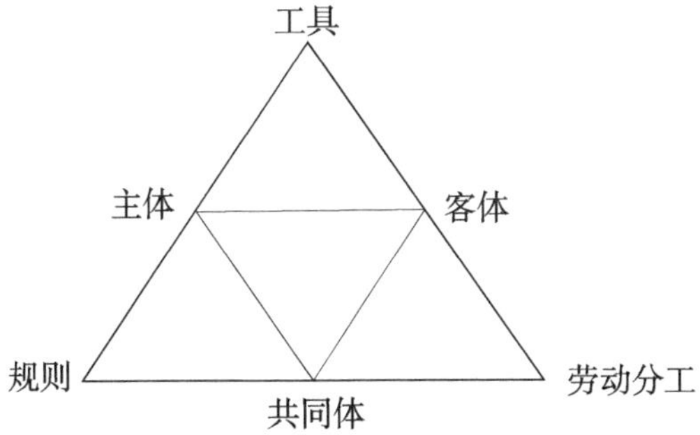

图 2–2　活动系统

活动理论强调活动是外化的实践活动与内化的思维活动的相互关联。活动理论将活动分为三个层级：活动（activity）、行为（action）与操作（operation）。活动是客体导向的、受学习动机驱动的、为了完成最终目标而进行的教与学的活动。行为是活动的基本组成部分，受目标导向，目的是实现上层活动。操作没有自己的目标，受一定条件的限制，行为是依靠一系列操作实现的。活动分解成行为，最终可分解成操作。反之，操作可生成行为，最终生成为活动。

活动理论以活动为基本分析单位，为本研究学习活动设计提供了基本的理论框架。其工具中介思想更是对本研究有重要的指导意义。维果茨基认为在交互过程中需要外在的工具中介来辅助，提出了工具中介思想，即是人类通过中介与社会环境交互。在学习者与场馆学习环境的交互过程中，物质工具、心理工具、技术工具都对场馆学习活动起着很大的作用。

第三章　场馆学习的发展演进

场馆兴起于近代，却有着悠久的历史渊源。它的起源，无论在西方或东方，都可以追溯到公元前。从世界范围来看，现代意义上的场馆发源于19世纪的欧洲，其发展历程实质是一个对场馆学习的实践和理论不断探索的过程。在场馆漫长的发展过程中所表现出来的场馆功能、性质及其与社会关系的变化，对于我们认识今天的场馆、场馆学习以及指导场馆学习的未来发展，有着重要的借鉴作用。因此，本章根据研究主题需要，从理念与实践的角度，对国际场馆学习的发展历程进行简要论述，并对我国场馆学习的发展进行回顾。

第一节　国际范围内场馆学习的产生与发展

一、世界最早的场馆萌芽

场馆（museum）是在漫长的人类社会发展过程中逐渐形成的科学教育与文化载体，并且伴随着社会的发展而发展。在其出现的初期，主要以收藏功能为主，兼具一定的科学教育与研究功能。

四千多年以前，埃及和美索不达米亚的统治者就注意寻找保藏珍品奇物。在西方，公元前5世纪，古希腊特菲尔·奥林帕斯神殿就有保存战利品和雕塑等古物的收藏室。公元前4世纪，马其顿的亚历山大大帝（公元前356年—前323年）在欧亚非的军事扩张中搜集和掠夺许多珍贵艺术品和稀有古物，交由他的老师亚里士多德（Aristotle，公元前384年—前322年）整理和研究，并在雅典郊区建立吕克昂（Lykeion）学园。亚里士多德在从事授课和研究时，已使用各种实物与标本用于辅助教学①。

公元前290年，亚历山大的部下托勒密·索托（Ptolemy Soter）在亚历山大城创建了一座缪斯神庙（当时被称为“mouseion”，被公认为是“museum”一词的最早来源），是人类历史上最早的场馆。这个场馆设有专门的大厅、研究室，陈列有关天文学、医学和文化艺术的藏品。各地的学者、作家等纷纷聚集在这里，从事研究工作，其中包括著名数学家欧几里得、物理学家阿基米德等。缪斯神庙以保存和研究古典文化为己任，其收藏重点已由宗教和伦理转向科学知识领域，它以求知好问的精神为驱动，收藏的物品涉及当时众多知识领域，“开创了人类文化保存中一种带有普遍性意义的机制”②。可惜的是，这座人类历史上最早的场馆，在公元5世纪时毁于战乱，所以我们无法一睹它的风采。公元前1世纪，古希腊学者、旅行家、作家斯特拉博在《地理学》一书中为我们提供了最早的关于缪斯神庙的描述：“缪斯神庙也是王宫的一部分，里面有一条公共通道，一个带座位的开敞式谈话间，还有一间大餐室，学者可在此共同用餐。这些人不仅共享财产，而且还有一位祭司负责管理。”③毋庸置疑的是，从缪斯神庙起，场馆作为教育、收藏、研究人类生存及其环境物证和传播相关知识的机构登上历史舞台。

---

① 姚安．博物馆12讲［M］．北京：科学出版社，2011.

② 尹彤云．大学博物馆的过去、现在和未来［J］．博物馆研究，2004（4）：4-8.

③ 王宁．人类知识的物象与记录考察——博物馆与图书馆关联性研究［J］．中原文物，2016（5）：125-128.

二、近代场馆的产生

中世纪的欧洲处于封建制度和教会统治的时代，宗教在社会生活的各个方面都处于统治地位，尤其是在意识形态的文化教育领域里，更处于至高无上的垄断地位，文化艺术成了宣传教义的工具。作为文化现象的珍品收藏活动虽然笼罩在宗教的神秘主义和蒙昧主义的雾障下，但规模和范围也有了一些发展和扩大。欧洲各国有许多教堂寺院都收藏着从希腊、罗马以来各种珍贵的手稿、抄本、雕刻、绘画作品等。总体来说，在欧洲黑暗的中世纪，场馆不仅没有得到发展，而且和科学精神一起沦落到几近消亡。

文艺复兴以来，尤其是近代资产阶级革命后，现代意义上的场馆诞生并迅速成长起来。14—16 世纪的欧洲文艺复兴是西方文明史上的一个新时代，被看作是中世纪与近代的分界，恩格斯将其称之为“人类从来没有经历过的最伟大的、进步的变革”。文艺复兴让人们重新以人文的角度审视自然和人本体，科学重新燃起人们探知世界的兴趣，也为近代场馆产生奠定了思想基础和物质基础。首先是激发了学者的研究兴趣和收藏者的热情，其次，收藏范围扩大。由于思想文化上的大变革，人们收藏的内容已开始逐步摆脱搜珍猎奇的狭小范围，扩展到各种历史文物、艺术品以及动植物等自然科学标本。再加上 16 世纪前期随着科学技术的发展，自然科学的各个学科都有了全面系统的发展，产生了近代自然科学。到了 17 世纪，科学技术在天文学、数学、物理学、化学、生物学等领域都有了突破性的发展。这些既是文艺复兴运动的伟大成就，也是科学史的革命，为场馆的发展开辟了广阔的前景。正是这些，使得场馆迈出了重要的由早期私藏形态向社会开放的前进步伐。

17—18 世纪欧洲出现的启蒙运动，是继文艺复兴后的又一次反封建的思想解放运动。欧洲的启蒙运动削弱了封建的、教会的势力，宣传了自由、民主、平等的思想；同时，启蒙运动反对封建的集权专制以及民众思想中的蒙昧无知，提倡普及文化教育。因此，随着开启民智的理念被广泛地接受，欧洲出现了具有公共性质的场馆。阿什莫林博物馆就是作为第一家真正意义上的公共类场馆登上历史舞台。17 世纪末，艾利亚斯・阿什莫林将其收藏捐赠给了牛津大学，其中包括各类标本、古钱币、版画和大量图书，之后建成了阿什莫林博物馆。这座场馆于 1683 年 5 月面向公众开放，藏品包括鸟、鱼、动物、植物、昆虫、矿物、宝石、武器、雕刻、绘画、手工艺品、货币、徽章、武器、服饰、考古出土文物、民族民俗文物等，并于每周举办一次学术讲座，吸引了大批在校师生前去参加，开创了大学场馆的先河。它是世界上第一个具有近代特征的场馆，也是世界上规模最大、收藏最丰富的一座大学场馆，奠定了近当代大学场馆基本组织体系和运行模式，具有重要的历史意义。可以看出，它延续了“亚里士多德园”和“缪斯神庙”的光荣传统，与教育和学习有着极为密切的联系。

18 世纪是场馆事业发展的重要时期。英国的工业革命和以法国百科全书派为代表的资产阶级民主化运动对场馆事业的发展产生了极大的推动作用。欧洲一些国家相继建成了国家级的或具有重要影响的场馆，如爱尔兰（国家博物馆，1731 年）、奥地利（维也纳自然历史博物馆，1748 年）、英国（伦敦不列颠博物馆，1753 年）、意大利（威尼斯艺术学院美术馆，1755 年）、丹麦（国家美术馆，1760 年）、俄国（埃尔米塔什艺术馆，1764 年）、西班牙（国家博物馆，1771 年）等。其中，英国 1753 年建成的伦敦不列颠博物馆（又称大英博物馆）的影响巨大。它的建立首先归功于英国乔治二世的御医、收藏家汉斯・斯龙（Hans Sloane）爵士。他既是名医，又酷爱收藏，内容包括植物标本、文物和各种手稿等。他愿“为彰显上帝荣光，驳斥无神论及其后果，促进医学的使用和进步，促进人类福祉”，在遗嘱中提请以 2 万英镑促请英国国会购买自己的收藏。1753 年国会同意拨款建馆接收。1759 年 1 月 15 日，不列颠博物馆正式开幕。最初的藏品以印刷品、手稿、钱币、绘画、自然标本和文物等为主。以后，随着英国学者对希腊文物的发展、英国对海外殖民地扩张活动的加强，大量文物、绘画和自然标本进入不列颠博物馆，使其藏品迅速增加，成为当时世界上最著名和最大的场馆。

三、19 世纪至 20 世纪初场馆教育功能的确立

19 世纪至 20 世纪初场馆教育功能得以确立。19 世纪末 20 世纪初，世界场馆经历了被称为“场馆现代化运动”的第一场革命。① 革命的结果就是，“场馆作为教育机构”这一观点越来越普遍地为社会所认可。1893 年，格林伍德（Greenwood）最早意识到了场馆的教育功能②。赫胥黎（Huxley，1825—1895）作为一个博物学家，十分重视各种博物馆在传播科学知识和进行科学教育上的作用。他把场馆当作民众科学教育的一个重要部分，并认为场馆在形式上和内容上都要考虑到它的教育价值和实用价值。他曾明确指出，“人们对一个自然历史博物馆的要求是，它应当对于公众和科学工作者这两方面都尽可能的方便和尽可能的有用。”③ 大卫·穆雷先生 1904 年曾写道：“场馆已经成为教育基地。在那里，每一个课题都因为配备博物馆教师而变得易于理解。”④ 人们对于场馆教育功能形成了普遍的认识。

伴随着“场馆现代化运动”革命，场馆的建设与实践也蓬勃发展。19 世纪也是科学技术取得重大突破的时代。包括进化论、细胞论和能量守恒定律三大发现在内的 546 项科学发明，远远超过了前三个世纪的总和。

---

① 张曦．英国博物馆教育的初步研究［D］．吉林大学，2008.

② Greenwood T. The Place of Museums in Education［J］. Science，1893，22（561）：246-248.

③ ［英］托·亨·赫胥黎．科学与教育［M］．单中惠，平波，译．北京：人民教育出版社，2005.

④ 严建强．博物馆与观众——介绍肯尼思·赫德森的《博物馆社会史》［J］．中国博物馆，1987（1）：55-59.

在这样的背景下，再加上资本主义经济的发展，各国场馆建设与发展的步伐日益加快。以英国为例，1800年有10个公共博物馆，1850年约60个，1887年达240个左右，20多年增加了4倍。1851年，在英国伦敦水晶宫举行的世界工业博览会（又称万国博览会），正是对科学技术和工业革命成果的一次检阅。在此次博览会展品的基础上，建立了以收藏科学技术品为主的南坎辛顿博物馆（1857年，即今伦敦科学博物馆）和以收藏美术和工艺品为主的维多利亚皇家博物馆（又名维多利亚·阿尔伯特博物馆）。此后相继在巴黎、维也纳、费城举办了世界博览会，这对场馆建设是一次巨大的推动。在伦敦博览会前后，建成的科技博物馆有法国工艺研究院技术博物馆（1802年）、莫斯科科技术博物馆（1872年）、慕尼黑的德意志博物馆（1903年）、维也纳工业博物馆（1918年）等。

这一趋势也影响到了日本和美国。1871年，在明治维新后的近代化运动的推动下，日本建立了教育型的东京博物馆（后改名国立科学博物馆），这是亚洲第一个建立科学类场馆的国家。而立国历史短、资本积累和经济发展迅速的美国，也建成了在世界上有重大影响的大型场馆。第一次世界大战之前，美国社会开始了“进步主义”运动，这项以追求人权、自由和平等的社会政治运动，对美国教育产生了广泛影响。当时在教育领域的进步运动，旨在扩张公共教育设施，为工人阶级的儿童争取平等接受教育的机会。一些先驱者们积极响应和参与这一具有社会性和政治性的运动。第一次世界大战之后，杜威的进步主义教育理论主导着美国教育的发展，促进美国教育向实用化、多元化和注重个体需要的方向发展。史密森研究院（Smithsonian Institution）及其馆群的建立，也是美国场馆发展史上的一件大事。1846年美国国会通过议案，决定接受英国化学家、矿物学家詹姆斯·史密森（1765—1829）临终前捐赠的10万英镑，建立一座旨在增长与传播人类知识的机构，这就是史密森研究院及其馆群。经过一百多年的发展，现在研究院下辖14座场馆、17个研究机构，形成庞大的场馆群和研究中心。其中不少场馆在世界上都具有重要地位。如国家自然史博物馆，其展品之丰富、规模之大，都居世界同类之首，被誉为全球最大且最有影响力的博物馆教育和研究联合体、美国国家级学术机构。19 世纪美国的另一座重要的场馆，是 1870 年建成的纽约大都会艺术博物馆，它是由当时的市民领袖、金融界人士、收藏家和艺术家共同筹划建立的。今天它已发展成为拥有 330 万件展品，占地十多万平方米，共有 19 个部门、1600 余人的世界著名特大型场馆，号称“西半球最壮丽的艺术殿堂”。它的建立是美国场馆迅速发展的标志。总之，这些场馆的建立，有助于向广大公众普及科学知识、促进科技事业和工业的发展。

四、20 世纪 50 年代以来世界场馆教育职能的拓展

20 世纪 50 年代前后，更多的学者关注场馆教育职能的研究。1944 年，穆瑞（Morey R. H.）详细介绍了科技场馆展览的十个部分，并探讨了科技场馆展览对于参观者的教育价值[①]。1947 年，泰勒（Taylor F. E.）提出可通过观看场馆的呼吸系统标本来学习生物学知识[②]。在实践方面，世界场馆事业也有了进一步的发展，数量、类型大幅度增加，尤其是欧洲和北美发达国家发展速度极快，教育职能也得到进一步扩展，进入了一个全新的时代。

第二次世界大战结束后不久，杜威的教育理论受到关注。从 20 世纪 60 年代开始，美国正式教育领域出现了源于这一理论的“开放教育”运动。这项运动促成了新的理念，认为场馆在传递知识的同时，还应该让人感到高兴和快乐。与此同时，20 世纪 50 年代末 60 年代初出现了以探究为

① Morey R H. Education in science museums; or the ten parts of the functional exhibit [J]. Science, 1944, 99 (2583): 535-536.

② Taylor F E. Learning by seeing; a series of photographs of museum specimens; the respiratory system [J]. Nursing Times, 1947, 43 (5): 95.

中心的科学教育改革运动，及20世纪60年代中期以学习者为中心的教育运动，催生了新的场馆类型——科学博物馆。芝加哥的科学与工业博物馆、巴黎大学创办的“发现宫”成为现代化的实验教育和科普教育的典型。1968年，美国第一座科学博物馆“旧金山探索馆”成立。其首任馆长、著名教育家及物理学家、曼哈顿计划的主导者，弗兰克·奥本海默（Frank Oppenheimer）认为，科技馆是“可以尽情娱乐、玩耍的探索乐园，探索和体验是学习科学知识的重要途径”①，并且可以将技艺和感知联结起来，帮助学生和公众获得科学学习的直接经验②。探索馆始终把展品定位在数学、物理等基础科学领域中，而动手参与仍然是探索馆展品设计的主导思想，观众可以动手操作绝大部分展品。探索馆以朴实无华且丰富多彩的展览形式赢得了众多的观众。今天的旧金山探索馆几乎是全球科技馆的楷模。

再者，战后发展中国家的场馆事业迅速发展，对于改变世界场馆格局有着重要意义。二战后，一大批殖民地国家摆脱了殖民主义的统治后获得了独立，他们在建设自己独立的国家和民族文化事业中，都十分重视场馆的建设，把它视为推动本国文化建设、保持和发挥民族文化传统和精神的重要阵地。还有，这一时期国际博物馆协会的建立，把世界100多个国家的场馆组织和重要场馆团结在一起，对于支持各国尤其是发展中国家和发达国家场馆之间的联系和场馆事业的发展，以及促进场馆各类专业之间的了解和合作互助，发挥了十分重要的作用。

五、20世纪七八十年代场馆学习研究的起步

20世纪七八十年代以来，随着终身教育概念被社会广泛接受，场馆

---

① 鲍贤清．博物馆场景中的学习设计研究［D］．华东师范大学，2013.

② Oppenheimer，F. The Exploratorium：A Playful Museum Combines Perception and Art in Science Education［J］. American Journal of Physics，1972，40（7）：978.

作为学习与教育机构获得越来越多的关注。1971 年在巴黎和日内瓦召开的第九届国际博协大会主题是“为人民服务的博物馆：今天和明天；场馆的教育和文化功能”。1974 年第十届国际博协大会的主题是“场馆与现代世界”，制定了场馆服务于社会的宗旨。从这些举措中可以看出国际场馆界一直致力于场馆对社会的关注，并不断对场馆进行改革和调整。受到来自学习科学、心理学、社会学等领域研究成果的影响，发生在场馆境脉中的学习受到学者的关注，形成了一些研究成果。

就像学者费赫尔（Feher E）在文献中说的那样，20 世纪七八十年代，场馆学习相关研究尚处于起步阶段，起始于探讨科技馆、天文馆、科学中心等各类场馆作为学习场所的教育潜能[①]，加深了对场馆教育功能的认识。1978 年，Kimehe L. 分析了科学中心作为学习机构的潜能，并指出科学中心不仅向公众提供可参与的展品和具体经验，它还能提供展品准确的、科学的解释。科学中心参观人数的剧增和再访观众的热情，都充分说明了公众对于更有助于用科学知识理解展品设计的强烈需求[②]。美国伊利诺伊州立大学学者瑞米盖斯特·琳达（Ramey-Gassert Linda）与瓦尔贝格（Walberg H. J.）合著发表在《科学教育》上，题为“重新审视场馆与科学学习环境之间的联系”，认为，科技场馆在科学教育中的角色发生了变化，正在成为中小学与高等院校提升学生科技素养的独特“搭档”[③]。在多感官刺激的科技场馆环境中操控实物展品，有利于学生对复杂科学概念的理解，能促进其科学学习效果的提升。

这一时期开始出现一些初步的理论与实证研究。如加拿大维多利亚

---

① Feher E. Interactive museum exhibits as tools for learning：explorations with light［J］. International Journal of Science Education，1990，12（1）：35-49.

② Kimche，L. Science centers：a potential for learning［J］. Science，1978，199（4326）：270-273.

③ Ramey-Gassert L，Walberg H J，Walberg H J. Reexamining connections：Museums as science learning environments［J］. Science Education，1994，78（4）：345-363.

大学的学者斯崇克(Stronck D. R.)1983年发表在《科学教学研究》(*Journal of Research in Science Teaching*)期刊上，题为“参观不同类型的博物馆对儿童态度和学习的影响效果比较”[①]的论文中，提到儿童参观不同的博物馆其效果有区别，他比较了不同博物馆对儿童态度和学习的影响，该文被引率较高，影响力较大。

整体而言，这一时期国际学者们对于场馆是重要的学习与教育场所这一点已经达成共识，但是这一时期的研究大多是描述性的，停留在轶事或工艺智慧层面，缺乏理论基础支撑。即便如此，20世纪七八十年代学者们的研究，为场馆学习研究走向深入做了充分的思想铺垫与准备。

六、20世纪90年代场馆学习研究的深化

20世纪90年代以来，场馆学习研究受到越来越多学者们的关注，相关研究逐步走向深入，形成了一批有代表性的核心学者群和理论研究成果。

核心学者群以约翰·福尔克（John Falk）、林恩·迪尔林（Lynn Dierking）等为代表。约翰·福尔克博士早年供职于美国佛罗里达大学，担任过马里兰州安纳波利斯创新学习研究所主管，现为美国俄勒冈州立大学的科学与数学教育学院教授，兼任俄亥俄州立大学终身STEM（science、technology、engineering、mathematics）学习研究中心主任，从事一些国家层面的校外教育课程开发工作，主要以自由选择学习研究而蜚声国际，很多广受引用的经典文献都出自他之手，足以说明他在这个领域的学术影响力。林恩·迪尔林博士是美国俄勒冈州立大学教育学院副院长、理学院教授，以终身学习研究尤其是自由选择的STEM学习研究、校外学习研究而闻名于国际。她聚焦于青少年与家庭团体的STEM研究。

① Stronck D R. The Comparative Effects of Different Museum Tours on Children's Attitudes and Learning［J］. Journal of Research in Science Teaching，1983，20（4）：283-290.

学者们彼此之间紧密合作，构建了相对完善的理论体系和广泛接受的理论模型，使这一领域逐渐形成了特定的相对成熟的研究领域。

20 世纪 90 年代初，美国华盛顿大学的学者库伯塔（Kubota C. A.）与奥斯塔（Olstad R. G.）在《科学教学研究杂志》上发表了题为“科学场馆环境中减少新奇性对探究行为和认知学习的影响”的文章。他们将研究视角聚焦于场馆学习的影响因素，认为场馆中具有高度刺激性和新奇的物理及社会环境跟学生的无效学习相关联，如若设计一些减少新奇的学习活动，对学生的探究行为与认知学习是有益的[①]。在此之后，研究文献形成了两个分支，一条分支上的文献侧重于从场馆环境设置角度分析其对学习者概念发展的影响，另一条分支则倾向于学习活动的设计和学习者先前特征等因素。

约翰·福尔克发表的题为“博物馆展陈设计假设测试：明晰的展品集群标签对学习者概念发展的影响”的文章，通过对两个科学主题“交通——洛杉矶交通是如何影响空气污染的”“动物的发育——脊椎动物的受孕及早期发育”的实验对比研究，考察是否设置明晰展品标签对参观者科学概念发展的影响。研究结果表明学习者在与有明晰展品标签进行短时间（2 ~ 5 分钟）交互之后，确实可以获取事实与概念信息[②]。

澳大利亚昆士兰科技大学数学与科学教育中心学者安德森·大卫（Anderson David）等合作发表题为“参观科技场馆和随后的关联活动中学生电磁学知识的发展”的论文。他们将视角聚焦于以往被研究者忽略的场馆学习后的关联活动的设计以及对学习者知识建构的影响，针对 11 ~ 12 岁青少年在参观交互科技场馆活动和后续课堂联结活动中如何建

---

① Carole A Kubota，Olstad R G. Effects of novelty-reducing preparation on exploratory behavior and cognitive learning in a science museum setting［J］. Journal of Research in Science Teaching，1991.

② Falk J H. Testing a museum exhibition design assumption：Effect of explicit labeling of exhibit clusters on visitor concept development［J］. Science Education，1997，81（6）：679-687.

构电磁知识进行了大规模研究，他们使用了描述性解释方法，如收集学生自制概念图、三个阶段的半结构访谈等。研究表明，学校教师、场馆教育工作者共同设计参观期间和随后的系列活动，有助于促进学生科学概念、原理表征的建构与重构。[①]随后，约翰·福尔克和阿德尔曼（Adelman L. M.）在合作发表的题为“水族馆参观者的先前知识与兴趣对其学习影响调查”的文章中引用了安德森·大卫的部分观点。两位作者认为，许多自由选择的科学学习机构尤其是科技中心、动物园、水族馆和自然历史博物馆，将自己定位于教育机构。但他们在选择学习环境时有多大程度的自由，又面向哪些参观者完成了他们的教育目标呢，回答这些问题是极具挑战性的，主要原因在于参观者内在变量的不同。两位研究者选择位于巴尔的摩的美国国家水族馆的 100 名参观者作为研究对象，旨在于确定分组是否使得水族馆参观者知识与态度的变化易于辨识。研究结果表明，100 名研究对象的知识与态度在参观前后发生显著变化，将学习者按照先前知识与态度分成适中的小组，有利于更精细地理解水族馆参观者学习的变化。[②]

约翰·福尔克和斯托克斯迪克（Storksdieck M.）于 2005 年的一项研究成果，题为“运用学习情境模型理解参观者在科技中心展览中的学习”，是重要的文献之一。该研究致力于回答两大问题：（1）影响参观者学习结果的因素有哪些？（2）学习情境模型（contextual model of learning）是否能为场馆学习提供有用的框架？研究者从科技中心生物展览的成人参观者中随机选取 217 名样本，采用访谈、观察与行为测量等方法进行研究设计。研究明确归纳出影响参观者学习结果的三大类 12 个关键因素：

---

① Anderson D，Lucas K B，Ginns I S，et al. Development of knowledge about electricity and magnetism during a visit to a science museum and related post-visit activities［J］. Science Education，2000，84（5）：658-679.

② Falk J H，Adelman L M. Investigating the impact of prior knowledge and interest on aquarium visitor learning［J］. Journal of Research in Science Teaching，2003，40（2）：163-176.

个人情境类（参观动机和期望、先前知识、先前经验、先前兴趣、选择和控制）；社会文化情境类（群体内的社会交往、群体内与群体外的交往）；物理情境类（先行组织者、对物理空间的导引、建筑和大比例环境、展品和学习活动的设计；后续的强化和博物馆外的经验）。上述 12 个因素都会对场馆学习效果产生影响，但没有哪一个因素能够单独解释所有参观者的学习结果。学习情境模型为理解场馆学习的各因素之间的复杂联结关系提供了有用的框架，目前在场馆研究领域得到广泛应用。[①]

有学者对上述场馆学习情境模型进行了细致与深入的研究。以色列学者耶尔·班伯格（Yael Bamberger）与塔勒·塔利（Tali Tal）合作发表题为“个人情境中的学习：在科技和自然历史场馆中自由选择学习环境的选择层次”的论文。该项研究旨在描述在全班学生参观科技和自然历史场馆过程中，团队协作的主要特征。基于已有的研究成果，研究者假设“室外”（outdoor）学习不同于教室内的课堂学习，场馆中的自由选择学习强化了个人情境中的学习印象。研究选取 4 个不同规模、位置、访客数量的场馆，采用描述性、解释性方法对约 750 名中小学生实地参观场馆进行深入研究，数据来源于研究者的观察、半结构访谈与场馆学习单，研究聚焦于场馆学习活动中选择的层次。结果表明，学生团队协作的有效性取决于任务行为，与学生的先前知识、学校科学课程、学生生活体验等相关联，即使引导性学习活动极少涉及学生的个人生活经验与先前知识，学生也会将参观与这些联系起来。因此，在设计场馆学习活动时，为学生提供有限的选择而非无选择或自由选择，从而为学生的学习提供支架，允许学生控制学习，才能提高团队协作中的深度参与水

① Falk J, Storksdieck M. Using the Contextual Model of Learning to understand visitor learning from a science center exhibition [J]. Science Education, 2005, 89 (5): 744–778.

平。①

美国北卡罗来纳州自然科学博物馆学校项目部的莫藤森(Mortensen M. F.）与斯玛特（Smart K.）合著的题为“用自由选择学习单增强学生参观场馆时的课程学习效果”的论文，也具有代表性。两位作者在该文中指出，参观场馆是小学科学教学的一个重要组成部分，然而，教师和场馆之间却存在意见分歧，教师需要对课程内容和教学计划负责，而场馆则强调自由选择的探究。因此，需要精心设计学习单以便为学生场馆参观提供自由选择的课程探究主题，从而在关注课程目标的教师与强调自由探究的场馆间搭建起桥梁。他们提出了场馆学习单分析的理论框架与设计准则，学校团体应以小组为单位在场馆内开展课程相关的会话活动。学习单的使用，增加了学生参观场馆时与课程会话的次数，使交互更具多样性②。

总之，这一时期的场馆学习研究逐渐走向深入，大多以建构主义理论、知识建构理论作为理论框架，学习者的先前知识、选择性概念、在场馆中意义建构的个体差异、社会交互等受到研究者不同程度的重视，场馆学习者学习经验的认知、情感和社会交往层面也得到研究者的广泛接受。许多学者的研究也明确了这样一种观点，场馆学习不仅仅局限于场馆之中，时间跨度可以延伸至进入场馆之前与离开场馆之后，人们对于场馆学习研究的期望与热情推到了顶峰。

七、21 世纪以来场馆学习研究的创新与发展

随着信息技术日新月异的发展，很多研究者开始关注将其用于支持

---

① Bamberger Y，Tal T. Learning in a personal context：Levels of choice in a free choice learning environment in science and natural history museum［J］. Science Education，2007，91（1）：75–95.

② Mortensen M F，Smart K. Free–choice worksheets increase students’ exposure to curriculum during museum visits［J］. Journal of Research in Science Teaching，2007，44（9）：1389–1414.

场馆学习。比如，开发虚拟场馆，使得那些不能实地参观的人可以通过虚拟场馆访问；开发场馆音频导览、多媒体导览，支持实地参观者的信息检索、探究、交流、记录等学习活动，激发参观者的动机，促进参观者与展品之间的交互，从而促进学习者的意义建构；进入21世纪，由于移动技术的广泛应用及手持便携设备的日渐普及，其具备便携性、基于移动和无线技术的社会化互动、个人化支持、内容感知、连通性、整合数字化与物理世界等显著特征，对全球范围场馆学习的传播产生了广泛影响。还有近些年来随着大数据、云计算、移动互联技术、人工智能技术等新一代信息技术的发展，场馆学习的研究与实践迎来新的发展机遇。鉴于篇幅，这部分内容将在本书的后面章节进行专门论述。

第二节　我国场馆学习的产生和发展

一、中国最早的场馆：山东曲阜孔子庙堂

前文说过，汉语中的“博物馆”是舶来品，但是关于保存和研究文化遗物，在我国有着悠久的历史。中国人自商代就有收藏古物的习惯，最初目的只是祭祀、显示财富和用于装饰等，这些活动孕育了场馆出现在中国的先决条件。

在商代，王室和贵族已经比较重视文物的搜集和保存。殷商的文物多集中于宗庙。周代文物珍品珍藏之处，名曰“天府”“王府”等，并由专职官员负责管理。到了汉朝，珍贵文物、图书等收藏在有名的“天禄”“石渠”“兰台”等。以后，历朝宫廷都有文物的正式集藏之所。宋朝崇尚古物之风更盛，在宣和年间，皇室收藏的古物多达万余件，此外，官僚、士大夫中也涌现出一大批名噪一时的收藏家。

如果考察我国场馆现象的历史渊源，可以追溯到公元前5世纪的孔

子庙堂。在山东曲阜孔子故居建立的孔子庙堂是中国最早的纪念类场馆。孔子庙堂的出现并非偶然，它渊源于华夏民族在远古形成的祖先崇拜与祭祀。春秋时期，从祖先崇拜与祭祀中，已分化出对社会有卓越贡献人物的崇拜与祭祀。孔子庙堂经历代不断维修和扩建，到宋代已基本扩建成具有今日规模的古建筑群。孔子故居的水井和大门的遗址至今还保存在孔庙之中。公元前 478 年，以孔子故居创建的孔子庙堂就是中国最早的纪念类场馆，它与古希腊特非尔·奥林帕斯神殿收藏室几乎同时出现。它比托勒密·索托创建的亚历山大馆还要早 188 年左右，所以有理由可以认为，曲阜神庙是保存至今的世界最早的场馆之一。这个庙堂历经两千多年，几经维修扩建，至今仍然是中外人士参观游览的名胜之地以及教育与学习的场所。

二、徐继畬等人和中国近代场馆理念的萌芽

1848 年，在徐继畬所著的《瀛环志略》一书中，介绍了各国的地理、历史和风土人情[①]。在该书中，卷五、卷七的“普鲁士国”“西班牙国”“葡萄牙国”各条，都提到那里有“军工厂”“古物库”等就是指这些国家的军事类场馆和历史文物馆。

在徐继畬之后，张德彝的《航海述奇》、王韬的《漫笔随录》、志刚的《初使泰西记》、李圭的《环游地球新录》、郭嵩焘的《使西记程》、黎庶昌的《西洋杂志》、黄遵宪的《日本杂事诗》、陈兰彬的《使美纪略》、徐建寅的《欧游杂录》等都记载了他们在世界各国参观各类场馆的经历，他们用笔绘形绘色地描述了一百多年前欧洲场馆的概貌。他们的记载说明在近代中国开始出现场馆理念的萌芽。

三、近代外国人创办的场馆

中国最早近代意义上的场馆是外国人创办的，是一百多年前西学东渐

① 唐锡仁 . 徐继畬与《瀛环志略》［J］. 自然科学史研究，1983（3）：68–71.

的产物，具有殖民侵略的烙印。1868年，法国传教士韩伯禄（又名韩德）在上海创办了震旦博物馆，也称为徐家汇博物院。1883年在徐家汇耶稣会总院之南建筑院舍，主要收藏动植物自然标本。每日午后准人参观，不收费，也无入场券。入门后须投名片，即有人招待导观。后来展品逐渐增加，除了原有的动植物标本外，又增设古物部，包括铜器、兵器、货币、玉器、陶器等，共3500件左右。另有研究室、实验室、图书馆、摄影室、植物园等。

此后不少外国人在上海、天津、成都、北京、济南等各地创建了一些不同形式的场馆。如1904年英国浸礼会教士惠特兰特·约翰·萨瑟兰在济南开办了济南广智院，陈列品主要包括动物、鸟类、地理、人文风俗、科技模型、历史文物等。建设初期一度归属齐鲁大学社会教育科，该校教育系和神学院学生在此实习。

四、张謇和南通博物苑

中国的场馆是社会近代化的产物。19世纪末，维新运动兴起，维新派人士康有为等在提出废科举、办学堂等一些新举措的同时，也提出了建立各类场馆的主张。在康有为的《大同书》所描绘的大同世界里，“博物馆、美术馆、动物园、音乐院等”成为美妙博异、奇精新妙的社会新事物[①]。上海强学会章程制定的“最重要四事”——译印图书、刊布报纸、开大书藏、开博物院，这其中将开办博物院囊括其中，也提出了一些具体的设想。由于百日维新的失败，这些主张并未实现。但是，场馆在中国产生的社会条件已经成熟。

1905年，怀揣教育救国伟大理想的晚清状元、教育家、实业家，立宪派政治活动家和民族资产阶级实业家张謇先生创办了南通博物苑，这也是中国人自建的第一座场馆，是我国第一座综合性公共性博物馆，也是我国第一座学校博物馆。

---

① 罗炳良．康有为大同书［M］．北京：华夏出版社，2002.

张謇先生把实业和教育视为“富强之大本”，主张“欲国之强，当先办教育”，“欲兴教育，先兴实业”，将场馆视为“教育救国”的一部分，以达到“富国图强”的目的。他开办了大生纱厂等一系列工厂企业，以实业利润兴办教育和文化事业。1902 年，他创办了我国第一所师范学校——南通师范学校。之后又创办了 370 多所小学，几所中学和大学及几十所职业、社会教育机构。

1905 年，鉴于南通师范学校“授博物课仅持动植矿物之图画，不足以引起兴味；国文、历史课仅持书籍讲解，不足以征事物”，为了扩大学生的知识面，方便学生用实物验证课本知识，并考虑“图地方人民知识之增进”社会教育的需要，便在学校河西购地移坟，设立南通博物苑，“以为学校之后盾”，“设苑为教育也”，“设为庠序学校以教、多识鸟兽草木之名”，①② 作为南通师范学校的附属机构，用以辅助、补充和延伸学校教育的实践。创办之初，南通博物苑里藏品达 2900 多件，分为自然、历史、美术等部。自张謇开始，中国近代场馆开启了新的篇章。

五、蔡元培和近代中国场馆的初步发展

继张謇之后，民国著名的教育家、学者蔡元培先生推动了场馆的发展，他也是一位伟大的理论家与践行者。蔡元培认为，“博物馆是重要的社会教育机构”，并且“教育并不专在学校”。“各式博物馆给人生物进化教育，使之了解本族历史发展”。③ 博物馆还是进行美育教育的重要手段，培养普通人优美高尚的兴趣。他认为，博物馆可以使人得到积极的休息、高尚的消遣，并且美术馆、博物院、展览会、科学器械陈列所等，均足

① 张容．南通博物苑品目［M］．南京：江苏古籍出版社，1994.

② 陈卫平．从创建南通博物苑看张謇的大教育观［N］．中国文物报，2002-08-30（08）.

③ 宋伯胤．博物馆：学校以外的教育机构——蔡元培的博物馆观［J］．东南文化，2010（6）：8-10.

以增进普通人之智德。蔡元培还分别列举了美术馆、美术展览会、历史博物馆、古物学陈列所、人类学博物馆、博物学陈列所、动物园、植物园在社会美育方面的作用。蔡元培的论述不仅扩大了场馆的社会影响，而且丰富了场馆的相关理论。

1912年，蔡元培任中华民国临时政府教育总长，推行教育改革，于社会教育司下专设专门部门负责博物馆、图书馆、动植物园等工作。为提倡科学研究，辅助公众教育，以适当之陈列展览，图智识之增进，在他的倡导与践行下，20世纪30年代，我国的场馆事业迎来一个高潮。一批有影响力的场馆相继建成，如北京国子监旧址下的历史博物馆，再如各类市立、省立、县立博物馆等。到了20世纪30年代初，已经有十七八个省建有博物馆，同时，也建成了一些科学和文化艺术博物馆，据统计，1936年全国有博物馆77个。之后由于战争等原因，中国博物馆事业陷入低迷与衰落，到40年代末，仅存十余座。组织机构的成立，也是这一时期取得的成果。1934年，马衡、袁同礼、傅斯年、李济等在北京成立了中国博物馆协会，协会以研究博物馆学术，发展博物馆事业，并谋博物馆之互助为宗旨，这标志着我国的场馆事业开始与国际接轨，也逐渐引入了西方的先进理念，学界的研究也逐渐展开。1936年7月，中国博物馆协会、中华图书馆协会联合年会在青岛召开。与会代表一致指出，极应设立博物馆以补充学校教育，保存文化，提高学术水平。

六、改革开放以来场馆的发展

中华人民共和国成立后，尤其是改革开放以来，中国历经了百年的场馆事业得到很大发展，现今在我国有各种各样、形形色色、大大小小的各类场馆几千座，形成了以国有类场馆为主题、民办类场馆为补充，各地方、各行业和各种所有制场馆协调发展的、具有中国特色品类结构的事业体系。有统计数据称，截至 2016 年末，全国经文物部门登记注册的各类场馆数量多达 4800 多家，平均每 28 万人拥有一个场馆；到 2020 年，将发展到每 25 万人拥有 1 个场馆[①]。

为了把握国内场馆学习概况，使用 Citespace 软件辅助进行文献的可视化分析。设置检索主题 =“博物馆教育” or “博物馆学习” or “场馆教育” or “场馆学习”，以中国知网的 SCI 来源期刊、EI 来源期刊、核心期刊、CSSCI 期刊，及中国博士 / 硕士学位论文全文数据库为检索来源，检索日期为 2019 年 11 月 15 日，共获得有效文献 196 篇。将文献数据信息导入到 Citespace 3.0 R2 软件，设置时间分区为“5”年一个分区，阈值数量设定为 3，得到该领域的关键节点文献的时区视图（time-zone view）。根据各节点文献的中心性与时间分布，结合各节点文献分析，我们可以很清晰地看到国内这一领域从博物馆教育到场馆学习的演进路径，这一转向表示此领域开始更多地用“场馆”一词来指代比“博物馆”更大的范畴，正在从“以博物馆为本位”走向“以学习为本位”。

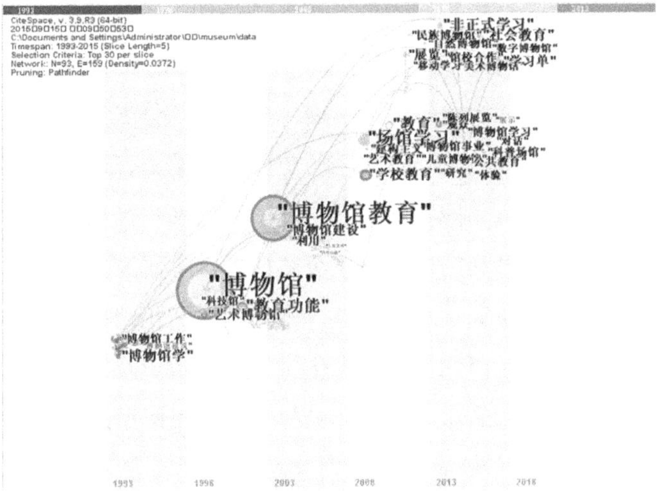

图 3–1　演进路径图

① 宋新潮 . 需着力推进的四座国家级博物馆建设［J］. 中国博物馆，2018（4）：34–37.

如图 3–1 所示，可以将演进路径大致分为四个阶段。

（一）博物馆学、博物馆工作

从图 3–1 中看出，大致在 20 世纪 90 年代，涌现出了“博物馆工作”“博物馆学”“博物馆建筑”等关键词。我国的场馆发端于孔子庙堂，起始于南通博物苑。民国时期在蔡元培等人的倡导之下，有了一些初步的发展。自改革开放以后才开始走向正轨，至今基本上形成了具有中国特色品类结构的场馆教育与学习体系，在数量、展陈设计、发展理念等方面都取得了巨大的飞跃，汇集了一大批研究与实践工作者，从事教育、收藏、科学研究等工作，以发挥其相应的职能。相应地，博物馆学主要就是为了培养该领域所需的专门人才，也随之发展。博物馆学是历史学的二级学科，是一门研究博物馆的性质、特征、社会功能、实现方法、组织管理和博物馆事业发展规律的独立学科[①]。所以，这一时期的文献研究成果也是在该学科的研究视角与范畴之内，以“博物馆学”“博物馆工作”为中心，所以析出了“博物馆工作”“博物馆学”等关键词。

博物馆学作为一门独立的学科，研究博物馆的性质、特征、社会功能、实现方法、组织管理和博物馆事业发展规律，下属分支学科有理论博物馆学、博物馆方法学、博物馆管理学、历史博物馆学、普通博物馆学、专门博物馆学等。一般而言，博物馆学既研究微观的博物馆系统，又研究宏观的博物馆事业。其中微观的博物馆系统是博物馆学研究的核心。博物馆学的研究对象是保存、研究和利用自然标本与人类文化遗存，以进行社会教育的理论和实践，包括博物馆事业发生、发展的历史及它与社会的关系，也包括博物馆社会功能的演进、内部机制的运营和相互作用的规律。

这一时期的主要文献研究也在博物馆学的学科视域之下开展，涉及博物馆工作，比如博物馆的分类问题等。黎先耀先生（1985）根据职能、

---

① 王宏钧．中国博物馆学基础［M］．上海：上海古籍出版社，2001.

展品、保存场所、服务对象、管理者、规模、陈列内容等七种划分标准对博物馆进行分类[①]。黄卫国（1993）认为有必要增设博物馆地理类型划分标准，并指出可以分为市区类型博物馆、城郊类型博物馆、遗址类型博物馆、风景名胜古迹类型博物馆、园林类型博物馆五大类，以使博物馆工作适应新形势要求[②]。

（二）各类博物馆的教育功能

从图 3-1 可以看出，大致在 20 世纪 90 年代末，涌现出了"艺术博物馆""科技馆""博物馆""教育功能"等关键词。实际上早在 20 世纪 80 年代，我国就有一些学者[③④]已经认识到了博物馆的教育功能并进行论证。笔者以为，这可能跟国际博物馆协会 1989 年对"museum"进行了新的界定有关系。1989 年"museum"的定义明确了其功能是"研究""教育""欣赏"，在这之后，国内学者关于科技馆、艺术类博物馆等各类专题博物馆的教育功能、场馆的科学教育意义的论证、分析与实践也就越发多了起来，成为这一时期涌现出来的关键词汇。

关于博物馆教育功能的研究，相关研究成果比较丰富，主要集中于对博物馆教育功能、教育意义、教育特点的分析，对如何发挥博物馆教育功能的思考等。

中国自然科学博物馆协会副理事长、中国科普创作协会理事、科普作家、博物馆学家黎先耀先生[⑤]较早认识到博物馆的教育功能，并提出博

① 黎先耀，张秋英 . 世界博物馆类型综述［J］. 中国博物馆，1985（4）：19–23.

② 黄卫国 . 论博物馆地理类型［J］. 文博，1993（3）：84–90.

③ 项隆元 . 中国博物馆事业应该把握现代教育发展的新趋势［J］. 中国博物馆，1986（3）：79–81.

④ 宋伯胤 . 博物馆与学校教育——兼论博物馆专业的学制与课程（一）［J］. 文博，1986（2）：71–79.

⑤ 黎先耀 . 世界博物馆发展趋势［J］. 科技导报，1985（6）：44–46.

物馆的教育功能包括“进行社会教育和配合学校教育两个方面”，并举例说明，“现在国外有些学校规定，组织学生到博物馆去上某些课程。如加利福尼亚大学柏克莱分校附设为社区服务的劳伦斯科学馆，就是培养青少年使用电子计算机的场所。就连法国大革命中没收皇家收藏建立起来的卢浮宫——这座世界最著名的艺术博物馆，对国内外公众进行美学与美学史教育也已成了它的一项重要任务。”项隆元[①]认为，博物馆为广大公众服务的教育职能已发展成为主要功能，中国的博物馆事业应把握现代教育发展的新趋势。现代博物馆的教育方法应是教育者同被教育者处于同等地位，使观众从被动的旁观者进入自己动脑、动手的角色。吴式敏[②]认为，博物馆要为青少年服务，是学生的第二课堂，这也已成为博物馆界公认的职责。两者按各自的教育规律，发挥自身的特长，相互以其所长，补其所短，共同发挥好社会教育的作用。宋伯胤[③]认为，博物馆的职能是收藏、教育和研究，“但其主要职能是教育。收藏和研究的目的不是为了收藏而收藏，为了研究而研究，它们的起点和工作的终极都是为了发挥博物馆的教育作用”，并指出博物馆可以通过“提供实物教育、建立校外第二课堂、开辟教学作业室、组织历史教育旅行、辅导专业课的实习”等方式实现其教育职能。

（三）博物馆教育

从图 3-1 中看出，大致在 21 世纪初期，涌现出了“博物馆教育”“博物馆”“博物馆建设”等关键词。这一时期的相关研究成果比较丰富，这一阶段的文献集中于对博物馆教育与学校教育、成人教育、社会教育

① 项隆元 . 中国博物馆事业应该把握现代教育发展的新趋势［J］. 中国博物馆，1986（3）：79–81.

② 吴式敏 . 也谈博物馆教育与学校教育［J］. 东南文化，1991（5）：308–310.

③ 宋伯胤 . 博物馆与学校教育——兼论博物馆专业的学制与课程（一）［J］. 文博，1986（2）：71–79.

关系的探讨，博物馆教育活动如何开展，博物馆教育如何与学校教育配合等，也有一些文献介绍英国、美国、欧洲、日本等国的博物馆教育概况。

宋向光[①]提出，博物馆教育是贯穿博物馆一切工作的基本主题，是当代博物馆事业发展的新的生长点。博物馆教育是一项特殊的社会教育工作，是一项系统工程。它的内容并不仅仅是博物馆展览的讲解和导览，还要为观众创造学习氛围，提供适宜的学习内容，创造诱导和强化学习过程的条件，提供多样化的学习手段。让观众进入博物馆，就进入了特殊的学习环境，从而激发观众的学习兴趣和学习愿望，确定学习对象，实现多种智能的综合开发。

朱旭初、郭青生等[②]合作调研了上海地区博物馆教育的现状和前景，发现博物馆与教育界之间的沟通尚停留在表层，缺乏更深更广的横向联系，提出学校教育和博物馆教育各有优劣，两方面应该携起手来共同开展一些教育实践活动。中国历史博物馆群工部在谈及博物馆与学校教学时，认为“在小学阶段，可以就语文课和常识课中的某一课题，参观相关博物馆中的有关部分。初中阶段可以结合某一门课程如历史、地理、自然等，比较系统地参观有关博物馆的陈列”[③]，博物馆方面可以通过举办报告会、辅导课外小组、参加主题班会、提供标本资料、办小展览、智力竞赛、开辟电化教育室等多种活动形式来配合学校教学。刘凤清[④]在中小学生开展场馆学习活动时，使用与中小学课本内容相结合的录像带和幻灯片，配合现有陈列展览开展直观教学。内容涉及历史与自然。通过这些活动，培养学生学习科学文化的兴趣、丰富他们的知识起到了积

① 宋向光．博物馆教育是贯穿博物馆一切工作的基本主题［J］．中国博物馆，1996（4）：41–46.

② 朱旭初，郭青生，张雷，等．上海地区博物馆教育的现状和前景［J］．东南文化，1988（Z1）：171–177.

③ 中国历史博物馆群工部．谈博物馆与学校教学［J］．中国博物馆，1985（1）：55–59.

④ 刘凤清．我们是怎么样为中小学的教学服务［J］．北方文物，1990（1）：106–107.

极的作用。

邹慧玲[①]认为，博物馆作为一个社会教育机构，它的服务对象包括社会各个阶层，其中在校的学生占有很大的比例。因此，博物馆也是学校的第二课堂，起到弥补学校教育不足的作用。把博物馆教育与学校教育结合起来，不仅是博物馆事业发展的需要，也是学校教育发展的需要。李建萍[②]提出，博物馆青少年校外教育活动设计应该强化基本陈列的教育功能，开发娱教结合的互动式教育活动形式，转化藏品资源优势为教育资源优势，扩大博物馆教育的外延活动空间，疏通博物馆与社会的交流渠道，并指出应加强场馆教育人员与学校教师的密切合作。“有些英国博物馆规定凡是由学校组织的参观博物馆的活动，参观前必须由该馆教育人员与学校教师通过联合举办讨论会、讲座的形式，交流彼此的教育需求，研究每一个主题及单元的教育方案，共同设计参观导览。如学校教师不参与导览方案讨论，博物馆将拒绝参观服务”。许一伶[③]认为，应把博物馆的文物资源作为课程资源纳入教学框架内，需要教师精心组织和有目的地进行开发。只有当学生“已经熟悉了与展品有关的主题事件后，博物馆的作用才能发挥到最佳的程度。这就要求在组织参观以前，通过课堂活动，让学生们阅读、研究和讨论要看到的主题。有了问题或愿意探究问题的兴趣后，参观博物馆才能更有效果”。如果教育目标不明确，没有课程计划，缺乏严密的组织，可能会使学校开展参观博物馆的活动，变成了没有目的又减弱了意义的应景之举。

在对博物馆教育活动的探索中，有研究注意到博物馆教育不应该局限在展览和讲解中，而应该延伸到参观前、参观后的活动。复旦大学郑奕在博士学位论文《博物馆教育活动研究——观众参观博物馆前、中、

---

① 邹慧玲 . 论博物馆教育与学校教育的关系［J］. 南昌高专学报，2001（2）：31-33.

② 李建萍 . 博物馆青少年教育活动设计之我见［J］. 古今农业，2002（3）：94-98.

③ 许一伶 . 博物馆与学校素质教育课程建构刍议［J］. 文物世界，2005（1）：72-74.

后三阶段教育活动的规划与实施》中提到“博物馆教育活动的开展不能局限展览本身，而是应该围绕和配合展览开展延伸和拓展服务”[①]，他还提出了“观众参观博物馆前、中、后三阶段的教育活动及其一体化规划和实施”的理念。

（四）场馆学习

大致在2008年前后，涌现出了如“场馆学习”“博物馆学习”“数字博物馆”“自然博物馆”“学习单”“馆校合作”“建构主义”“体验”等关键词。“数字博物馆”等关键词，凸显了技术对该领域的影响。“馆校合作”“学习单”等说明场馆与学校之间的衔接与合作、学习单的设计与开发等也是学者们关注的热点问题。研究者们开始更多地使用“场馆学习”这个术语来指代这个领域。如伍新春审视了建构主义视角下的场馆学习[②]，分析了场馆科学学习的本质和影响因素[③]、任务单对学生场馆学习效果的影响[④]等。郑旭东探讨了从博物馆教育到场馆学习的演进[⑤]。伴随着从“教”向“学”的研究范式转变，这一时期的文献关键词逐渐从博物馆教育走向场馆学习，这一转向表示此领域开始更多地用“场馆”一词来指代，并正在把焦点集中于作为学习者的参观者身上，从“以博物馆为本位”走向“以学习为本位”。

---

① 郑奕．博物馆教育活动研究［D］．复旦大学，2012.

② 伍新春，谢娟，尚修芹，等．建构主义视角下的科技场馆学习［J］．教育研究与实验，2009（6）：60-64.

③ 伍新春，曾筝，谢娟，等．场馆科学学习：本质特征与影响因素［J］．北京师范大学学报（社会科学版），2009（5）：15-21.

④ 尚修芹，伍新春．不同类型任务单对学生场馆学习效果影响研究［C］．第十二届全国心理学学术大会论文摘要集．中国心理学会，2009.

⑤ 郑旭东．从博物馆教育到场馆学习的演进：历史与逻辑［J］．现代教育技术，2015（2）：5-11.

这可能一方面跟国际博物馆协会 2007 年给出了“museum”的新定义有关系。国际博物馆协会在 2007 年的定义中，将 museum 的范畴扩大到了“人类及人类环境的物质与非物质文化遗产”，认为汉语中的“博物馆”一词可能难以涵盖这个比以前更大的范畴，所以有学者指出可以用“场馆”一词跟“museum”一词的含义相对应。另外，在 2007 年的定义中，对场馆的功能做了调整，将“教育”调整到了“研究”“欣赏”之前，可以说是更加凸显了其教育功能。另一方面，该领域引起了越来越多学者如学习科学、传播学等领域的关注。来自各学科背景的学者从各自研究视角切入。学习科学领域的学者关注的是，学习者在场馆境脉中是如何学习的、场馆学习是怎样发生的、场馆境脉中的学习会受到哪些因素的影响、采取什么样的干预手段或措施可能会促进学习者的场馆学习等问题。可以说，在当下教育范式转向学习范式的背景下，以“学习”而不是“教育”“参观”等词汇来描述相应的活动与行为，说明该领域正在逐渐从“以博物馆为本位”“展品为本位”，走向“以学习为本位”“学习者为本位”，迎合了国际博物馆界的发展趋势。

第四章　场馆学习的理论模型

基于对场馆学习的不同理解和研究视角，研究者提出了一些观点和理论模型来解释场馆学习系统及其要素，致力于回答“人是如何进行场馆学习的”“场馆学习的本质是什么”“场馆学习会受到什么因素的影响”等问题，对真实情境中的人类场馆学习问题及其发生过程进行描述性研究，试图从学习机制、非正式环境和正式环境方面的学习等不同角度，探讨场馆学习的基本问题，以获得对于场馆学习发生的“实然状况”的描述和理解，逐渐在学习机制上达成了诸多共享的观点，在一定程度上揭示人类场馆学习的原理与本质。本章遴选了几个有代表性的观点和模型，从中可以看到研究者对场馆学习的理解。

第一节　“学习者—人工制品”交互模型

为了探索和增进对场馆学习的要素及其交互关系的了解，研究者以社会文化或文化历史框架为出发点，将焦点集中在这些交互关系对学习和人类发展可能产生的影响上，进行描述和解释。同时任职于马尔默大学（Malmö University）、舍夫德大学（Skövde University）的瑞典学者安德斯·杰科布森（Anders Jakobsson）教授，以及丹麦奥胡斯大学（Aarhus

University）的学者伊瓦·戴维森（Eva Davidsson）等，提出了一个理论模型，以扩展人们对交互作为学习和人类发展的先决条件和促进者的重要性的理论理解。同时，一个互动的理论模型可以成为场馆工作人员规划、实施和评估与学习者的学习成果相关的展览的有用工具。此外，该模型也可作为一个讨论场馆中的交互关系的起点，为该领域后续研究提供方法论和分析框架。

杰科布森等认为场馆学习主要由两大类要素——作为学习主体的学习者、人工制品及其之间的交互关系构成。他们于 2012 年出版的一本名为《理解科学中心和场馆中的交互》（*Understanding Interactions at Science Centers and Museums*）的书中，从社会文化视角下，分析了场馆学习活动中的学习者与人工制品的交互关系，构建了如图 4–1 所示的模型。在该模型中，底部的三个“学习者”彼此之间双向交互构成了封闭的环，用于代表学习者与其他学习者、场馆教育者之间的交互，主要是描述在场馆中学习者及其之间的交互。顶部的三个“人工制品”彼此之间双向交互构成了封闭的环，代表了展品和“嵌入”的人工制品。人工制品可以代表整个展览、一个独立的展览或者展览的某一部分。“嵌入”一词主要指可能包含在内的科学概念、原理、科学解释、模型、符号、工具等。学习者与人工制品之间的双向箭头一方面表示人工制品是如何影响学习者之间的会话，另一方面是学习者影响人工制品的一般过程，意为“学习者作用于展品，展品反过来也对学习者产生作用”，箭头表示的是一种相互作用的过程。

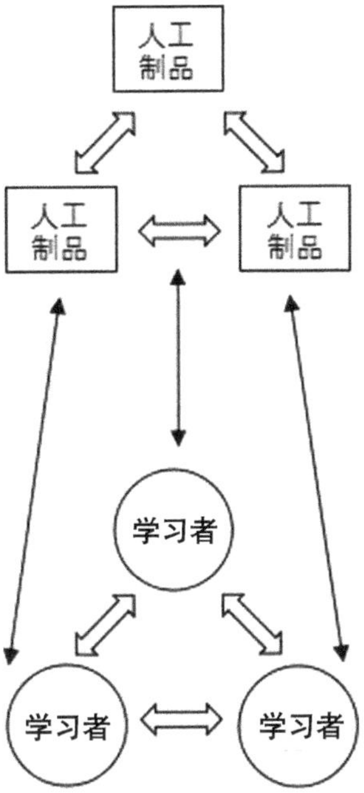

图 4–1 “学习者—人工制品”交互模型[①]

同时，Anders Jakobsson、Eva Davidsson 在模型中指出下列原则：

（1）场馆学习可以理解为人与人工制品之间的互相依赖与辩证关系。

（2）学习者的学习和发展可以通过与嵌入在展览中的人工制品、工具及符号的交互来调节。

（3）学习者对展品的理解与学习，可以明确地发生在与展品的交互、与他人的交互中。

（4）学习者的学习，可以通过人工制品对展览的中介性解释得到提升。

（5）有目的地介绍嵌入式的人工制品，解释其文化历史背景，强调它们之间的相关性，可以促进学习者的学习。

① Jakobsson A，Davidsson，E. Using sociocultural frameworks to understand the significance of interactions at science and technology centers and museums［M］// In Davidsson E，Jakobsson A. Understanding Interactions at Science Centers and Museums. Rotterdam：Sense Publishers， 2012.

（6）学习者的学习可以通过会话、与其他学习者或场馆教育者的对话进行，如果展品设计促进交互的话，更有利于学习者的学习。

杰克布森、戴维森等还认为，场馆学习不仅由学习者与展品构成，更重要的是学习者与展品之间的交互，以及学习者与他人之间的交互。学习者与展品之间的交互可以认为是一种操作性交互，学习者与他人之间的交互是一种社会性的交互行为。学习者在场馆环境中，从各自的先前经验中以各种不同方式与展品、他人互动并产生意义。

第二节 “传播者—媒介—学习者”模型

受到传播学、信息论及符号学的影响，在场馆学习研究中引入传播学的相关理论和方法，表明了在对场馆知识和信息传播功能的重视、场馆知识和信息传播研究的科学化两个方面的重要进步。英国莱斯特大学博物馆学研究所的学者格林希尔（Greenhill）在《信息传递的理论和实践——场馆与大众传播》（*Communication Theory and Practice*：*Museum and Mass Communication*）一文中讨论了场馆中的信息传播与大众传播之间的区别，场馆存在许多与大多数大众传媒相同的特征，但是又比大众传媒更多一些面对面交流的机会。场馆是幸运的，它可以通过各种手段布置展览，改变了一般大众传媒的刻板。她在《艺术类场馆的价值转变——重新思考传播与学习》（*Changing Values in the Art Museum*：*Rethinking Communication and Learning*）一文中指出，现代主义场馆的许多价值可以用传播的方式来解释。场馆的传播目的是启发和教育，为学习者提供可吸收的知识[①]。场馆中收集并展示的信息来自很多学科，场馆的教育功能就是向学习者传递信息，这种交流方式的基础是一种特殊的知识观和学习观。

① Hooper-Greenhill, E. Changing Values in the Art Museum: rethinking communication and learning［J］. International Journal of Heritage Studies，2000，6（1）：9-31.

在传播学研究中，人们试图找到传播现象背后的本质，着力于对传播要素、过程等进行研究，并设法寻找一种简化的方式来再现人类传播活动、描述和解释传播的复杂要素及过程，建构模型或模式是人们为此使用的一种方法。模型总是以一定的形式表达，模型形式化和结构化的程度不同，其表现形式也不同。形式化、结构化层次最低的模型用自然语言描述，形式化、结构化程度和层次较高的模型可以用符号或图示表示，形式化、结构化、抽象程度最高的模型用数学公式表示[①]。传播学研究形成了一些典型的模式，有以自然语言描述，如拉斯韦尔5W模式。大多数是以图示形式呈现，如香农—韦弗模式、奥斯古德—施拉姆模式等。早期多为单向线性模式，20世纪50年代以后普遍强调传播是双向循环过程。

在传播学研究的影响下，场馆学习领域也出现了一些传播模型。如卡梅隆（Cameron）认为，场馆教育者、研究者或者展品设计者是场馆学习的传播者，将展品看作是场馆教育者或研究者向学习者传递信息的媒介，传播者通过展品将信息传递给学习者[②]。克内兹（Knez）和莱特（Wright）认同将场馆学习视作传播系统的观点，但认为在不同类型的场馆中，核心媒介会有所侧重。比如艺术类场馆主要是依靠展品，而科技类场馆除此之外还需要依靠展品解说词、图示等。他们认为在这些要素应该被作为次级媒介加入传播模型中。而且他们还采用了信息编码和解码的概念，场馆教育者将原始媒介（实物展品）、二级媒介（标牌、照片等）等编码发送给学习者，学习者对信息进行解码[③]。

① 赵健．网络环境下城乡互动教师学习共同体构建与运行研究［D］．西北师范大学，2011.

② Cameron D F. A Viewpoint: The Museum as a Communications System and Implications for Museum Education［J］. Curator the Museum Journal，2010，11（1）：33-40.

③ Knez E I，Wright A G. The Museum as a Communications System: An Assessment of Cameron' s Viewpoint［J］. curator the museum journal，2010，13（3）：204-212.

这些单向传播模型描述和解释了场馆学习的要素及过程，具有重要的理论价值，但是以教育的刺激/反应模式为基础的单向传播模型的局限性越来越呈现出来。它们的潜在假设是学习者被动接受信息。而且与此相应的开发流程使得展品和学习的设计割裂开来。这些单向的传播模型将传播理解为一个线性的信息传递过程，从一个权威的信息源传递到一个不知情的接收者。知识被视为客观的、单一的、无价值的。要传达的信息的接收者被定义为对信息的接收是开放的，接收的效率或高或低，所有人都是如此。传播的“授递”视角由“传授”“传输”和“发送”等术语定义。这里使用了一个地理隐喻，即把信息从一个点发送到另一个点。这是运输的一个比喻，指的是为了控制而远距离发送信号和信息。它们侧重于传播的技术流程。单向模型的基础很简单，传播者（发送者或传递者）通过媒介向接收者发送消息。焦点是将数据从源传输到接收端的技术行为，类似通信系统。这种理解传播的视角是非常有限的。它以技术过程为基础，忽视了这些过程的社会和文化方面的因素。它不能很好地解释构成人与人之间理解行为的极其复杂的关系。传播过程被简化为一个单一的、单向的、线性的轨迹。只有在对消息的正确接收做出判断时，才会考虑消息的接收方。意义的选择和控制取决于传播者，因此传播者是决定者。评价或反馈可能是有限的，如果存在，则用来判断正确的接收。这种传播方式是建立在对教育的行为主义解释的基础上的。行为主义认为，学习是通过刺激后的反应发生的。学习者是“待填充的空容器”，而教师作为一个有知识的个人和权威的人，其作用是构建待掌握的主题，以便学习者能够吸收。这种教学方法有时被称为“银行教学法”，它认为学校与外部世界是分开的，不把学习者带入学习情境的“知识”看作是相关的。要学习的内容是根据主题的内部逻辑来组织的，对学习者的经验或知识几乎没有考虑。知识是可以从一个头脑转移到另一个头脑的概念。教学方法是说教式的，通过设定可衡量的目标来构建。考试是用来判断信息传递的有效性的方法。传播方法假定传播者定义了消息的内容，而接收者不加修改地接收了消息，在这个过程中，接收者在认知上是被动的。每个独立的接受者 / 学习者被理解为以同样的方式接收同样的信息。正如我们所看到的，这种方法的基础是一种行为主义的学习观，把个人设想成原子论。原子论认为，人是独立的个体，是由他们独特的意识状态、能力和需求构成的。它认为自我是一个单子，一个不可渗透的整体实体，与所有其他的人完全不同，在极端情况下，与所有其他人隔绝。原子论的自我观忽视了自我通过经验而受到的影响，具有通过学习而改变和修正自身的能力，可以客观地考虑和发展自身。换句话说，人们被看作是没有好奇心的个体，没有改变的能力，只是外部刺激的吸收者。我们应该挂哪幅画，用哪一种排列方式，附上什么样的文字说明，单向的传播模型没有考虑到传播过程所设计的社会和文化方面，这种视角解释的充分性一直受到研究者的严重质疑。

20 世纪 70 年代以来，人们认识到来到场馆的学习者并不是被动地接受信息，媒介与受众之间的关系是复杂的、多方面的，受信息传递技术过程外部因素的调节。如果没有进行充分的调查，就不知道会有哪些人来到场馆和为什么他们可能会来。他们的实际体验是未知的，事实上，他们的身份也是未知的。鉴于此，人们开始强调场馆的传播是双向互动过程，以更加准确、更客观地反映现实的场馆传播过程。英国莱斯特大学博物馆学研究所的学者格林希尔认为应该用整体的方法来看待场馆学习系统，也更加强调了对场馆学习者研究的重要性[①]。场馆的传媒媒介并不仅仅包括展品，还包括场馆的建筑、展品陈列方式、展品设计者的设计、场馆教育者及策展人的态度、设计的学习活动等，这些都是具有教育功能的媒介。学习者的个体因素主要包括参观动机、知识背景以及兴趣爱

① Hooper-Greenhill，Eilean. Changing Values in the Art Museum：rethinking communication and learning［J］. International Journal of Heritage Studies，2000，6（1）：9-31.

好等行为主体固有的经验基础。媒介如何呈现，这要建立在充分的学习者研究基础上。

格林希尔的传播模型从传播学视角描述和解释了场馆信息传播的要素集过程，也充分强调了对场馆学习者研究的重要性，具有重要的理论价值。当然，它也有局限性，比如它更聚焦于场馆信息传播过程的内部机制，未能将许多社会、文化等外部因素和条件对过程产生的影响考虑在内。场馆信息传播不是单一的过程，也并不是孤立的，必然与其他过程或系统保持着相互联结、相互交织及相互影响的关系。

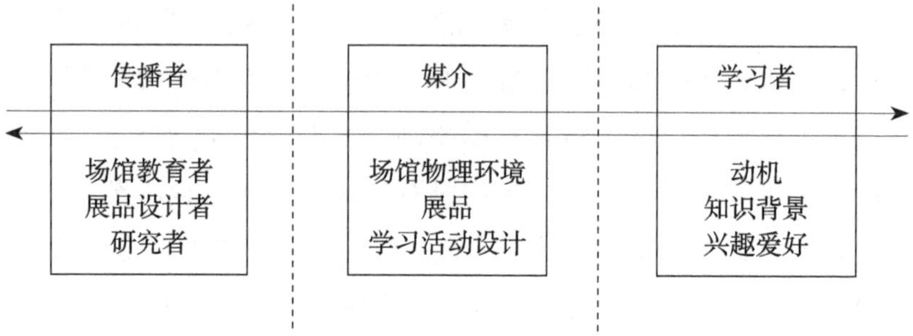

图 4-2　“传播者—媒介—学习者”模型

第三节　场馆学习情境模型

一些学者提出了场馆学习模型以解释场馆学习的发生过程和影响因素。福尔克及其场馆学习情境模型就是其中的典型代表之一。

作为场馆学习领域的高影响力学者、核心学者之一，美国安纳波利斯创新学习研究机构（Institute for Learning Innovation）的约翰·福尔克（John Falk）提出的场馆学习情境模型是场馆学习领域的重要理论框架。他曾对学习做这样的解释：“学习是一个将先前知识和经验应用到新体验的过程，这一过程受到物理情境、与其他个体的社会交互情境的影响。另外，学习总是伴随着情绪和情感的”（Falk，Dierking，

1997）[①]。这一定义突出强调了学习者学习过程的物理情境、社会情境与个人情境。在这种思想的主导下，福尔克与迪尔林（Lynn Dierking）在 20 世纪 90 年代提出了互动体验模型（interactive experience model），后于 2000 年对该模型进行了修正，称为场馆学习的情境模型（contextual model of learning）。[②] 他们将场馆学习理解为个人、物理、社会文化三个情境的交互作用，并且指出，三个情境之间的这种交互作用是随着时间而持续变化的，每个情境中又包含了若干个影响因素。该模型与莱因哈特（Leinhardt）在维果茨基研究基础上提出的社会文化模型，并称为两大模型[③]。

之后，福尔克与斯托克斯迪克等人在 2005 年的文章《在科学中心展览中运用场馆情境模型来理解学习》（*Using the Contextual Model of Learning to Understand Visitor Learning from a Science Center Exhibition*）中，在前人研究的基础上，明确归纳出了影响场馆学习的三个情境以及 11 个关键影响因素[④]。

① 个人情境（Personal context）；

② 参观动机和期望（Visit motivation and expectations）；

③ 先前知识和经验（Prior knowledge and prior experiences）；

④ 先前兴趣和信念（Prior interests and beliefs）；

⑤ 选择和控制（Choice and control）；

---

① Falk J H . Testing a museum exhibition design assumption: Effect of explicit labeling of exhibit clusters on visitor concept development［J］. Science Education，1997，81（6）：679–687.

② Falk J H，Dierking L D. Learning from museums［M］. Walnut Creek CA：Alta Mira Press，2000.

③ Leinhardt G，Crowley K. Objects of learning，objects of talk：Changing minds in museums［M］// In S. Paris （Ed.），Multiple perspectives on children' s object–centered Learning.Mahwah NJ：Lawrence Erlbaum Associates，2002.

④ Falk J，Storksdieck M. Using the Contextual Model of Learning to understand visitor learning from a science center exhibition［J］. Science Education，2005，89（5）：744–778.

⑥ 社会文化情境（Sociocultural context）；

⑦ 群体内的社会交往（Within group social mediation）；

⑧ 群体内与群体外的交往（Mediation by others outside the immediate social group）；

⑨ 物理情境（Physical context）；

⑩ 先行组织者（Advance organizers）；

⑪ 对物理空间的导引（Orientation to the physical space）；

⑫ 建筑和大尺度的空间（Architecture and large-scale environment）；

⑬ 展品和学习活动的设计（Design and exposure to exhibits and programs）；

⑭ 后续的强化和场馆外的经验（Subsequent reinforcing events and experiences outside the museum）。

以下对各要素加以说明。

一、参观动机和期望

公众前往场馆的原因有很多，并带有预定的动机和期待。这些动机和预期直接影响了他们做什么、如何学习、学习什么以及学到多少。无论出于何种动机，学习都会发生，只是学习的范围和性质不同。当他们的预期得以实现，学习将得到强化。当预期无法兑现，学习也将受损。真正积极的、有动机的学习者较之那些觉得不得不学习的人更可能成为成功的学习者。场馆在得以吸引并强化真正积极的学习者的时候，将最为成功。场馆面对的挑战是创造一种无论发生何种类型学习，都能对其产生刺激和帮助的环境，并尽可能碰出一些火花，促使观众再次回访并鼓励他们“发现更多”。

二、先前的知识和经验

人们对客观世界的深刻理解离不开先前知识和经验的帮助。初学者的新知识往往和先前知识和经验一起构成对事物更具体的理解。根据先前的知识和经验，学习者主动地自我选择是否去场馆、去哪个类型的场馆、参观什么展览、参加什么活动等。场馆学习的意义建构也成型并受限于先前的知识和经验。齐默曼（Zimmerman）和麦克莱恩（Mcclain）认为先验知识来自特定场所下的观察经验、媒体信息及非正式学习经历。一般而言，个体的先前知识和经验在场馆学习中，具有提示过去、促进对话、解释概念和参观定位四种功能。

三、先前的兴趣和信念

先前的兴趣和信念在所有形式的学习中都发挥着巨大作用，尤其在场馆学习中。在最基本的层面，当缺失了适当的先前兴趣和信念，没有人会去场馆，并且没有人会在那儿学习到东西。考虑到学习的构成特性以及场馆受众人群的性质各异，学习者的先前兴趣和信念在不同的场馆间差异很大，即便在同一座场馆内也是如此。鉴于所有的这些原因，场馆中的学习总是高度个人化的。

四、选择和控制

当个体能就他们学什么并且何时学做出选择，同时感觉他们把控了自己的学习时，学习将达到峰值。场馆是典型的、自由选择的学习场所，它们往往给学习者提供许多机会来选择和把控。当场馆太过模仿学校教育或是强迫公众进行特定的学习时，它们会削弱自己的成功，以及作为学习机构的价值。

五、群体内的社会交往

大部分学习者以社会组群成员的身份前往场馆。父母帮助孩子理解其体验并提炼意义；孩子为父母提供了看世界的新方式；同龄人通过共享体验和知识构建社会关系。所有在场馆中的社会组群都将彼此作为译解信息的工具，并强化共享的信念，做有意义的事。场馆为这样的合作型学习创设了独一无二的社会环境。

六、群体内与群体外的社会交往

场馆中的社会交往不只发生在个体的社会群组中，还可以纳入有见识的陌生人。这样的学习有着长期的发展和文化前例，几乎没有其他的场馆学习体验能够提供如此大的潜力，高度影响观众的学习。许多这样的互动发生在学习者与场馆导览员、解说员、向导以及表演者之间，他们能够加强或是削弱观众的学习体验。

七、定向和先行组织者

许多研究都表明，当人们在环境中感觉安全的时候或是知道预期的是什么，他们能更好地学习。场馆通常都环境宽敞，在视觉上或是听觉上给人以新颖感。当个体在场馆空间中分不清方向或目标，这将直接影响他们聚焦其他内容的能力；当他们能自我导向，这份新颖感就有助于其学习。同样地，提供概念先行组织者能大大提升个体从体验中构建意义的能力。

八、设计

不管媒介是展览、活动还是网站，学习都会受到设计的影响。尤其是展览，它们是充满设计的教育体验。个体前往场馆观看并体验置于合适位置的实物。他们能在其他地方看到二维媒体，找到电脑终端，或是阅读文字，但绝不是在有意义环境下的原真对象。合理设计的展览是引人注目的学习工具，可以说是最佳教育媒介之一，以加强个体对展品及环境的具体理解。

九、后续的强化和场馆外的经验

学习并不受限于场馆的物理边界。人们不断地积累理解力来学习，并通过许多渠道和不同的方式。场馆学习也不例外。个体带着理解力前来场馆，带着更多的理解力离开，并在周边事件推进和需要的时候搞清含义。确定地说，从场馆中获得的知识和经验是不完整的，它需要启用上下文才完整。通常，这些启用的上下文在场馆外发生，并在场馆学习的多周后、多月后、多年后才发生。这些接下来的、在场馆外的强化性事件和经历，和馆内的活动一样，对场馆学习至关重要。

福尔克的场馆情境学习模型充分考虑了场馆学习的各种影响因素，为理解这些影响因素之间的复杂联结关系提供了有用的框架，对场馆学习的设计与实践具有重要的指导作用，在抽象的同时保持了内在的丰富性，在场馆学习研究领域广受引用，颇为经典。

第四节　场馆学习影响因素模型

一、Haim Eshach 模型

2007 年，以色列本·古里安大学（Ben-Gurion University of the Negev）科学技术教育学院的学者 Haim Eshach 指出福尔克模型中忽略了一个重要的因素，就是教学法（instructional）因素。认知领域（cognitive domain）、情感领域（affective domain）是场馆学习所指向的目标。而影响这两个领域目标的因素有个人因素（personal）、物理因素（physical）、社会因素（social）、教学法因素（instructional）。因此，他构建了场馆学习影响因素模型，如图 4-3 所示[①]。

① Eshach，H.Bridging in-school and out of school learning：Formal，non-formal，and informal education［J］. Journal of Science Education and Technology，2007（16），171-190.

Haim Eshach 指出，个人因素包括学生的先前知识，归属于认知领域，也包括学生对科学的态度、效能、信念等，归属于情感领域。社会因素包括人际交互，按照文化建构主义理论的解释，会在认知领域产生结果。而且，社会因素也包括他人（来自同伴、教师、家庭成员、场馆讲解员等）的影响。Haim Eshach 模型，明确了场馆学习会在认知领域和情感领域产生影响。个人因素、物理因素、社会因素、教学法因素都会影响到学习者的学习结果。教学法要素是福尔克模型中未能明确提出的，这也是 Haim Eshach 模型的贡献。关于教学法，我们需要关注的问题包括对展品内容的分析、对学习者的特征分析，同时还要考虑策略的设计、选择最佳的信息传输方式等。

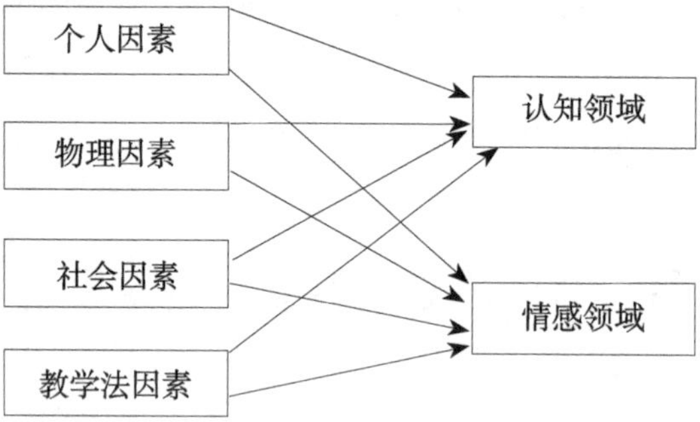

图 4-3　Haim Eshach 场馆影响因素模型

二、CoDiLE 模型

韩国首尔大学的研究者 Oksu H. 与 Jinwoong S. 等人在福尔克场馆学习模型的基础上，组织两个专家小组通过两轮的讨论，采用“学习体验的情境图示方法”（context diagram of learning experience，CoDiLE），重新整合影响个体场馆学习效果的因素，采用社会生态学的方法绘制了 CoDiLE 模型[①]。CoDiLE 模型用一系列同心环清晰地呈现了个人情境、物

① Hong O，Song J. A New Method of Understanding Learning in Science Centers：Context Diagrams of Learning Experiences［J］. Visitor Studies，2013，16（2）：181-200.

理情境、社会文化情境三方面的内容，阐述三个情境中的因素如何影响场馆学习的体验；显示情境因素间的关联，以及这些因素如何影响学习（分为积极和消极两个方面）；系统地呈现场馆学习的完整体验过程。

CoDiLE 模型有四个显著特征：（1）系统考虑了影响场馆学习的三大情境因素，总体分为积极影响和消极影响；（2）直观显示情境因素间的关联，以及影响场馆学习的趋势；（3）能够标记出影响场馆学习的相对影响；（4）系统呈现参观者与科学展品交互过程中形成的概念和行为[①]。

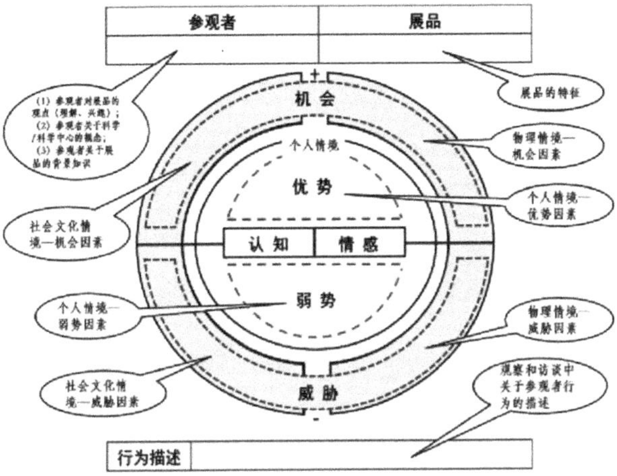

图 4–4　CoDiLE 模型

三、场馆学习者模型

马来西亚玛拉科技大学学者 Shamsidar Ahmad、Mohamed Yusoff Abbas、Wan Zaiyana 等构建了场馆学习者模型，从投入、动机与产出三个方面给出了一种学习者分析的视角[②]。

---

① 许玮，张剑平 . 场馆中的情境学习模型及其发展［J］. 现代教育技术 .2015（9）：5–11.

② Ahmad S，Abbas M Y，Yusof W Z M，et al. Adapting Museum Visitors as Participants Benefits their Learning Experience?［J］. Procedia Social and Behavioral Sciences，2015（168）：156–170.

（1）投入（engagement）：身体的（physical）、情绪的（emotional）、智能的（intellectual）、社会的（social）；

（2）动机（motivations）：交流（communication）、好奇（curiosity）、自信（confidence）、挑战（challenge）、控制（control）、游戏（play）；

（3）产出（outcomes）：技能（skills）、认同（identity）、态度及行为（attitude &actions）、意义（meaning）。

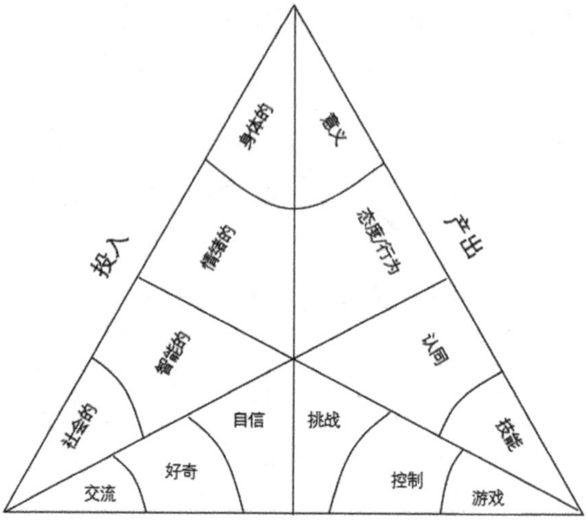

图 4–5　场馆学习者模型

四、4P 模型

比利时布鲁塞尔自由大学科学教育学院的学者 Free De Backer、Jeltsen Peeters、Tine Buffel（同时也是英国曼彻斯特大学社会科学学院的学者）、Ankelien Kindekens、Veronique Romero Reina、Willem Elias、Koen Lombaerts 等共同提出了场馆学习的 4P 模型①。他们认为，场馆学习经验

① De Backer F，Peeters J，Buffel T，et al. An Integrative Approach for Visual Arts Mediation in Museums［J］. Procedia Social and Behavioral Sciences，2014，143：743–749.

的获得受学习者个体（person）、场所（place）、共同体（partnerships）、保障机制（policies）等相关的多层因素（multilayer factors）的影响。应该从四个方面入手，为学习者的意义建构提供支持服务。

（1）Person。建构主义强调学习者主动建构个体的知识，那么在场馆学习中，个体学习者的学习方式（the way individual visitors learn）、学习者的社会/文化个人构念（visitors' cultural/social personal constructs）、学习者与展品交互时的意义建构（visitors' personal meaning making as they interact with exhibitions）等都应该是考虑的因素。

（2）Place。这个场所或空间不管是物理环境还是虚拟环境，都应该是有益于学习的。它能够把人们聚集起来，进行探究、协作和讨论。在数字技术、建构主义、学习的整体观的影响下，场馆的场所或空间呈现了三个发展趋势：

① 基于学习原则的设计，为社会和主动学习策略提供有目的的支持（design based on learning principles，resulting in intentional support for social and active learning strategies）；

② 重点是以人为中心的设计（an emphasis on human-centered design）；

③ 多样化的个人自带设备发挥的作用在增加（increasing ownership of diverse personal devices that improve learning）。

（3）Partnerships。场馆打开大门与社会公众建立伙伴关系，其中场馆建立的与学校的共同体受到广泛认可，其目的在于丰富课程，支持学生学习，为发展终身社会所需的知识、技能与体验提供支持。明确、有效、持续的馆校合作有利于提升场馆学习体验。

（4）Policies。作为一个学习组织，它应该充分考虑与教育、收藏、管理政策的相关性。

① 关于角色、目的的共同愿景（a shared vision of its role and purpose）；

② 主动、协作的团队和灵活的方法（initiative，team work and flexible approaches）；

③个人专业发展和组织变革（personal and professional improvement）；

④开放，易于接纳新思想、新方法（openness to new ideas and approaches）。

Free De Backer、Jeltsen Peeters、Tine Buffel等提出的4P模型，也提出了以人为中心的设计（human-centered design），而且该模型从更宏观的层面上指出，场馆学习的影响因素除了个人情境、物理情境、社会文化情境、教学法因素之外，还应该有来自机构层面与政策层面的因素。4P模型也指出了在数字技术、建构主义、学习的整体观的影响下，场馆的场所或空间以及场馆学习未来所呈现的发展趋势。

第五节　场馆学习的生态学框架

2009年，菲利普·贝尔、布鲁斯·列文斯坦等从学习者（先前知识、元认知策略、专长、兴趣、动机、身份认同等）、场所（展品等人工制品、媒体、与具体场所相关联的物理特征、可用材料以及典型活动）、文化三个维度，构建了场馆学习的生态学框架[①]。在这个框架中，生态指的是个体与他们所置身于的物质和社会环境之间的关系，特别关注支持学习的各种关系，意在突出认知的、社会的和文化的学习过程与结果，这种学习过程与结果被特定场境的独特特征、学习者动机与背景，以及相关联的学习期望所塑造，给识别跨场境学习过程中的多种因素提供了视角。

该框架主要吸收了认知的和社会文化的理论，主要强调理解场馆学习境脉的两个议题：第一，不能把智力的、以知识为重点的领域从社会认同的领域中隔离开来。第二，从聚焦于孤立的个体学习者，转换到聚焦于文化上可变的参与结构，这种文化上可变的参与结构，就像学徒制

① ［美］菲利普·贝尔，布鲁斯·列文斯坦，安德鲁·绍斯，等．非正式环境下的科学学习——人、场所与活动［M］．赵健，王茹，译．北京：科学普及出版社，2015.

学习和合法的边缘参与，随着学习新的能力，个体借助这一过程从群体活动的边缘性简单任务逐步过渡到较高水平、更为核心的责任与专长的地位。

一、以学习者为中心的视角

这一视角清晰地解释了与非正式环境下的学习目标及结果相关的心理学现象，包括兴趣与动机的发展、知识、情感反应以及身份认同。在以学习者为中心的理论框架中，有关原则已经被《人是如何学习的》所囊括。这些原则包括先前知识对学习的影响，专家如何区别于新手，元认知的重要性等。其他原则突出了拥有一些经验对学习的益处：为个体提供积极情感的经验；有助于识别可追求的个人兴趣、动机和身份认同的经验等。

二、以场所为中心的视角

学习发生在具体的场所之内或之间，认识到这一点很重要。社会文化观认为，与具体场所相关联的物理特征、可用材料以及典型活动，对学习过程和学习结果产生至关重要的影响。专家运用人工制品（如场馆展品中的仪器）对问题进行反应或完成人们参与的项目，这可以被视为有智慧的人类凭借自身力量获得成就的一个理想形式。置身于场馆中的学习者通过各种形式的会话和动手活动来理解展品，这些会话或活动本质上是由他们在这些场所中遇到的材料和技术物件的性质所塑成的。

三、以文化为中心的视角

个体发展是在文化境脉中展开的，维果茨基的社会文化理论探索了个人如何通过参与到文化实践中而进行发展。文化视角使得用于解释、延伸和支持学习的经验的广泛特征凸显出来。这包括关注学习者带入学习环境中的学习资源、学习者与自然世界发生关联的方式、学习者在共同体中遇到的学科科学与日常科学的模型、学习者所熟悉的和可触及的物质资源与活动，以及与科学学习相关的共同体目标与需要。

上述众多模型分别从不同角度揭示了场馆学习的某一个或某几个侧面，具有重要的启示与借鉴意义。场馆学习是以促进学习者基于场馆环境的学习为终极目标的复杂性课题。迄今为止，关于场馆学习的研究已然形成了以学习者为主和以场馆学习环境为主的两大研究阵营，并逐步确立了以社会历史文化理论、活动理论等理论为主要解释框架的基本立场。学习者研究及场馆学习环境研究都是场馆学习研究面临的重要与核心议题。

第五章　场馆学习者研究

场馆是重要的文化传承与科学教育机构，通过藏品的展览和活动为社会公众提供更加灵活的、多样的、交互的学习。场馆面向所有社会公众开放，每一个人都是场馆的学习者或者潜在的学习者。场馆学习者以及潜在学习者的分析与研究，在近些年来越来越成为场馆学习研究领域关注的问题。

第一节　场馆学习者群体

已故日本著名学者、曾担任国际博协亚洲主席的鹤田总一郎先生曾在复旦大学的讲演中说道："观众，同藏品和陈列展览一样，是构成场馆不可或缺的基本要素。观众既是场馆的服务对象，也是其赖以生存的基础。场馆应该像爱护珍贵文物一样爱护和对待观众。如果不考虑观众，或者没有观众来参观，那么，可以说该场馆不成为一个馆，或者至少是一个不合格的场馆。"鹤田总一郎先生所言的"观众"，也就是场馆学习者。从这些话语中可以看出场馆对学习者的重要性。

一、场馆学习者的特征

（一）广泛性

要认识场馆学习者，一个最基本的问题是，他们是一些什么样的人。场馆面向所有社会公众开放。社会公众是一个十分广泛的概念，是一个十分庞大复杂的人群。那些来到场馆或曾经来到场馆的公众都是场馆学习者。那些至今还没来过场馆的公众，可以看成是场馆潜在的学习者。无论男女老少，无论何种民族或国籍，无论何种文化背景或受教育程度，从幼儿园儿童到老年人，从一般群众到残疾人，从团体观众到外国旅游者，场馆都向他们敞开大门。人们可以自由出入各个陈列室，通过参观吸取科学文化知识，获得审美情趣的熏陶。所以，场馆学习者并不是一个同质的统一体，而是相当广泛和庞杂的人群，这个人群由不同民族、肤色、国别、年龄、性别、职业、文化程度、兴趣爱好的人群所构成。

（二）多元化

场馆学习具有非正式性，不会像学校教育具有诸多限制和要求。对学习者也没有任何要求，世界不同国家、不同地区、不同年龄、不同种族和不同教育背景的人都可以在场馆中进行学习。因而学习者具有多元化特征。从儿童、青少年到老年人，从中小学生到学者、专家，从普通群众到国家元首，每个人都是场馆的学习者或潜在的学习者。

（三）异质性

正如前文所述，场馆学习者并非同质的统一体，而是许多兴趣、动机、教育程度和文化背景不同的异质亚群的总和，各亚群都有自己的集体性倾向。要正确认识场馆学习者，要改变那种把学习者视为单一整体的观念，开展分众化研究。只有这样，才能够体现对不同学习者的关怀，可以更好地实施分众教育，即对不同的学习者开展学习活动。利用数字化资源以及各种展示和传播手段，借助移动互联技术等信息技术手段，为不同年龄段、不同专业背景、不同受教育程度和不同身体状况的观众提供合适的教育内容。学习者也能更加方便和快捷地找到适合自己的资源，选择满足自身需求的学习形态。

（四）个性化

每个人都是独立的个体，场馆学习者也不例外。所以场馆学习者除了具有广泛性、多元化、异质性等特征以外，还具有个性化的特征。每个人的年龄、性别、职业、文化程度、兴趣爱好等都不相同，来到场馆的动机与目的不同，在场馆学习过程中的投入程度不同，学习结果也有差异。每一种学习者类型都有相对一致的倾向，而某一具体的学习者个体又往往是某几种类型的综合。通过建立在学习者类型研究基础上的分析和综合，我们就可以比较深入和具体地把握学习者的特点和要求。

二、场馆学习者的分类

场馆学习者具有广泛性、多元化、异质性、个性化等特点，很难给出一个统一的描述。如果对其进行不同维度的分类，就可以发现他们的“分众化”特质并给予针对性的关注。

（一）按年龄划分

按年龄层次分类，大体可分为四类。

儿童。儿童是场馆学习的重要主体之一。国际《儿童权利公约》界定的儿童是指 18 岁以下的人。我国儿童心理学家把儿童群体分成 6 个主要阶段：婴儿期、孩童、学龄前儿童、童年期、少年期、青年初期。这类学习者正是长身体、长知识的时期，求知欲和好奇心都很强烈。蕴藏着丰富的教育资源、作为学校教育第二课堂的各类场馆，是青少年打造终身学习理念的场所，其在儿童教育中发挥了重要的作用，尤其是专门的儿童博物馆，通过为儿童提供娱乐的方式，鼓励他们学习和发现，激发好奇心，使儿童发挥想象力，创造发明，从而达到教育儿童的目的。

青年。年龄从十七八岁到30岁左右，包括大中专院校的学生等。他们朝气蓬勃，精力旺盛，思维活跃，求知欲强。就大学生这个群体来说，在社会的快速发展下，各类场馆已经逐渐成为大学生学习的教育基地和第二课堂，有助于大学生掌握更多课堂内难以学到的知识，不断提升大学生的综合素养。

中年。年龄从30岁左右到50多岁。年龄跨度较大，文化水平和职业也不尽相同，因而差异比较突出，到场馆的目的也各有不同。

老年。这类群体多为60岁以上的离退休干部、职工。他们有丰富的生活阅历，善于联想，但容易疲劳。他们往往是带领晚辈、陪同亲友来场馆，或者自己出于爱好来场馆。

当然，这种以年龄为依据的分类方法，操作起来是比较简单容易的，所以被广泛使用。但是这种方法的缺点是忽视了职业、文化水平所造成的实际差异，难以达到分众化的目的。

（二）按教育程度划分

普通学习者。普通学习者的情况是极为复杂的，但相比较而言，其行为多受兴趣支配，没有特别明确的动机，注意力较多分布在吸引力大的展品上，强调陈列的娱乐性和趣味性。

学生。学生群体一般指的是中小学生。学生一般重视陈列的传播能力，强调陈列的系统性，要求层次分明，主线清晰，其中有一些人会详细阅读文字说明，甚至做记录。

专家。这类学习者以开展科学研究活动为目的，带有较具体的目的。可能人数不多，多是为研究课题寻求资料，专为观察某些展品或陈列而来。一般不是浏览，而是集中在有关的展品内容上。

这种以教育程度为依据的分类方法，比较简单容易，使用也较为广泛。但是这种分类方法的缺点是较为笼统，同样也忽视了学习者的个体差异。

（三）按参观动机划分

按照参观动机的不同，将场馆学习者分为四类，分别为学生 / 认真者、普通观众、闲逛的人、移民。福尔克、海姆利希和布罗内肯特（Falk，Heimlich，Bronnenkant，2008）根据参观动机将观众分为五大类：（1）探索者：本身具有好奇心，极重视学习，会持续参访许多场馆；（2）促进者：主要关注在他们所陪伴的社会群体中激活他人的经验而后学习；（3）追求体验者：喜欢到文化教育场所进行体验，希望有整体的体验活动；（4）专业者 / 业余爱好者：感到机构的内容与他们的专业或爱好有紧密联系，对于特定主题与内容有持续的关注与学习兴趣；（5）精神追求者：他们将场馆学习视为反思及使生活丰富的机会，主要寻求一种精神的沉思和恢复①。

（四）按参观方式划分

Wolf 和 Tymitz（1978）②将场馆学习者分为四类，分别：（1）通勤型；（2）随意型：休闲的观众；（3）自助式：对整个展览比较感兴趣，像吃自助餐一样自由选择自己喜欢的展品；（4）贵宾式：对展览极为感兴趣的人。Falk（1982）③将场馆学习者归为三类，分别是：（1）严肃认真型：对展览有着清晰的认识和明确的目的，知道自己需要参观哪些内容；

---

① Falk J H，Heimlich J，Bronnenkant K.Using identity-related visit motivations as a tool for understanding adult zoo and aquarium visitors' meaning-making［J］.Curator，2008，51（1）：55-79.

② R Wolf，B Tymitz. Do giraffes ever sit？ a study of visitor perceptions at the National Zoological Park［D］. Smithsonian Institution，Washington，1979.

③ Falk J H，Balling J D. The Field Trip Milieu：Learning and Behavior as a Function of Contextual Events［J］. Journal of Educational Research，1982，76（1）：22-28.

（2）走马观花型：没有特定目标，一路走过，接下来要赶往下一家；（3）冲动型：一个或多个展览都不能满足他们的愿望，因此决定在计划外再多参观几次展览。Angeliki 等（2010）则根据人们的参观方式，分别比喻为蚂蚁、蝴蝶等动物，总结了四种类型：（1）“蚂蚁”型：他们机械地从一个展位移到下一个展位；（2）“蝴蝶”型：在各个展位之间穿梭不停，偶尔也会在感兴趣处停留下来。（3）“蚱蜢”型：只会选择几个特殊的展位，从这里跳到那里；（4）“游鱼”型：在展厅里面游动，偶尔驻足[①]。

第二节　场馆学习者研究的范畴

场馆学习者研究实际上要回答这样的一些问题：“到场馆来的是什么人？”“他们的年龄、教育程度、职业状况怎样？”“他们来场馆的动机和目的是什么？”“他们喜欢看什么？不喜欢看什么？”“他们在整个场馆中、具体的展品前停留了多长时间？”“他们在场馆中的行为方式是怎样的？”“他们在场馆中说了什么？”“他们对场馆中的展品有什么观感或意见？”，等等。场馆学习者研究是以与学习者有关的数据收集与分析为基础，其最终目标着眼于学习者的场馆学习绩效的提升以及场馆学习中环境与展品的改进与完善。因此，场馆学习者研究主要包括以下内容。

一、场馆学习者的人口统计学分析

对学习者进行人口统计学分析是早期场馆学习者研究关注的焦点问题，也是当下场馆学习者研究的基础范畴之一。早期的学习者研究揭示

---

① Angeliki，Antoniou，George，et al. Modeling visitors' profiles：A study to investigate adaptation aspects for museum learning technologies［J］. Journal on Computing & Cultural Heritage，2010，3（2）：1-19.

的是学习者广阔的轮廓，而20世纪60年代末70年代初兴起的场馆学习者研究开始把对学习者的调查视为一种对场馆的角色与功用进行批判性评价的机会。

当下，对学习者的人口统计学分析不但把潜在的学习者也纳入进来，而且更关注特殊少数的学习者群体，其目的在于对学习者与潜在的学习者进行描述及区分。而且，随着信息技术的发展，对学习者的人口统计学分析可以借助于大数据、物联网技术等，通过馆内的无线访问接入点及无线网络信号，抓取客观的人流数据，精确搜集某个场馆各个展厅每一天、每一小时的人数，准确掌握相同时段学习者的大致分布等，更加便捷地收集到学习者的信息，并获得他们的数据画像。

二、场馆学习者行为的研究

长期以来，学习者在场馆中的行为表现一直是学者关注的焦点之一。场馆是一种特殊的学习场所，学习者在场馆中的学习方式与学校学习很不一样，一般是学习者在站立和行走的交替运动中，通过观察和阅读来获取知识，是一个在行走中观察的过程。场馆学习中的行为研究主要是以肢体行为为核心要素，对学习者在与展陈内容的行为交互过程和结果的描述、分析与解释，即通过观察法和调查法把握学习者在参观过程中的行为方式，揭示其学习行为特征和学习行为规律，并将获得的结果与一些可能的要素之间建立关系，从而对学习的机制做出理论解释。

场馆学习者行为研究关注的是学习者对展品及场馆学习环境做出的行为反应及行为反应背后的更为深层的认知加工乃至意义建构过程。场馆学习者的个体行为包括学习者在行走中定向与位移运动特征和观察中的视运动特征等。关于学习者个体的位移运动，麦尔通提出了著名的“出口斜坡”效应来描述场馆学习者对一般展品的反应。这条“法则”认为，学习者在场馆内停留的时间越长，他们向出口走得就越快。换句话说，随着时间流逝，他们对展品的注意力也在下降。场馆学习者视运动研究也在一些国家开展起来。一些研究者的工作表明，眼睛喜欢在视区外进行跳跃（游览）和静止（凝视）两种形式的运动。大部分被试首先凝视所看材料的上方某一点，然后移向视区中心的左边。因此，应当在一些重要的部位保持明亮色调，以帮助控制眼睛专注于展品本身，不让它轻易离开。运动的速度也受色调的影响，需要眼球慢速运动时可使用反差大的色调。如果深色和浅色相邻近，眼睛就会很快移向浅色。这些观众位移运动和视运动习惯的研究，为许多场馆建筑的设计、陈列布置和展品安排提供了很有价值的资料，保证了学习者的学习行为更便利、更自然，也更符合人们日常的习惯。

学习者在场馆中的行为主要是观察展品、操作展品，这两种行为解释了超过半数的学习者在场馆中所做的与探究有关的行为。美国旧金山探索馆学者 Joshua P. Gutwill 与旧金山探索馆的学习者研究与评价中心的主任 Sue Allen 对学习者在场馆境脉中的探究行为进行深入研究[①]。他们认为，由于在场馆情境下认知负荷过大，将场馆境脉中的科学探究细分为提出问题、实验、解释结果三个步骤，构成一个探究环[②③④⑤]。在探究环中，实验就是学习者对展品进行操作并观察产生的结果。Gutwill 着重强调了两个技能，分别为：（1）提出问题（proposing actions，PA），该技

① Gutwill J P，Allen S. Deepening Students’ Scientific Inquiry Skills During a Science Museum Field Trip［J］. Journal of the Learning sciences，2012，21（1）：130–181.

② Champagne A B，Kouba V L，Hurley M. Assessing inquiry［M］// In J Minstrell & E H Zee（Eds.），Inquiring into inquiry learning and teaching in science. Washington，DC：American Association for the Advancement of Science，2000.

③ Chinn C A，Malhotra B A. Epistemologically Authentic Inquiry in Schools：A Theoretical Framework for Evaluating Inquiry Tasks［J］. Science Education，2002，86（2）：175–218.

④ Songer N. Persistence of inquiry：Evidence of complex reasoning among inner city middle school students［C］. Paper presented at the annual meeting of the American Educational Research Association，San Diego，CA，2004.

⑤ White B Y，Frederiksen J R. Inquiry，Modeling and Metacognition：Making Science Accessible to All Students［J］. Cognition and Instruction，1998，16（1）：3–118.

能包括在探究初始阶段的提出问题和制订计划。(2)解释结果(interpreting results，IR)，该技能包括观察、得出结论，或者在探究中或探究后给出解释。Joshua P. Gutwill 等认为，应该用在展品前的停留时间(holdtime，也叫驻留时间，也可以认为是 time at exhibits，指的是学习者驻足关注某一展品所持续的时间)作为衡量学习者的学习投入程度(engagement)的重要指标，该指标一定程度上可以反映学习者探究行为的投入程度。Gutwil、Allen 还给出了一个场馆境脉中的科学探究编码体系，他将 PA 技能分为两个水平，分别是低水平(low-level PA，标记为 PA1)和高水平(high-level PA，PA2)。可以通过结构化观察的方法，分析低水平和高水平行为出现的数量、比率等。低水平指的是学习者想要知道其行为可能会产生的结果，如“我推快一点会怎样呢”，或者学习者探究什么样的行为会产生相应的结果，如“我们怎样能让波形更大一点呢”等，相应会伴随有一定的探究行为发生。高水平则指的是，在学习者的会话内容中，包括行为和期望产生的结果，如“让我们来看看，如果我们推动磁铁的中部，那么它的末端会不会摆动”，相应会伴随有一定的探究行为发生。他们将 IR 也分为两个水平，分别是低水平(low-level IR，标记为 IR1)和高水平(high-level IR，IR2)。低水平指的是直接观察，可能有极少的抽象概括，如“那个黄色的基本上不旋转”。高水平指的是概括(如果你把它们堆起来，它们就会转得更快)、解释实验的结果(那些形状转得更快是因为它们没有碰到桌子，摩擦力较小)、类比(那个倒下了，像多米诺骨牌一样)等。

三、对场馆学习者会话的研究

会话指的是说话者之间通过语言进行的互动，是话语的基本形式之一。会话分析是通过分析在自然情境、鲜活而丰富的真实情境下的会话，来细致地、经验性地、系统性地描述社会行为细节，也是对人类交往中普通对话与具体细节的尊重与关注①。会话分析的语料收集方式有很多种，如访谈、笔录、回忆、自省、录音、录像等，其中以录音、录像等方式获取到的语料由于最能捕捉到自然情境中的会话的细节内容，具有真实性、客观性、完整性，受到很多研究者的倡导并在实践中使用。发生在场馆境脉中的学习者会话，整体结构松散自由，会话的程式化较弱，会话的完整性相对较差，可随时开始，也可随时中断，所以可能只是一些片段，话轮转换也比较随意，对其进行分析是非常复杂的，更需要详细地对全程实录进行分析。

现场获取到的原始语料可能是随意的、杂乱无章的，而且可能有噪声的干扰。所以转写就是很重要的步骤了，也就是将获取到的语音与视频材料，转写为书面文字的过程。转写的时候需要关注会话过程的重点细节，力争能够真实反映当时语境下的会话主体、会话内容及行为。一般而言，会话分析单元有三类：句子、主题或“想法”、学习者在某一时间段里的所有信息。为了详细了解与分析学习者在场馆境脉中的会话结构与内容，需要对学习者的会话进行编码。会话编码有两种方式：一是使用已有研究中现有的编码系统对会话内容进行归类分析；二是采用扎根理论，从话语中逐渐提炼出编码系统进行分析。

国内外有一些学者对场馆境脉中的会话编码进行了研究，并开发了一些编码体系。如美国学者 Allen 的会话编码框架借鉴了布鲁姆目标分类理论，将学习者的对话分为 5 大类 16 个编码——感知（识别、命名、特征、举例、引用）、概念（简单推论、复杂推论、解释、反思）、情感（愉悦、不快、惊叹）、联系（与生活的联系、展品间的联系）和策略（展品的使用和对自己或他人表现的评价），可以全面、细致地描述与分析

① 郑旭东，吴秀圆 . 教育研究取向转变进程中的会话分析：真实场景下教学研究的一种工具性支持［J］. 电化教育研究，2015（1）：18-22.

场馆学习者的会话内容。[①] 莱因哈特和克努森（Leinhardt and Knutson）把学习者的会话内容分为了列举、分析、综合和解释四个层次，并得出结论，在场馆中具有较高诠释水平的学习者，其学习的层次也稍微高一些[②]。美国匹兹堡大学的两位学者 Joyce Fienberg、Gaea Leinhardt 一直致力于场馆中的会话研究[③]，他们从结构与功能两个角度来分析会话。会话的结构可以分为识别、评价、延伸、分析、综合、解释。会话的内容分为技术、历史、价值、任务、方式、功能等。Charles Callaway 将会话内容分为沉寂、偏离主题的技术内容、偏离主题的其他内容、切题的情态内容、切题的故事内容、切题的相关内容等。Megan 将会话内容分为概念、解释、生物特征、联系、社会分类汇总五类[④]。鲍贤清把会话内容分为对话（引用、识别、特征、解释、展品联系、知识联系、评价、情感、积极反馈、学习单）与提问（是何、为何、如何、比较）两大类，并据此对家庭团体的会话内容进行分析[⑤]。翟俊卿采用 Allen 的编码分析框架对场馆内的亲子对话进行分析[⑥]。

四、对场馆学习者心理的研究

学习者的研究还帮助我们认识到学习者的心理与学习之间的密切关

---

① Allen S. Looking for learning in visitor talk: A methodological exploration [M]//In Leinhardt G, Crowley K and Knutson K （Ed.）, Learning conversations in museums. Mahwah NJ: Lawrence Erlbaum Associates, 2002.

② Leinhardt G, Knutson K. Listening in on Museum Conversations [M] . Walnut Greek, CA: AltaMira press, 2004

③ Leinhardt G. Museums, Conversations and Learning [J] . Revista Colombiana De Psicologia, 2014, 23（1）: 13-33.

④ Geerdts M S, Van d W G A, Lobue V. Parent-Child Conversations About Animals in Informal Learning Environments [J] . Visitor Studies, 2015, 18（1）: 39-63.

⑤ 鲍贤清 . 博物馆场景中的学习设计研究 [D] . 华东师范大学，2013.

⑥ 翟俊卿，毛玮洁，梁文倩，等 . 亲子在参观自然博物馆过程中的对话研究 [J] . 现代教育技术，2015，25（11）：5-11.

联。场馆学习的过程是一个主要依赖视觉、触觉等其他感官共同作用，通过观察、阅读、听讲、触摸及操作等接受、加工和记忆信息的认知过程。这一过程明显受到情绪状态、心境、态度和价值观念的影响。

关于场馆学习者心理的研究主要考察场馆学习环境和陈列诸因素与学习者情绪、心理状态的关系，以及这种情绪、心理状态对认知活动的影响，保证环境和陈列的各种要意及其组合方式能适合学习者认知的心理学要求，以增强学习者的学习兴趣、驱动力和效果。相关研究表明，在无意识状态下，环境和陈列诸要素及组合方式以及其他辅助性设计，对学习者产生的情绪和心境的影响是多种多样的。其中有积极的，如平静、均衡、愉悦、兴奋和冲动等；也有消极的，如紧张、厌烦和恐惧等。这种消极的心理影响会造成观众心理上的压力和障碍。对场馆学习者的心理研究一方面要保证和调动积极的心理影响，另一方面则要了解造成心理障碍的原因，并指出有效的克服方法。

五、对场馆学习者的评价和反馈的研究

除了对学习者的行为和心理进行研究以外，场馆学习者研究更注重了解学习者对某个陈列或对场馆的整体活动所做出的反应与评价。因为这种反应与评价是场馆了解自己的工作的反馈信息，对于陈列的调整与改善也更具有实质性的意义。学习者对场馆内的展品及陈列的反应与评价有两个不同层次。第一层次是对展品及陈列的总体反应。即陈列的内容和形式给予学习者的整体性印象，包括陈列内容的适应性和易理解性、陈列内容与形式的关系以及陈列的感染力等。第二是人们对展品及陈列要素与设计（包括展品、文字、辅助材料等的设计和安排）的反应。为了判断说明文字的易理解程度，一些场馆采用了以完形心理学原则为基础的填充测验法和“雾障法”。这些反馈信息很快就成了决策或改善依据，也有一些成为总结性资料，作为展品或陈列设计的参考。

六、对场馆学习者的学习结果的研究

“没有人会在场馆学习中失败”，美国探索馆的建立者弗兰克·奥本海默曾说过。场馆中没有压力，没有课程，没有教师来强制要求集中注意力，没有经验丰富的向导来解释和赋予大量刺激和信息的意义。在没有任何限制的情况下，人们完全可以自由地追随自己的兴趣和冲动，在一个挤满了各种展品的公共空间中穿行。完全自由选择的场馆学习会有学习结果吗？实际上，场馆学习会有学习结果产生，但结果可能是多元化的和无法预期的，如果学习者的场馆学习经历是有趣的，学习者可能会学到一些东西，却不一定是教师或场馆教育者预期的内容。场馆学习产生的学习结果范围远远超过了通常学校学习所强调的概念知识。场馆学习产生的结果可能是短期效应，也可能是长期影响，是极为多元化、难以测量的。人们围绕学习结果形成了一些核心假设：（1）结果可以包括广泛的行为；（2）结果可以是无法预期的；（3）结果可以出现在不同的时间阶段；（4）结果可以发生在不同的水平上。在场馆中，学习者可以发展知觉、兴趣、动机、社会能力和实践，可以被描述为知识、技能、态度、情感和行为——可以以多种方式进行归总。虽然场馆学习活动是难以评价的，结果也难以测量，但我们仍然可以从一些蛛丝马迹中尝试测量学习者在认知、情感态度、过程能力等方面的产出。

对场馆学习者的学习结果研究关注的是基于对学习者数据的分析，发展各种评价方法对场馆学习绩效进行有效评估，对展览或展品对于学习者的短期和长期影响，以及学习者的社会行为模式和场馆学习结束以后表现出来的兴趣爱好等进行评估。

比如认知维度主要指的是科学知识的理解。一些研究者建议可以综合使用多种数据收集方法，如观察、临床访谈法、问卷、出声思维技术、测试题、概念图或画图、自我报告、反思日志等，可能会对于测量学习者在认知方面的学习结果更为有效。也有研究者（Bell，Bricker，Lee，Reeve et al.）通过对学习者的会话内容进行分析，以体现学习者的深层联结和科学知识的构建[①]。使用编制的测试题对学习者进行测试，比较适用于针对单一展品或单一知识内容的测试，测试的做法与学校中的做法是类似的。有一些学者采用这种方法对学习者的认知维度产出结果，如洛克曼等人（Rockman et al.）使用了一系列多项选择题来表明，观看了某展品的学习者在理解伯努利原理方面会更有收获[②]。我国学者伍新春教授等在研究场馆中的科学学习时，采用了类似的方法，设计了《展品知识水平测试题》以测试学习者在认知方面的场馆学习效果[③]。台湾学者Hwang、Gwo Jen等同样也是设计了测试题对学习者的认知学习结果进行评价。测试题包括三部分，分别是20道多选题（40%），10道填空题（30%），5道开放题（30%），用于实验组与对照组的对比研究[④]。这些评价的方法对本研究有很大的借鉴意义和参考价值。

情感态度维度包括学习者可能体验到的兴奋、惊奇和惊喜，以及使这种体验切中主题并且有意义的知识和价值观。对这些进行测量和评价是非常困难的。Koran，Koran 和 Ellis（1989）曾分析了50余年来的27

---

① Bell, Philip，Bricker，Leah A，Lee，Tiffany R. Understanding the cultural foundations of children's biological knowledge：insights from everyday cognition researchs［C］. International Conference on Learning Sciences. International Society of the Learning Sciences，2006.

② Rockman et al. Media-based learning science in informal environments［EB/OL］.［2020-3-23］. Background paper for the learning science in informal environments committee of the national research council. http：//www7.nationalacademies.org/bose/Rockman_et%20al_commissioned_paper.pdf.

③ 伍新春，李长丽，曾筝，等. 科技场馆中的亲子互动类型及其对学习效果的影响［J］. 教育研究与实验，2012（6）：88-92.

④ Hwang G J，Tsai C C，Chu H C，et al. A context-aware ubiquitous learning approach to conducting scientific inquiry activities in a science park［J］. Australasian Journal of Educational Technology，2012，28（5）：931-947.

项研究，认为场馆学习结果的情感态度维度极难测量且方法多样[①]。应该说，对学生的情感态度的测量是相当困难的，其过程会受到很多变量的干扰以及学习者自身多元情感诉求的影响，但是学习者态度是否积极、意愿是否强烈等方面的因素可以反映出学习者的情感变化和态度特征。有一些方法可以测量情感态度维度的产出，如面部表情分析、量表、自我报告等。如 Kort 等（2001）建立了一套分析面部表情的系统，这一系统适合用于捕捉与学习相关的情绪（如滔滔不绝、受挫、困惑和狂喜等），但是这些方法需要特殊的条件（比如研究主体必须坐着），并且不允许在较大的空间内进行自然状态下的研究[②]。艾克曼（Ekman）设计了面部表情编码系统，共分为七类表情，被应用于评价转瞬即逝的情绪状态[③]。Dancu 使用艾克曼的七种面部表情编码系统，用于评价儿童学习者在场馆学习中的情绪状态[④]。从会话分析中也可以反映学习者的情绪。研究者（Allen，2002）通过对学习者的会话内容中的积极、消极、中性三种情感对学习者情绪反应进行编码。量表也是常用的方法之一。Finson，Enochs（1987）使用 SAI 量表（scientific attitude inventory）的部分题目，测量学习者在有关地球空间科学主题的场馆学习后的对科学、技术、社会的态度[⑤]。Leonie J. Rennie（1994）使用三个维度（easy、enjoy、helpful）共 12 道题目的态度量表，以测量学

① Koran J J, Koran M L, Ellis J. Evaluating the effectiveness of field experiences：1939—1989［J］. Visitor Behaviour，1989，4（2）：7-10.

② Barry Kort, Rob Reilly，Rosalind W. Picard. An Affective Model of Interplay between Emotions and Learning：Reengineering Educational Pedagogy-Building a Learning Companion［C］. IEEE International Conference on Advanced Learning Technologies. IEEE，2001.

③ Ekman P. Rosenberg E. what the face reveals：basic and applied studies of spontaneous expression using the facial action coding system［M］. NewYork：Oxford University Press，2005.

④ Dancu T. Comparing three methods for measuring children’s engagement with exhibits：observations，caregivers，and child interviews［R］. 2006 Annal Meeting of the visitor studies Association，Grand Rapids，MI，2006.

⑤ Finson K D , Enochs L G . Student attitudes toward science-technology-society resulting from visitation to a science-technology museum［J］. Journal of Research in ence Teaching, 1987，24（7）：593-609.

习者的情感态度维度的产出结果①。Clipman 使用积极、消极情感量表以测量在同一家场馆内观看两个不同展品的学习者在情感态度之间的区别②。Mayers 等使用李克特五点量表法与语义差异法，分析了学习者在观看某一展品比其他展品表现出的更强烈的情绪反应③。

第三节 场馆学习者研究的方法

场馆学习者研究是一个多学科交叉的研究领域，社会学、心理学、教育学、管理学、传播学等诸多学科为其提供了不同的研究方法与理论视野。场馆学习领域的知名学者乔治·海因曾指出，场馆学习者研究源自场馆的教育功能的发挥。自发端以来，场馆学习者研究便秉持着各种有关于学习的不同假设，在研究方法上也坚持着各自不同的立场。正是这些不同的立场形成了不同的研究范式，在当下呈现出了多元并存的局面。

一、基于人口学特征的调查研究

早在 19 世纪末，场馆工作人员认识到，要使自己的工作具有针对性和效率，一个最有效的方法是场馆工作者站到学习者的立场来考虑自己的工作。为此，他们要通过各种手段了解和认识学习者。场馆工作人员为了回答“到场馆来的是什么人”这一问题，主要通过调查研究方法，以把握学习者以下几个方面的信息：人口统计学信息，比如性别、年龄、

① Léonie J. Rennie. Measuring affective outcomes from a visit to a Science Education Centre [J] . Research in ence Education，1994，24（1）：261–269.

② Clipman J M. Development of the museum affect scale and visit inspiration checklist [C] . paper presented at the 2005 annual meeting of the visitor studies association，Philadephia，2005.

③ Mayers O E,Saunders C D，Birjulin A A.Emotional dimensions of watching zoo animals：An experience sampling study building on insights from psychology [J] .Curator，2004，47（3），299–321.

教育程度、职业阶层等；地理分布信息等，比如他们来自何处，住在什么地方，来到场馆是短途还是长途，是国外还是国内等；社会经济状况，比如社会地位、经济收入、就业状态等；此外，还有学习者的生活方式、兴趣爱好等诸多方面。基于调查结果，以了解当前场馆服务对象在某些特定维度上的分布情况，以此作为判断和预测参观者场馆学习需求的参照，并为评估场馆教育价值的相关机构提供主要依据。1884 年，英国利物浦博物馆对场馆的观众行为进行观察记录。1897 年，德国的弗贺奈尔（G. T. Fechner）了解场馆学习者对艺术作品的反馈意见。他们采取的方法主要是定量方法，数据获取的手段主要是调查问卷，辅以结构化与半结构化的访谈，很少用到定性的研究方法，也很少有完全开放性的访谈。1916 年本杰明·吉尔曼（Benjamin Gilman）针对美国波士顿美术馆的学习者参观经验进行探究，可视为 20 世纪初期出现的具有重要价值的研究。

这一时期，关于场馆学习者的研究一直呈零星分布的状态，各自之间都是孤立进行的，尚未形成明确且一致的研究主题，也没有形成一个紧密合作的科学共同体，从事场馆学习者研究的主要群体是场馆工作人员，而非专业研究人士。总体来看，早期的场馆学习者研究在一定程度上拉近了场馆学习者与场馆建设者之间的距离，开辟了以学习者为导向的场馆学习环境设计的基本方向，但大多数研究还只停留在对场馆学习者的人口学特征进行简单量化与描述性研究层面。福尔克曾对此提出了批评，认为从各种人口统计学的特征出发对场馆学习者进行研究，比如按照年龄、性别、种族等，把场馆学习者进行各种分类，对场馆学习者达成真正意义上的理解毫无益处。但毋庸置疑的是，这些研究为后续的场馆学习者研究奠定了基础，构成了今天场馆学习者研究的早期形态之一。

二、定量研究范式

20 世纪 20 年代以来，随着行为主义学习理论的盛行，再加上公共场馆的普遍创建以及场馆教育运动的迅速发展，场馆学习者研究开始引起一些心理学家和社会学家的关注。他们采用科学方法，调查学习者在场馆学习过程中的心理特征，并根据学习者的态度和反馈，改进陈列设计，故而定量研究逐渐成为场馆学习者研究的普遍范式。以耶鲁大学的两位实验心理学家罗宾逊（Edward Robinson）和麦尔登（Arthur Melton）为代表，涌现了一些典型研究。罗宾逊和麦尔登的研究是场馆学习领域内开展的系统化的学习者研究，当时他们关注的兴趣点主要是场馆环境的物理设计是如何影响学习者行为的，并揭示了影响学习者注意力及行为模式的若干因素。在历时十余年的时间里，在行为主义的历史与时代潮流中，他们把当时以数学为基础，以定量为特征的心理测量与统计的新兴技术与方法引入到了场馆学习者研究，借助于系统化、以数据为基础的观察方法，完成了一系列在场馆学习者研究历史上具有重要意义的研究，明确了影响场馆学习者行为的一系列重要环境变量，进而确立了场馆学习者研究以学习者行为模式及其影响变量为核心的基本的研究疆域及相应的研究范式。麦尔登于1933年在美国进行场馆学习者的调查研究，并基于此提出了“博物馆疲劳”的概念，使得学习者的心理和行为研究首次引起了学者、心理学家和社会学家的关注。研究人员通过对学习者的场馆学习过程进行跟踪记录和简单的描述性研究，来了解不同类型的学习者在场馆学习过程中的行为规律、参观动机及参观感受等[①]。本顿（Benton D. P.）等以特定的学习者群体为研究对象，他们主要是探究家庭群体在场馆中的真实行为方式和会话内容，并进行观察与描绘，初步探索了学习者在场馆境脉中的学习活动[②]。比特古德（Bitgood）于1988年提出了“吸

① Hooper-Greenhill E. Studying visitors [M]. Macdonald S. A companion to museum studies. Oxford: Blackwell, 2006.

② Benton D P. Intergenerational interaction in museums [D]. Columbia University Teachers College, 1979.

引力指数”和“持续力指数”的概念，认为展品是否能吸引人们的注意力、吸引注意之后能否持续观察是成功展示的首要条件[①]。著名的场馆学习情境模型也是主要基于定量研究范式开展的，福尔克等学者通过对美国、英国等多个国家的两千多名场馆学习者进行访问，深入了解他们的需求、动机、记忆等，并在此基础上构建了模型。

这一时期人们充分认识到对学习者研究的重要性，也成立了一些组织或机构从事专门研究，如美国观众研究协会（Visitor Studies Association）、美国博物馆协会1974年成立的“观众研究与评估委员会”（Committee of Audience Research and Evaluation）、1998年成立的英国专业组织“观众研究团体”（Visitor Studies Group）等。美国观众研究协会认为，要有系统地对观众的基本背景、心理及情境的相关信息进行研究。美国观众研究与评估委员会认为，要在领域里有系统地从观众身上获得有关实际观众和潜在观众的知识，在策划和执行与观众有关的活动时，促进和应用此相关知识。

这一时期的场馆学习者研究转变了对学习者进行概念化处理的方式，摒弃了原来的人口统计学框架，建立新的概念化处理框架，对场馆学习者有了更加丰富的认识。从行为主义心理学到认知主义心理学的理论基础的转变，使场馆学习者研究迎来空前繁荣，大量具有专业背景的人员进入这一领域，推动其成为一个专门研究领域。到20世纪80年代，绝大多数场馆学习者研究都是由专门研究人员完成的，仅有极少数研究中有场馆工作人员的参与。但是，主要强调将学习者置于展览和活动策划的核心，可以让场馆决策者、公共服务者、展览策划者及活动组织者等不再只根据权威、传统、常识、传播媒体的舆论导向，以及个人经验去揣摩学习者，而是依据更具有结构性、组织性及系统性的过程与方法来

---

① Bitgood S. A comparison of formal and informal learning［R］. Jacksonville State University: Center for Social Design, 1988.

了解学习者并进行教育活动策划与展示设计。所以，在这一时期仍然尚未十分明确地将“学习”作为焦点，即这一阶段对学习者行为模式的研究并没有把场馆学习者的行为作为一种学习行为来对待，其首要目标也不是为了促进场馆学习绩效，而是为环境设计、展品设计与开发等提供反馈。

三、定性研究范式

20 世纪 90 年代以来，伴随场馆学习者研究越来越植根于自然主义的境脉之中，建构主义学习理论成为场馆学习者研究新的学习理论的基础，活动理论成为场馆学习者研究新理论的重要解释框架，人们越来越关注各种不可量化的社会历史文化因素的作用，逐渐开始通过学习者在场馆学习过程中表现出来的言语、行为、会话等社会文化要素，展开对场馆学习过程和结果的深层探索，叙事研究、会话分析、诠释学等各种定性研究开始迅速崛起并蔚为壮观，定性研究范式逐渐替代量化研究范式，成为一种风潮。基于社会文化框架，场馆学习可以被视为一种在特定境脉中发生的过程和形成的产物。Allen（2002）编制了场馆学习者的会话编码框架，可用于全面、细致地描述与分析场馆学习者的会话内容[①]。美国学者 Sue Allen 是美国旧金山探索馆的场馆学习者研究与评价中心的主任，一直致力于场馆学习者会话研究，形成了丰硕的研究成果。费恩伯格（Joyce F.）等从社会文化的视角出发，将场馆学习理解为一种在群体动力推动下，由学习者围绕场馆资源进行经验建构的过程——他们尝试着通过分析参观者在场馆中的对话，在理论上进一步认识参观者基于复

① Allen S. Looking for learning in visitor talk：A methodological exploration［M］//In G. Leinhardt，K.Crowley，and K.Knutson（Eds.），Learning conversations in museums. Mahwah，NJ：Lawrence Erlbaum Associates，2002：259-303.

杂场馆境脉的学习过程、影响因素及学习结果[①]。

这一时期的场馆学习者研究在很大程度上突破了以往基于人口统计学的描述性研究中对场馆学习过程和结果进行过于简化处理的局限，彰显了场馆学习本身固有的复杂性与社会文化属性，加深了对场馆学习者的复杂本质的认识，由此开启了场馆学习者研究的新篇章，同时也明确了场馆学习者研究以学习为焦点，而且主要从非正式学习的视角出发来寻求对学习者经验的理论解释。

四、多种研究取向并存

当代场馆的发展对场馆下学习者的研究显得更加重要。这是因为，随着现代社会的发展，人们的生活方式和学习方式都发生了很大的变化，场馆学习者构成也有了很大变化。随着科学知识的普及，数以百万、千万的儿童成为自然科学类场馆的主要学习者群体，加之信息技术迅速发展，对传统的场馆教育和服务的方法都提出了挑战。鉴于场馆学习显著的自然主义性质，学习者研究具有内在的复杂性。而且“在后现代的语境下，学习者的身份是多重的，立场是多样的，认同是流动的”，更是增加了这种复杂性。如何驾驭这种复杂性是场馆学习者研究在方法学层面上面临的最为巨大的挑战。

在这种情况下，场馆学习者研究人员也认识到这种复杂性，从多学科视角出发，谋求形成对场馆学习者及其活动的更加深层的理解，理论观点也逐渐从行为学派（20 世纪 20—50 年代）、人文心理学派（20 世纪 60 年代后）、诠释批判学派（20 世纪 70 年代后），发展为多元化的理论学派并存。不同观点下的研究有其不同的目的、焦点和探究方法，场馆学习

① Fienberg J，Leinhardt G. Looking through the glass：Reflections of identity in conversations at a history museum［M］// In Leinhardt G，Crowley K，Knutson K（Eds）. Learning conversations in museums. Mahwah：Lawrence Erlbaum.

者研究的不同哲学取向与研究方法两者相互之间正在实践层面上走向交叉与融合。尤其是近些年来信息技术的发展给场馆学习者研究带来深刻的影响，大数据、人工智能等技术应用于场馆学习者分析与研究，不仅赋予了场馆学习更深邃的内涵与更广阔的场景，同时也拓宽了场馆学习的研究范畴。由此，场馆学习者研究呈现出了各种研究取向多元并存的局面。

第四节　几类典型的场馆学习者及其相关研究

一、学生团体

在广义的水平上，场馆环境具有独到的长处，并和学校学习的长处相互补充。这一点为越来越多的人所认可。杜威的“理想学校”与培根的“所罗门之宫”早就描绘了学校与场馆之间无缝衔接、合为一体的图景。杜威曾设想了理想的学校，应该把场馆放到能利用的社会机构的中心位置。他说：“在理想的学校中，将会有这样一种东西：首先是一座齐全的工艺博物馆，陈列制造业发展的各个阶段的各种原料的样品和用来处理这些材料的从最简单到最复杂的工具；然后，有一批能说明这些材料的产地、它们的故乡和制造地的风景和风光的图片。这些图片将成为艺术、科学和工业综合起来的生动的延续的课业。”[①] 英国著名哲学家弗朗西斯·培根在名著《新大西岛》一书中，曾提出一种乌托邦式的理想社会图景，其中，他描绘了“所罗门之宫”，包括光学馆、机器馆、数学馆、音乐馆等各种科学实验馆以及动植物园等机构和设施。

的确，场馆内的资源可以作为学生学校学习的重要实践学习资源以

---

① 约翰·杜威．学校与社会·明日之学校［M］．赵祥麟，等，译．北京：人民教育出版社，2005.

补充或丰富课程内容，为学生带来一些课堂内无法获得的学习体验。场馆的展示内容与学校科学教育目标、课程内容极为接近，可以被整合到K-12课程中，场馆学习作为学校正式教育的补充，“学校教育必须走出课堂，走向社区资源”①。学校教师也认识到组织学生团体场馆学习的诸多益处②③④。

所以场馆对于中小学生具有重要的价值，学生团体是重要的场馆学习者群体之一。这类群体是场馆最大数量的受众群，几乎占到所有受众的四分之一甚至是一半以上⑤⑥。无论在国内或国外，在各类场馆观众中，各级学校的学生人数总是占着最大比例⑦。根据目前的统计数字看，各类场馆60%～70%的观众来自中小学学生，即青少年是场馆观众的主体，是场馆学习的主要对象⑧。关于这类群体的研究也是非常多的，在英文文献中常用school field trips、field trip、organized school groups、school visit to museum、class visit to museum等类似的表述。

相关研究集中在如何能够促进基于博物馆、科技馆等各级各类场馆的

① Mortensen M F, Smart K. Free-choice worksheets increase students' exposure to curriculum during museum visits [J]. 2007, 44 (9): 1389-1414.

② Cox-Petersen A M, Marsh D D, Kisiel J, et al. Investigation of guided school tours, student learning, and science reform recommendations at a museum of natural history [J]. Journal of Research in Science Teaching, 2003 (40): 200-218.

③ Griffin J. Research on students and museums: Looking more closely at the students in school groups [J]. Science Education, 2004, 88 (S1): S59-S70.

④ Lucas K B. One Teacher's Agenda for a Class Visit to an Interactive Science Center [J]. Science Education, 2000, 84 (4): 524-544.

⑤ Danilov V J. Science and Technology Centers [M]. Cambridge, MA: MIT Press, 1982.

⑥ Sabra Price, George E Hein. More than a field trip: science programmes for elementary school groups at museums [J].Science Education, 1991, 13 (5): 505-519.

⑦ 宋伯胤.博物馆与学校教育——兼论博物馆专业的学制与课程(一)[J].文博,1986(2):71-79.

⑧ 李建萍.博物馆青少年教育活动设计之我见[J].古今农业,2002(3):94-98.

教育与学校教育的有效衔接，探索学习活动的贯一性设计，以实现场馆教育资源利用的最大化，成为以学生团体的场馆学习相关研究与实践的趋势。

（一）关于学生团体的场馆学习活动的研究

研究者指出，以学习活动的精心设计作为桥梁，学生通过对于课堂主题的自主探究，可以将课堂教学与真实场馆中的非正式学习联结起来，更好地发挥场馆的教育功能，以提高学生学习的兴趣和调动学生学习的积极性①。

学生团体的场馆学习不是仅局限于参观场馆过程之中。进入场馆之前的活动称为观前活动（pre–visit activity），在场馆之内的活动称为观中活动或参观活动（during–visit activity），离开场馆之后的活动称为观后活动（post–visit activity）。还有研究表明了目标的重要性。即使教师意识到场馆是一个独特的学习环境，若教师对参观活动没有清晰的目标，缺乏对学习活动的有效设计，就容易使学生对参观场馆的目的和功能感到困扰。一个完整的场馆学习活动应该包括这三个环节，它们彼此相互关联，逐次推进，甚至可循环往复，共同组成一个完整、连贯的场馆学习活动。围绕明确的学习目标或具体的学习任务，将观前活动、参观活动、观后活动精心规划与贯一设计，是整合学校与场馆学习的关键一环，可以在相当程度上促进学生的学习动机及学习②，有助于改变学校组织的场馆学习活动低效甚至无效的现状。

① Allen S. Designs for learning: Studying science museum exhibits that do more than entertain［J］. Science Education，2004，88（S1）：S17–S33.

② Morentin M，Guisasola J. The Role of Science Museum Field Trips in the Primary Teacher Preparation［J］. International Journal of Science & Mathematics Education，2015，13（5）：965–990.

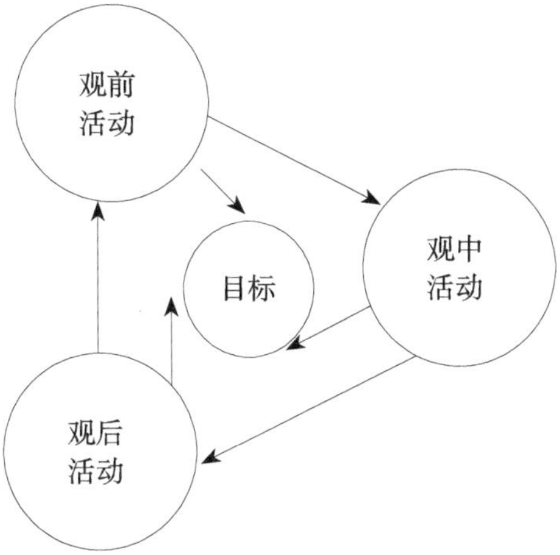

图 5-1　学习活动

参观前的准备包括认知、心理及场馆空间方位等（Bitgood，Serrell & Thompson，1994；Falk & Dierking，2000）[1]，有助于提高学生参观学习的参与度（Griffin，2004）[2]。参观前的准备活动可以在学校课堂完成，例如，教师带领学生参观的场馆是人体科学展时，教师可以安排学生画出自己的身体轮廓，从而熟悉人体结构。在参观前的准备活动中，教师可以为学生提供以下几个方面的准备工作：先前知识和概念的理解、确定参观的具体地点、场馆和参观展品的选择、为参观学习做一些课堂活动准备。

观后活动对于帮助学生同化新学习的概念、解决可能出现的迷思概

① Bitgood S，Serrell B，Thompson D. The impact of informal education on visitors to museums ［M］// In Crane V，Nicholson H，Chen M，and Bitgood S（Eds.），Informal science learning: What the research says about television，science museums, and community-based projects. Deadham，MA：Research Communication，1994：61-106；Falk J H，Dierking L D. Learning from museum［M］. Walnut Creek，CA：AltaMira Press，2000.

② Griffin J. Research on Students and Museums: Looking More Closely at the Students in School Groups［J］. Science Education，2004，88（1）：59-70.

念问题也十分重要。在实践活动中，观前活动与观后活动往往不被重视或者直接被省略掉。安德森发现，观后活动使课堂和场馆环境相互联系，是衡量和评价学习效果的重要方式，也是对学生所学知识的温习。安德森认为，教师非常有必要在组织学生参观后进行跟进式活动，主要作用有：加强参观过程中知识的掌握、理解、运用，可以更加清楚地展示学习效果的差异性，是衡量学习效果的重要指标。在弗里堡案例中，安德森等研究者的研究显示：45% 的教师指出他们进行了跟进式的活动，参与访谈的 29 名教师中指出进行了一些跟进式活动，然而大约 2/3 的参加场馆学习的学生却没有经历任何形式的跟进活动。由此我们可以发现，当调查发生时，教师更加倾向于证明他们曾在参观后使用过一些参观策略，缺乏对学习效果的衡量。

吉萨索拉（J. Guisasola）与莫伦廷（M. Morentin），倡导“以学习为中心的参观”（learning-centred visits，LCVs），提出设计学生团体的场馆学习的三条导向性原则[①]：（1）将场馆学习与课堂中的学习内容整合起来。非正式场境中的学习过程在很多方面和学校学习不同，然而我们需要给予教师们日常工作的真实课堂场境中的课程、课程表等以特殊的重视。把场馆学习活动放置于一个或几个教学单元之中，有助于制定一些联系场馆与课堂场境的特殊学习目标，意味着教师需要对场馆足够了解并能够针对学生团体及其学习需求进行调整。（2）结构化场馆学习活动，促进学生有意义学习。将观前活动、参观活动、观后活动精心规划与设计，是整合学校与场馆学习的关键一环。（3）形成适应非正式学习场境的教学策略。教学策略与正式教育类似，如准备调查表、提出信息检索、使与内容的联系更容易等策略，但必须适应场馆的场境。研究表明，场

① Morentin M，Guisasola J. The Role of Science Museum Field Trips in the Primary Teacher Preparation [J]. International Journal of Science & Mathematics Education，2015，13（5）：965-990.

馆是将基于建构主义的教学策略付诸实践以促进有意义学习的绝佳环境。

（二）关于行为和会话的研究

一些学者对于学生团体的师生行为和会话进行研究。塔尔（Tal）等总结了教师的行为主要有如下几种：帮助学生学习、与学生沟通交流、安静地看着学生、与学生一起参观展品、安静地站在后面、与陪伴员聊天。教师与学生间的互动大多数是帮助引导员组织学生、维持秩序和纪律[①]。

国内学者青紫馨、伍新春等采用话语分析的方法，辅之以 Nvivo 软件，对初中生在参观科技馆过程中的典型对话类型和先前知识对对话的影响进行了研究，发现学生在科技馆中的学习对话类型主要包括对展品的描述、联系个人经验、解释、情感表达和行为指导等，学习话语发生比例较低。[②]

（三）关于教师角色的研究

可能会有人认为，在学生团体的场馆学习中，教师是可有可无的，恰恰相反，研究表明，教师是重要的沟通桥梁，扮演关键性角色，他们的参与对活动计划的制订、设计与实施都是不可或缺的。发生在场馆中的学习是由有意的设计、个人的解读和选择以及机会等要素决定的，学习更趋于流动性和偶发性而不是连续的。由于学生正处于求知欲和好奇心旺盛的阶段，是接受科学知识、形成正确科学观的重要时期，但注意力较容易分散，容易受到场馆内新奇环境的影响，对于学习缺乏主动性与积极性。如果完全放任其自由选择学习的话，可能收效甚微。教师指导的缺乏或不当都极可能削弱学生的学习动机，使得场馆参观失去吸引力和影响力，甚至导致学生对以后的场馆参观缺乏兴趣。所以，与一般

---

① Tal R，Bamberger Y，Morag O. Guided school visits to natural history museums in Israel：Teachers' roles［J］. Science Education，2005，89（6）：920–935.

② 青紫馨，伍新春 . 学生在科技馆中的对话特点及先前知识的影响作用［J］. 科普研究，2013（2）：51–55.

社会公众比起来，更需要教师、场馆教育者等成人的引导与帮助。

教师的动机、个人预期、对场馆环境及展品资源的熟悉程度都会影响活动的开展。Gennaro 采用实验研究法，将参与指导和没有接受指导的学生进行分组比较，他的研究结果显示，接受参观前教师指导的实验组学习效果要好于没有接受指导的对照组，实验组的学生可以获得更加全面的知识，没有接受指导的学生对知识的掌握相对较弱。该项研究也说明了教师角色的重要性。克兹尔（Kisiel J.）通过观察与访谈 10 位开展学生参观自然历史博物馆活动的教师，运用三角互证法精炼描述收集到的信息，结果表明教师组织科技馆或类似机构参观活动的动机有 8 种，分别为：①与学校课程联结；②提供学习经验；③鼓励终身学习；④提高学生学习兴趣与动机；⑤提供新经验；⑥为常规教学带来变化；⑦乐趣；⑧满足学校的期望。其中“与学校课程联结”是教师最重要的动机[①]。

在课堂境脉中，教师倾向于权威、灌输等角色，而在场馆境脉中，教师又倾向于过于放任学生自由选择学习。所以，教师应该转变自身角色，在整个活动过程中以引导者、助学者、支持者身份出现，扮演着指导者、倾听者、观察者、反思实践者等角色。

（四）关于学习单的研究

学习单（worksheet、learning sheet、activity sheet）也称为任务单、活动单，学者们说法不一，没有公认的概念界定。孟庆金认为，学习单主要是博物馆为协助场馆教育者、教师或家长指导学生或其他观众而设计的引导

① Kisiel J. Understanding elementary teacher motivations for science fieldtrips[J]. 2005, 89(6): 936–955.

参观、自我学习的教育资料①。鲍贤清（2013）②认为，学习单作为一种中介性的学习工具，通过提示空间环境、展品和其他要素的学习给养，促进参观者与展品、参观者之间的交互，从而帮助观众更好地利用场馆中的资源，有效地促进场馆学习的发生。有学者对学习单进行了分类，根据参与者，分为合作学习单、独立学习单与亲子互动学习单。根据学习者年龄，分为小学低年级学习单、小学高年级学习单、初中生学习单、高中生学习单等。根据使用时间，分为经常性学习单、特定时令学习单等③。

关于学习单，学者们持不同意见。支持学习单的学者认为，学习单恰好在学习者与展品之间架起了一座桥梁，促进学习者在场馆环境中更好地进行学习。从学校的角度来看，学习单是课堂的延伸，它可以弥补教学内容的不足，激发学生的学习兴趣，还可以培养学生自主学习的态度，同时也反映了教师的教学理念、参观目的、策略与需要；对于场馆而言，学习单是以展品为基础，它是展览的延伸，对展品的不足进行补充说明，强化场馆"实物学习"的实质，让学生真正地对实物进行观察、分析、探讨。而反对学习单的学者认为，学习单的设计可能会减少学习者在场馆中学习的兴趣。

但在 Kisiel 看来，学习单遭到一些批评的原因，可能是因为没有设计好。他认为，一个成功的学习单应具备这些特征：（1）与活动紧密联系；（2）直接导向展品的问题；（3）多样化的问题设计（长 / 短、开放 / 封闭、写 / 绘）；（4）清晰的信息指示；（5）为社会交互做准备。设计良好的学习单可以为学生提供展品显著特征的线索，促进学生对特定展品对象的学习，从这个角度来说，学习单扮演了先行组织者的角色，帮助

---

① 孟庆金 . 学习单：博物馆与学校教育合作的有效工具［J］. 中国博物馆，2004（3）：17–21.

② 鲍贤清 . 博物馆场景中的学习设计研究［D］. 华东师范大学，2013.

③ 孙浩 . 交互式博物馆学习单的设计与开发——以扬州双博馆学习单设计研究为例［J］. 中国市场，2016（29）：230–231.

学生组织整个参观过程并提供了获得新知识的支持[①]，总之，学习单能为学生提供结构化的参观导引，并且能提高学习的效果。他还指出，学习单是以任务和问题来驱动的，问题是学习单的核心和灵魂。Kisiel 总结了学习单的设计要素，从任务强度、定位线索、地点特定性、信息来源、自由选择程度、认知水平、反应方式、反馈时长等八个方面对任务单的设计给出建议[②]。任务量指的是问题不宜多，适当甚至可以更少一些。定向线索指的是要设有导引图，便于了解空间分布。地点特定性问题探究不依赖于某个特定展品，而是围绕同一主题的大量展品。信息来源指的是问题解决应较少源于标签或说明牌，多来自展品操作及同伴互动。自由选择程度指的是要设计较少的封闭性问题，多一些开放性问题。认知水平指的是要设计识记、理解、应用、分析、综合、评价等方面的问题。其中较少设计识记等浅层问题，设计较多高层次认知水平的问题。反应方式指的是作答方式多元化，不仅有书写，还设计绘图或小组交流等问题。就作答长度而言，在一定程度上，反馈时长越长的问题复杂性越大，学习者思考也愈多。

王启祥将学习单的设计和使用分为三个阶段。在需求分析阶段，场馆应根据学习单的使用对象、主题、使用的时间确定规格和形式。然后依据学习对象的学习能力选择合适的（通常是与学校课程相配套的）内容，用适当的题型设计出来，经过试用修正印制推广。在使用阶段，则安排使用的引导和后续的活动。最后进行评估、反馈和修正[③]。孙浩提出了场馆学习单的 ADE 设计模型[④]。

---

① Kisiel J F. Teachers，Museums and Worksheets：A Closer Look at a Learning Experience［J］. Journal of Science Teacher Education，2003，14（1）：3–21.

② Kisiel J F. Teachers，Museums and Worksheets：A Closer Look at a Learning Experience［J］. Journal of Science Teacher Education，2003，14（1）：3–21.

③ 王启祥 . 博物馆参观活动单之设计与运用［J］. 科技博物，1998，2（5）：4–24.

④ 孙浩 . 博物馆学习单 ADE 设计模型研究［J］. 教育教学论坛，2016（41）：141–142.

纸质学习单在学生场馆学习过程中发挥了一定的作用，但由于其缺乏交互性，无法呈现视频、音频、动画等多媒体资源，学生填答情况不便收集与分析等，存在一定的弊端。有学者对于交互式学习单进行研究。相比传统的静态学习单，交互式学习单具有良好的互动性，可承载更多内容，可添加音频、动画、视频等纸质学习单无法呈现的多媒体资源，帮助学习者获取更丰富的信息，取得更好的体验效果。

（五）关于影响因素的研究

1994 年，Orion，Hofstein 分析了影响学生团体的科技类场馆学习的三类因素——教学、学生、外在条件，并分析了各方面的具体影响要素①。其中学生要素方面主要包括：与主题相关的先前知识、对问题的熟悉程度、学生对户外教学（field trip）的先前经验和态度、学生对主题的先前态度、班级特点（年级、规模、科目等）；教学要素包括实地参观的场馆展品内容在科学课程结构中的位置、教学方法、教学与学习支持、教师的特质等; 外在条件，比如场馆的学习条件、持续时间、路径的吸引力、天气条件等。Orion 和 Hofstein 的研究发现，在一个地理实地考察前，参与准备活动的学生对场地背景和熟悉程度要好于没有接受任何准备活动的学生。

Greenhill 提出了学生团体的场馆学习活动需要考虑的要素，主要包括目标、主题、对象、条件、时间、进行方式、其他事务等②。目标主题指的是分析各个阶段学生的学习需求与行为，以制定适当的活动目标和主题。对象指的是可针对学生和教师的年龄、兴趣、需要和想法、背景

① Orion N，Hofstein A. Factors That Influence Learning during a Scientific Field Trip in a Natural Environment［J］. Journal of Research in Science Teaching，1994，31（10）：1097–1119.

② Hooper–Greenhill E. Museum and Gallery Education［M］. Champaign：University of Illinois Press，1991.

环境、学校机构的特质等，提供有用的信息。条件指的是探讨场馆周围的民众居住状况、学校分布、交通条件等，以利学习活动的进行。时间指的是可以获取有关学校课程安排情况、教师教学进度等信息，也能分析学生参观展览的时间长度和各时间点的态度行为变化，以帮助活动的时间分配。进行方式指的是根据学生的先前知识，设计适当的演讲、简报、游戏、互动多媒体、学习单等教学措施，也能评鉴学生和上述措施的互动及学习成效，以持续改善其设计方式并促进学习效果。其他配合事务指的是评估学生、教师的额外兴趣和需求，设计如书籍等相关的物品，以提供参观前的准备和参观后的利用，例如教师可利用这些资源对学生进行参观前的介绍，并进行参观后的延伸活动。

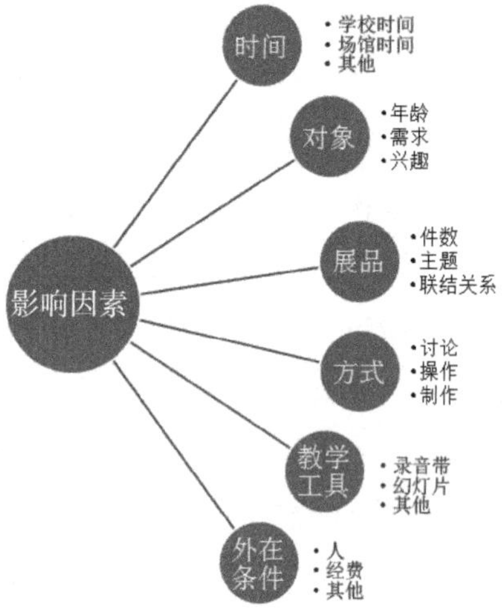

图 5–2　影响因素

（六）关于信息技术支持的学生团体场馆学习研究与实践

近些年来，在当今信息化时代语境下，研究者们也开始关注信息技术对户外教学（field trip）的支持作用。一些学者开展了基于信息技术实现学校与场馆的对接、校内学习与校外学习的融合的研究与实践。

比如 Koula Charitonos，Canan Blake，Eileen Scanlon 认为，ICT 应用

于场馆的关键在于支持学习者的意义建构活动。在学校户外教学（school field trips）活动中移动技术作为提升学习者经验的中介性工具，并进行了实证研究。研究者选择了伦敦博物馆和米尔顿凯恩斯一所中学的一个九年级的历史课程，学生平均年龄是 13 ～ 14 岁。研究使用了混合研究方法。学生的现场活动、发布在推特（Twitter）上的文字以及观后访谈等多方面的定性定量资料表明，移动技术在促进学习者社会交互、意义建构中有积极作用①。

挪威奥斯陆大学的两位学者 Sven Magne Bakken 与 Palmyre Pierroux② 探究了在学校情境与场馆情境的整合中，技术是如何支持学生的科学学习的。他们选择高中的一个班级（学生平均年龄 16 ～ 18 岁）作为个案进行研究。长达 3 周的关于能量概念的科学课程分为参观前、参观挪威科学中心、参观后三个阶段，4 名学生组成一个小组，前、中、后的活动设计具有延续性。在参观中，使用奥斯陆大学 EngageLab 开发的可以制作微视频的移动 APP，协作完成关于能量转换的视频制作任务。数据收集来自摄像机、文字记录以及学生在参观过程中拍摄的照片和视频，运用互动分析的方法对数据进行分析。研究表明，微视频制作任务是引导学生场馆学习的有效方式。

英国莱斯特大学博物馆研究院学者 Vavoula、英国诺丁汉大学学习科学研究中心学者 Sharple、牛津布鲁克斯大学计算机学院学者 Rudman 和伯明翰大学计算机科学学院学者 Lonsdale 等合作发表了题为 *Myartspace：design and evaluation of support for learning with multimedia phones between classroom and museums* 的论文，该文于 2009 年刊发在《计

---

① Charitonos K，Blake C，Scanlon E，et al. Museum learning via social and mobile technologies：（How）can online interactions enhance the visitor experience?［J］. British Journal of Educational Technology，2012，43（5）：802–819.

② Bakken S M，Pierroux P. Framing a topic：Mobile video tasks in museum learning［J］. Learning，Culture and Social Interaction，2015（5）：54 - 65.

算机与教育》（*Computers & Education*）上。作者在文中指出，场馆移动应用开发的很多，但能够将参观前的活动、参观中的活动以及参观后的活动有机衔接起来的却极少。他们基于 Nokia 6680 多媒体移动手机设计开发了探究学习支持工具 Myartspace（如图 5–3 所示），学生可以使用它在场馆活动中收集信息，并可以将信息自动上传至网站，回到教室呈现与分享。评价聚焦于三个层级：微观层次评价其可用性；中观层次评价其教育有效性；宏观层次聚焦于新技术在馆校衔接实践中的影响，而场馆移动学习带来的影响是跨越三个层次的。研究显示，Myartspace 能有效帮助学生在场馆内收集信息，为参观后在课堂中的有效知识建构与反思提供了丰富的资源与有力的支持。如图 5–4 所示。

图 5–3　Myartsapce 的界面（部分）

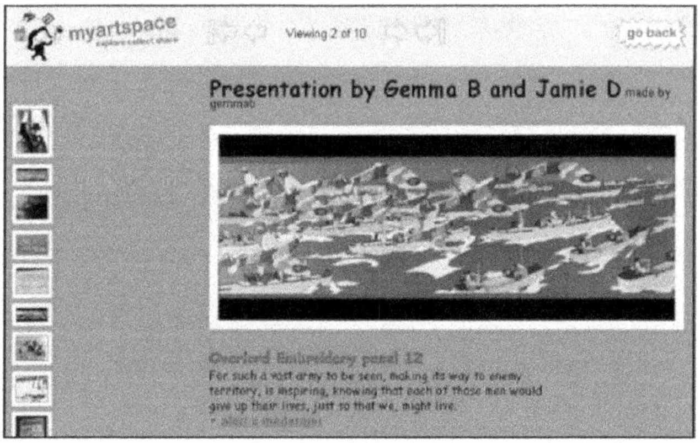

图 5–4　学生反馈

2010 年，Jocelyn Wishart，Pat Triggs 介绍了充满创造性的囊括了场馆、

学校以及交互技术的 MuseumScouts 项目，由 EU Comenius 2.1 提供资金支持，人员包括来自德国（柏林和慕尼黑）、立陶宛（维尔纽斯）、葡萄牙（波尔图）、奥地利（林兹）以及英国（布里斯托尔和伦敦）等欧洲 5 个国家的教师、教师教育者、场馆工作人员、学生以及研究者，秉承“以学习者为中心”“教中学”的理念，旨在促成学校与诸如科学中心、历史建筑、美术馆之类的文化教育机构的对接融合，以支持学习者的学习。焦点在于知识的获取、转化与传播。在场馆的真实性学习中，学习者（主要是 10 ～ 19 岁的青少年）探究实物展品，并使用一系列工具（如铅笔、纸张和智能手机）收集笔记、照片等信息，团队协作使用创作工具 Evolution（使学生可以在线协作的工具，为项目提供了技术支持）设计简短交互性的多媒体陈述。通过分析学生的交互性多媒体陈述、参与式观察、与各类人员的访谈、在线调查数据，得出结论，MuseumScouts 项目取得了较大成效，为场馆、学校、技术的结合提供了极好的分析案例①。

二、家庭团体

家庭团体指的以家长带领儿童组成的亲子群体，这类群体也是场馆学习的重要对象之一。Bell 等（2009）曾给出家庭群体或亲子群体的定义——“成年人与代际儿童共同组成的群体”，在英文文献中常见到 family visit、families、family groups 等，相关研究比如家庭团体场馆学习的特征、动机、家庭成员间的交互与对话、使用的语言、成员与展品之间的交互、家庭成员的行为模式等。

---

① Wishart J, Triggs P. MuseumScouts: Exploring how schools, museums and interactive technologies can work together to support learning [J]. Computers & Education, 2010, 54 (3): 669-678.

（一）关于行为的研究

以亲子群体在参观场馆过程中的肢体行为为焦点，对其行为过程和结果的描述、分析与解释，即通过观察法和调查法把握家庭团体在场馆参观过程中的行为方式，揭示其行为特征和行为规律，并从某种意义上在获得的结果与一些可能的要素之间建立关系，以此做出对家庭群体场馆学习本质的理论解释。早期基于行为视角的家庭群体场馆学习研究主要从参观路线、参观时间及与展品的交互等方面对场馆中家庭团体的行为活动进行粗浅描述，并对影响家庭团体场馆参观行为的物理因素及其之于科学教育的重要性展开考察。比如辛西亚·科恩（Cynthla A. Cone）等使用人类学方法对家庭群体在场馆参观过程中的空间转换和时间分配状况进行了调查，并基于调查结果描述了家庭成员在场馆学习过程中的行为交互方式[①]。范·希海恩德尔等人对场馆中的家长解释行为、儿童探究行为与学习结果进行了相关性分析，探讨了家庭行为与场馆学习之间的关系[②]。杜利（Dooley）对亲子交互行为进行了质性分析，并分别对家长和儿童在主导交互过程中的行为方式进行了讨论[③]。国内学者王婷将家庭群体在场馆中的行为模式概括为三种，分别为共同注意（以分享为目标的指示型行为模式）、陈述解释（以传授为目标的教导型行为模式）和合作协商（以解决问题为目标的复杂行为模式）[④]。

---

① Cone C A, Kendall K. Space，time，and family interaction：Visitor behavior at the Science museum of Minnesota［J］.Curator，1978，21（3）：245–258.

② Van Schijndel T J，Raijmakers M E. Parent explanation and preschoolers' exploratory behavior and learning in a shadow exhibition［J］.Science Education，2016，100（1）：153–178.

③ Dooley C M M，Welch M M. Nature of Interactions Among Young Children and Adult Caregivers in a children's museum［J］.Early Childhood Education Journal，2014，42（2）：125–132.

④ 王婷 . 行为、身份与认知的交互：亲子群体博物馆学习机制的文化透视［D］. 华中师范大学，2019.

（二）关于亲子会话的研究

20 世纪 80 年代，研究人员开始对以学习为导向的家庭成员之间的会话展开探索。分析家庭团体在参观过程中的对话，有助于了解人们在非正式情境中建构知识的过程。场馆参观过程中亲子之间的对话对发展儿童的科学推理及提出基于证据的科学解释的能力发挥着至关重要的作用，是亲子之间在日常情境中共同建构科学思维的重要途径。一些研究也围绕亲子在博物馆中的解释性对话，讨论了非正式学习体验在支撑儿童学习一些复杂科学内容方面的巨大潜能。一项研究还发现，参观过程中家长的解释型话语能促进孩子形成科学思维，使之加深对科学理论的理解，增强解决科学问题的技能。此外，参观过程中的对话可以触发情绪反应，激发孩子将自身知识和经验与展品相联系，利于增强对展品的记忆、理解和迁移。国内学者也对这些问题进行了探究，如翟俊卿等[①]研究发现：亲子之间的对话围绕着展品进行，包括对展品的说明、解释、联系、操作和情感；亲子之间的对话形式多样，包括“互动—对话”“无互动—对话”“互动—权威”和“无互动—权威”四种类型，但以“互动—对话”为主。

（三）关于家长角色的研究

朱迪·戴蒙德（Judy Diamond）[②]讨论了家长在场馆参观中扮演的角色对儿童参观行为的影响。从亲子互动方式也可以看出家长在其中所扮演的角色。如伍新春等[③]以问卷测评的形式考察科技馆中亲子互动的类别

① 翟俊卿，毛玮洁，梁文倩，等.亲子在参观自然博物馆过程中的对话研究［J］.现代教育技术，2015，（11）：5-11.

② Diamond J. The behavior of family groups in science museums［J］.Curator，1986，29（2）：139-154.

③ 伍新春，李长丽，曾筝，等.科技场馆中的亲子互动类型及其对学习效果的影响［J］.教育研究与实验，2012，（6）：88-92.

及对学习效果的影响，发现参观过程中亲子互动类型呈现出了合作商讨、指导控制与单独思考等几种，以合作商讨型居多，而且这种互动类型最有助于提高儿童的场馆学习效果。母亲单独带领、父亲单独带领、父母共同带领等家庭团体的组合方式对合作商讨型不存在显著差异，而指导控制型以父亲单独带领和父母共同带领为主，单独思考型以母亲单独带领为主。青紫馨等指出，由父亲单独带领和由父母共同带领的亲子互动类型是以指导控制为主，单独思考型大多出现在由母亲单独带领的参观团体中。

三、老年观众

场馆学习者除了学生团体、家庭团体之外，还有一类人群。在英文文献中常用 individuals、adults、alone 等表示，主要指的是学习者个体、成人参观者。该部分对象范围极为广泛和复杂，比如老年人、残障人士等。老年人是特殊的社会群体，相对于其他年龄层次的观众而言，应该得到更多的照顾和关爱。对老年人来说，场馆学习无论是为了祖孙共享天伦之乐还是三五好友的叙旧，回忆儿时记忆或丰富人生阅历的美好时光，这些皆是他们生命中曾经有过的难忘的美好片段。于他们而言，场馆学习不仅能促进知识交流，更是记忆和情感连接的心灵窗口，维系并增进人际互动的社交场合和延续兴趣喜好的过程。在老龄化问题引发国际关注的背景下，场馆作为社会教育机构，如何应对老年观众的增长、如何满足老年观众的需求以便提供更好的服务等成为人们关注的一系列问题。

（一）关于老年观众的需求研究

国内外针对老年人的服务、教育和观众调查等方面进行专门研究和实践出现得较晚，国内关于老年观众的研究则较西方国家更晚一些。很多文献论述了应该给予老年人群体以更多的关注，以及场馆在服务老年观众方面的潜能。我国台湾地区的期刊《博物馆与文化》2017 年 12 月以“高龄社会下的博物馆”为研究专题刊登了一系列论文。我国台湾学者刘婉珍以宏观角度思考场馆在高龄社会下所扮演的角色与所发挥的潜能，突破将高龄者视为需要被服务的弱势团体的传统，并整理国内外各种组织在提倡创意老化及文化参与所做的努力[①]。我国台湾学者赵廷鹤、辛治宁等以台湾北中南地区的9个不同类型和规模的场馆为样本，针对65岁以上的高龄观众的需求进行量化调查[②]。我国大陆地区学者康迎彦对首都博物馆老年观众的需求进行了问卷调查研究，调研结果显示，老年观众多在上午与家人、亲属结伴参观，大多对历史和艺术有兴趣，愿意参观特别展出的陈列。老年观众的需求为充足的休息座椅、良好舒适的参观环境、干净且位置适宜的卫生间、便民设施、醒目有效的导览标识、便捷的交通、清晰详细的陈列文字说明、热情专业的咨询服务、方便的票务预约、物美价廉的馆内消费、方便取阅的展览介绍彩页、满足需求的导览讲解服务、可以及时获取的展览信息、简单便捷的电子触屏设备、观众互动活动等。该研究为研究老年观众在场馆的行为特点和需求提供了可靠的调查依据[③]。

（二）关于老年观众的服务研究与实践

对于老年观众服务的相关研究与实践主要集中在场馆环境与空间的设计、分众化教育活动设计等方面。

场馆环境与空间的设计。对大多数使用场馆空间的老年人而言，能动性、视力和听力的下降等导致其在可达性方面的困难。因此，对环境与空间、导览设计、展览方式等进行精心的设计，满足这类群体

---

① 刘婉珍.创意认同：博物馆在老龄社会中发挥潜能的实践基础［J］.博物馆与文化，2017（14）：5–30.

② 赵廷鹤，辛治宁.博物馆高龄观众的经验与需求初探［J］.博物馆与文化，2017（14）：31–59.

③ 康迎彦.首都博物馆老年观众行为与需求调查分析［J］.东南文化，2011（3）：90–94.

的特殊需求，为他们提供更好的服务成为人们关注的问题。第一，在场馆物理学习环境方面，为方便老年人行动，可设置无障碍通道、警识牌、快速报警按钮设备、紧急疏散通道等，使其更加方便。第二，在导览设计方面，要在多处设置清晰明了的导览路线图，谨防老年人走失迷路或因绕路太多而造成体力不支。场馆导览系统可以很好地满足参观者参观时所需要的各种信息，比如参观路线、展厅楼层及各大展厅内容概述等。老年人在生理条件退化的情况下，无法看见较小的文字或没法听清导览人员的讲述，也或因为认知不够无法操作电子导览系统。场馆可在导览设计上满足高龄者的需求，如在介绍资料上印刷大字体及色彩鲜艳的说明图文；导览人员说话语速放慢，多次重复导览内容；讲解员也可提供贴心的专人服务，以防老年人跟不上人群的参观进度。第三，在服务空间方面，塑造一个舒适的环境空间，让参观者从容地进行参观活动，是博物馆空间所起到的最主要的作用。服务空间的好坏对老年参观者是重要的。服务空间必须要和参观环境紧密联系起来，以满足老年参观者的生理和心理需求。第四，在展览方式方面寻求展览方式的改变。如场馆可以走出室内，走进社区，走进普通大众的生活里[①]。当下，借助于信息技术的支持，老年人可以足不出户访问各类场馆资源，摆脱了距离的限制和时间的制约，节省了大量的时间成本和经济成本，被越来越多的人们所接受和喜爱。

分众化教育活动的设计。英国在 20 世纪 90 年代出现服务老年观众的研究思潮与实践活动。自 1990 年开始，陆续开展了高龄观众通过回忆工作坊的社交互动。在 2006—2007 年间，林肯郡博物馆与疗养院合作，规划了一系列的回忆工作坊，这些参与者平均年龄为 75 岁，其中还有些人是早期失智症患者。2011 年利物浦博物馆开发针对高龄观众

① 张蓓蓓 . 试析老年参观者走进博物馆的需求［J］. 吉林省教育学院学报（中旬），2015，31（5）：147-148.

的“在场馆内相遇”（Meet Me at the Museum）、“回忆之路”（Memory Walk）等活动。还有促进高龄观众跨世代交流的“当我年幼时”的自导性学习背包。我国台湾学者城菁汝、陈佳利以英国博物馆如何运用回忆法增进博物馆与老年观众之间的互动为研究主题，从回忆法所引发的相关伦理议题，探讨博物馆进行回忆法所需要的知识与技巧①。陈佳利通过访谈法与观察法分析利物浦博物馆如何规划多元的高龄教育活动，促进高龄者的学习与回忆，同时分析利物浦博物馆推动相关工作的理念、过程与实践，② 为博物馆未来规划高龄者教育活动提供参考。

四、残障人士

世界卫生组织（WHO）统计数据显示，目前全球残疾人总数已超过10亿，约占世界总人口的15%，更由于人口老龄化和慢性疾病的增多，残疾率还在不断上升。残障人士类型很多，主要包括肢体残障人士、视力残障人士、听力残障人士、语言残障人士及多重残障人士等。场馆作为主要的非正式学习场所，也是残障人士接受教育的重要途径之一。场馆是一个向社会所有群体开放的包容的学习场所，在对普通群体的服务日趋完善的同时，也要重视对残障人士的关怀，满足他们对场馆学习的需求及渴望，所以场馆作为残障人士非正式学习的主要场所也受到越来越广泛的重视。

（一）国外关于残障人士的服务研究与实践

美国大都会博物馆应该是最先具有平等理念的博物馆代表——早从1913年起，大都会场馆就对于视身心障碍者接触艺术品的权利予以关注，

① 城菁汝，陈佳利．回忆法与英国博物馆：促进年长者参与之应用[J]．科技博物，2009(2)：5–26.

② 陈佳利．在过去的时光中相遇——利物浦博物馆高龄教育活动之研究[J]．博物馆学季刊，2017（1）：5–25.

并且开始发展接待身心障碍团体的活动。他们为残障人士开设两门以触觉认识艺术品的课程，帮助残障人士以手触摸艺术品，借以认识美国的雕刻品与乐器，是触觉导览的先驱。而且，大都会博物馆还以咨询委员会的模式推行该馆的无障碍环境改进计划，该馆的无障碍咨询委员会主要成员除了包括身心障碍组织的代表外，最值得注意的是，也包含了该馆的高级管理人员，因此他们遇到困难时能够迅速决策与行动。英国自20世纪90年代开始正视身心障碍议题。大英博物馆为学习障碍儿童设计的“大脚丫活动”邀请了6个学习障碍儿童团体，运用场馆的展品进行了各项学习活动，达到寓教于乐的效果。大英博物馆在常设展的部分一楼展厅中设有提供视障者触摸的专区，包含语音导览、大字本解说、点字、模型和立体触摸板等辅助设施。法国遗产理事会要求在场馆中为残障人群服务的工作人员在训练时自己使用轮椅或拐杖参观展览，以求最真切地理解残障人群的需求和他们参展时的心理活动。做法相类似的还有日本。在日本荒川区有一个荒川福利体验广场，该广场是一个模拟残障人士活动的体验式空间，在广场里可以模拟老年人和身体残障者在活动时身体等各方面的状况，这个广场是专门为无障碍工作者设置的，让他们在亲身体验中对残障人群及其他弱势群体在活动时的心理有深刻的理解，从而了解他们最真实迫切的需求。

（二）我国关于残障人士的服务研究与实践

我国大陆地区从20世纪80年代开始出现实施无障碍设计的相关规范，至今已有20年左右的时间。部分场馆率先实施特殊人群教育活动，如南京博物院南都繁会苏韵流芳展为视障观众提供文物复制品触摸活动、为行动不便的观众设计了合理路线、为语言障碍观众提供手语导赏等体验活动，故宫博物院为智力障碍及精神障碍人士提供免费的艺术潜能开发课程，以带领他们融入社会①。我国台湾地区自1990年起，也逐渐开始关怀身心障碍团体，比如以视障团体为主要关怀对象，通过特展搭配教育推广活动。台湾历史博物馆于2002年举办的“马谛斯特展”，在展场的角落设置了马谛斯特展视觉障碍触摸体验专区，并搭配了相关导览与手册的制作。台北市美术馆于1997年至2004年间，有专门的预算，聘请专家及志愿者，提供包含听觉、视觉、肢体、智能等各种不同无障碍服务的导览②。

（三）信息技术辅助残障人士的研究与实践

新兴信息技术的发展为残障人士消除生活和学习的障碍也带来新契机。有学者分析了安全导航技术、眼控技术、室内定位技术、力触觉反馈技术、增强现实技术等对于消除残障人士的障碍提供强大动力，并呼吁为实现残障人士场馆学习无障碍，应分析不同残障人士的障碍，从残障人士角度出发将新兴信息技术应用于场馆中，结合新兴信息技术的功能特点，发挥各自的功能和优势，针对性地消除残障人士参观障碍，最终使残障人士的参观体验实现全方位优化③。

---

① 罗跞，宋娴．国内外博物馆儿童教育的研究现状对比及其启示［J］．科普研究，2019，14（3）：49-57.

② 吴梦玲．浅析我国博物馆的无障碍建设与服务［J］．传播力研究，2019，3（12）：197-198.

③ 陈荣，梁美荣，郑旭东，等．新兴信息技术在优化残障人士博物馆参观体验中创新应用的趋势［J］．现代远程教育研究，2016（6）：56-64.

第六章　场馆学习环境研究

前文中的场馆学习理论模型试图对真实情境中的人类场馆学习问题及其发生过程进行描述性研究，帮助人们更好地理解如何在场馆境脉内产生最有效的学习的认知过程和社会化过程。而“怎样促进人们的场馆学习”也是学者们聚焦的问题之一，场馆学习环境研究旨在通过场馆学习环境的设计促进人们进行更深入、更有效的学习，从而为学习者提供服务。

第一节　场馆学习环境的概念

一、环境

环境是与某一中心事物有关的周围事物，就是该中心事物的环境。环境是相对于一定系统（主体）而言的。这里的系统可以是个人、组织、社会，也可以是动物、植物等。环境因系统不同而有所差异，环境与系统有对应关系，但不是一一对应。环境是整体的。“世界”本身是整体的，世界也是由元素组成的，这些元素可能位于系统外部，也可能位于系统内部；可能是物质的，也可能是精神的；可能属于自然，也可能属于社会或思维。“整体”并不是排斥“元素”，在分析问题时首先从整体入手（和资源正好相反），做到既见森林，又见树木。系统和环境是有联系的，即系统和环境是有作用的。这种作用是相互的，是通过系统与环境之间进行物质、能量和信息的交换来实现的。系统和环境（包括元素）的关系是变化的，进而得出成为环境的元素是有条件的。当系统与曾经作为环境的某要素的作用消失，则该要素作为环境的身份便不存在。换句话说，不是整个世界都是环境，而是只和系统“有关的”世界才是系统的环境[①]。

二、学习环境

关于学习环境的研究最早可追溯到德国心理学家库尔特·勒温（Kurt Lewin，1890—1947）的行为场理论，人的行为（behavior）取决于个人（person）和环境（environment）因素的相互作用，勒温还给出了学习环境的基本公式：$B=f(P.E)$。基于不同理念的研究者对学习环境的概念各持己见，相关界定也很多，归纳起来大致有如下几类。

“场所”说。美国教育技术学家 Knirk F. G. 将学习环境定义为：“由学校建筑、课堂、图书馆、实验室、操场以及家庭中的学习区域所组成的学习场所。”

“场所和氛围”说。学习环境应该不仅指学习者可以在其中进行自由探索和自主学习的场所，而且是指学习者与教学材料、支持系统之间进行交流的过程中所形成的氛围。

“时空”说。学习环境“是学习活动所处的时空。由于学习活动的主体是学生，人们也常把学习环境说成学生所处的时空”。

“因素”说。从广义上讲，学习环境是与学习相关的一切因素，它包含的要素可以从两方面来讲，抽象的有学习观念、学习理论等，具体

① 马宪春，周速，刘巍．学习资源与学习环境辨析［J］．电化教育研究，2005（11）：30-32.

包括信息、媒体、模式及人的因素（社会、教师、学习伙伴）等。

“条件”说。包括学习的周边条件、影响教学活动的各种外部条件。在教学活动中，影响教师教和学生学的一切内外条件共同构成一定的教学环境。学习环境是承载学习活动和学习行为有效发生的基础条件。

“综合、总和、统合”说。自20世纪80年代末以来，随着建构主义的兴起和信息技术的发展，伴随着对传统教学隐喻的批判和反思，学习环境作为一种新的教学隐喻受到越来越多的关注，所谓“学习环境”，无非就是“学习者的周遭外界”，“学习环境就是学校教学活动所必需的诸客观条件的综合”，“学习环境就是学校教学活动所必需的各种客观条件和主观条件的综合”，“我们将建构主义学习环境概括为一种支持学习者进行建构性学习的各种学习资源（不仅仅是信息资源）的组合”。学习环境作为一个复杂的教学系统，被喻为“能够促进学习者发展的各种支持性条件的统合”（钟志贤，2005）[①]。

虽然这些表述各异，但直接或间接地表现出一些共性：学习环境强调以学生的学习为中心，是为了促进学习者更好地开展学习活动而创设的；学习环境不仅包括支持学习活动开展的物质环境、物理空间、学习场所，还包括师生及其互动交流所组成的社会心理环境。根据前文对“环境”的讨论，本书较为认可“综合、总和、统合”说，认为“学习环境是能够促进学习者发展的各种支持性条件的统合”，由物的要素和人的要素构成，而且也包含了通过具体的物的要素、人的要素在交互作用过程中形成的每一个人的行为动作和表达、表情等在内的整体。

三、场馆学习环境

将“场馆”二字加至“学习环境”之前，起到了限定的作用。结合

① 钟志贤．论学习环境设计［J］．电化教育研究，2005（7）：35–41.

前文对学习环境的界定，场馆学习环境即能够促进场馆学习者发展的各种支持性条件的统合。既包括物的要素（物理空间中的场馆建筑、展品、展厅、布局、导览设备、陈列、色彩、光效等）和人的要素（场馆教育者、场馆工作者、管理人员、各位参观人员），而且也包含了通过具体的物的要素、人的要素在交互作用过程中形成的每一个人的行为动作和表达、表情等在内的整体。而且，不仅包括实体学习环境，还包括信息技术支持的虚拟场馆学习环境，以及虚实融合的场馆学习环境。

一般来说，现实场馆学习环境主要指的是学习者进入实体场馆或者与场馆展品直接接触，为学习者提供真实的学习体验，提升学习者的兴趣和动机。而虚拟场馆学习环境则倾向于通过信息技术手段，支持非面对面形式的场馆学习活动等。前者能为学习者提供真实的体验，后者能够打破学习时空的限制。虚实融合的场馆学习环境则扬二者之长，避二者之短，受到场馆学习者的欢迎。多项研究显示，场馆学习环境对学习者的影响是非常显著的，甚至有可能重塑学习行为。学习环境的灵活性、适应性以及是否富有吸引力，在很大程度上决定着其是否能顺利支持学习行为并对学习者构成吸引力。一个精心设计的学习环境不但可以为场馆和学习社区节约空间资源，也更容易激发学习者的创造力、提升学习者的学习效率并促进优质学习成果的产出。场馆学习环境为学习者提供了支撑知识建构与意义协商的学习平台，为学习者交互与分享提供了学习境脉，构建有效的场馆学习环境，可以促进学习的发生，提升公民人文与科学素养，对知识社会的建构有积极意义。

第二节　场馆学习环境的特征

场馆学习环境是由学习者与展品、物理环境等要素相互影响、耦合发展的一个有机系统，它具有设计性、复杂性、开放性、生成性等特征。

一、设计性

2009年，美国国家学术出版社出版的《非正式环境中的科学学习：人、场所与追求》一书强调各类非正式环境是开展科学学习的重要场所，并将典型的非正式学习环境分为三类：日常生活环境、设计环境、项目环境。其中，场馆就是一类“设计环境”，这一类型的环境支持了大量学习者的非正式学习。基于设计的环境收纳并呈现了各种类型的、源自真实世界的现象，可以通过多媒体等形式引导学习者的学习，同时能够为学习者集中展示出跨越时间、跨越地域的丰富多样的知识，帮助学习者领略神奇多元的世界，激发学习的兴趣，并结合自身的经验进行反思，从而培养不断探究的思维习惯。这一类型的非正式学习环境常常是经过设计的，其优势是通常有一定的结构性，便于学习者进行学习；但其劣势在于学习者的学习多有流动性及偶然性，相对容易缺乏连续性（Falk & Dierking，2000）①。场馆是一个人工创设的学习环境，是场馆管理人员、展品设计者和教育者精心设计的结果。

二、复杂性

一直投身于场馆学习研究的知名学者福尔克曾对20世纪末至21世纪初的场馆学习环境研究展开批判，认为“虽然当前对场馆学习环境的研究比较广泛，但并没有从整体上将这些影响因素整合为理论模型”，原因在于场馆学习环境的复杂性。

这种复杂性主要体现在两个方面：一是环境要素的复杂性，除了包含展品、陈列、设施、建筑空间等物理环境的要素之外，还包括学习者的行为、与他人之间的互动、心理活动和学习内在需求等诸多要素，还

---

① Falk J H，Dierking L D. Learning from museum［M］. Walnut Creek，CA：AltaMira Press，2000.

有线上的虚拟场馆学习环境以及虚实融合的场馆学习环境等。这些要素难以清晰界定和描述，是非常复杂的；二是各要素之间关系的复杂性。各个要素会随着场馆学习活动的开展而发生动态变化，这些变化不是线性的、固定的和清晰可辨的，而是很难被显性地描述出来的。场馆学习环境的复杂性满足了学习者创新性思维的联动性和自由选择学习灵活性的需要，学习者在与展品资源、认知工具等其他要素交互时，可以利用感官知觉和想象力对知识进行深层次的加工，体现学习者的主体性，有利于学习者多视角思考问题。

三、开放性

场馆学习环境的开放性体现在以下几个方面：一是物理空间的开放性。场馆是面向所有公众开放的机构。而且越来越多的场馆陆续破除“买票参观”的门槛，免费向公众开放。从最初的定期免费，到后来的向中小学生试行免票，再到如今面向公众实行预约免费参观，充分体现了开放性。就我国来说，截至 2018 年 4 月，全国各类场馆总数已达到 4873 个，其中免费开放的为 4246 个，占比高达 87.1%。而且未来将有更多场馆被纳入免费开放范围。二是开放的展品学习资源。各类场馆展品丰富、类型多样，动物园、水族馆和自然中心的生物，科学中心、天文馆、科技馆陈列的科学类人工制品（比如自然界种类繁多、千姿百态的矿石标本，见证地球早期生命起源与演化的系列生物化石等）、科学探究中使用的工具（比如望远镜）和教学用的展示品（比如一直用来探索振动和音调的笛子）等；历史类场馆中保存完好的文化遗存、艺术类场馆中的艺术珍品等，都是面向人们开放的。三是活动的开放性，主要指结合具体的展品内容设计相应的教育活动，比如上海科技馆设计了科迷工作坊、波音小小飞行家、科学列车、安捷伦科学实验室、3D 打印创客课堂等活动，引导学习者多角度思考、发现与展品相关的问题本质，有利于学习者深入有效地探究展品。

四、生成性

场馆学习环境是一个各要素之间相互作用、共同发展的动态生成性系统，生成性主要体现在两个方面：一是学习者与场馆学习环境之间是相互影响、耦合发展的关系，物理环境虽然是固定不变的，但学习者可以随意选择各自的路线，根据自己的喜好进行自由选择和学习，呈现出了生成性的特点。二是在场馆学习环境中，学习者在场馆学习过程中会发生“社会交往”和“社会学习”。场馆学习过程中的互动通常包括学习者与同伴的互动、学习者与场馆工作人员的互动，以及学习者与专家的互动。在场馆学习的过程中，社会互动程度与认知的改变存在着显著相关关系。换言之，学习者参与的社会互动越多，其获得的学习效果越好。换言之，社会互动可促进场馆学习效果的提升，对学习环境的再生成性具有一定的作用。可以说，各要素之间的非线性交互不仅可以提高学生的场馆学习效果，使得学习者自身的素质得以良好发展，而且也能促进场馆学习环境的动态生成。

第三节　场馆学习环境设计

学习环境设计是学习环境研究中的重要理论问题之一，为创设更加人性化的学习环境提供理论指引和实践指导。勒温认为，学习环境的设计应满足学习者的心理需求，并与之充分互动，从而影响其外在的行为表现。钟志贤认为学习环境设计的目的是促进学习者的能力发展，宗旨是有意义的学习，路径是支持有意义的学习，并提出了学习环境力——准确定位和发挥学习环境诸要素的角色和效力，将各要素的力量有机地协调起来，构成一种整合的力量，从而促进学习者的发展[①]。场馆学习环

① 钟启泉 . 学习环境设计：框架与课题［J］. 教育研究，2015（1）：113–121.

境作为一个复杂的有机系统，其设计首先需要聚焦于学习的复杂性，以系统的、宏观的视角，整体观照并审视各个要素及它们之间的关系。

一、设计目的

场馆学习环境设计的主要目的是通过创设支持学习者进行场馆学习的条件，以促进学习者的意义建构。

二、设计原则

学习环境设计的复杂性决定了其审度视角的多元性，可能会受到心理学、教育学、技术文化、实用主义视角等多元理论的影响。场馆学习环境的设计更是视角多元化，极为复杂。学习环境是学习发生的空间，学习环境的设计一方面表现在物理空间的建筑、陈列、色彩等元素设计上，另一方面体现为学习活动的设计，二者共同促进学习的发生。同时，也包括复杂的线上学习环境。

（一）秉承以学习者为中心的理念

最早提出学习环境概念的心理学家勒温认为，学习环境的设计应满足学习者的心理需求，与之充分互动，从而影响其外在行为表现。钟启泉认为学习环境是基于多种多样的物的要素、人的要素而形成的动态构成的“信息环境”，以及借助所有感官如学习者的视觉、听觉、触觉等体验到的“信息总体”，学习环境的设计本质上是一种学习场的设计。故，在设计场馆学习环境时，应该秉承以学习者为中心的理念，为学习者自然发展构造包含物质的、社会的、有形的、无形的等各种要素的复杂系统，创造丰富的学习资源和学习活动，给学习者提供更多的选择权。

（二）注重学习环境服务对象的多元性

有学习需求的人就是学习者。尤其是在终身教育、终身学习理念的倡导下，每个人都是场馆的学习者或潜在的学习者，学习者的范围扩大，学习者的身份也具有多重性。在场馆学习环境中，应注重学习环境服务对象的多元性。通过创建良好的物理环境以提供支持性的硬件条件，为学习者营造和谐的心理环境以提供辅助性的精神氛围，设计分众化的学习活动，为多元化的学习者服务。

（三）关注和提升学习者的学习体验

根据大卫·库伯的体验学习理论，学习的本质意味着它在人类社会的各个水平上发挥着作用，体验学习过程是泛在的，从个体到群体、到组织、到整个社会，体现了学习者的学习风格，也体现了个体与环境交互的整体、动态的本质。

三、设计要素

关于学习环境的要素，有四要素说、五要素说和六要素说。典型的四要素说包括情境、资源、工具和支架等；五要素说包括信息库、符号本、建构工具箱、任务情境和任务管理者等；六要素说则包括问题/项目空间、相关案例、信息资源、认知工具、学习共同体和社会性支持等。钟志贤对上述各要素说进行归纳总结，认为情境、资源、工具、支架和学习共同体是五个比较稳定的学习环境要素。杨南昌等认为学习环境设计研究聚焦于学习的系统研究、学习的社会结构和学习内容、学习支持三要素，共同构成了学习环境中协同作用的干预系统。张剑平认为，对于学习环境要素，应该从狭义和广义两方面来理解：广义的学习环境包含教学系统的各要素，而狭义的学习环境是为某一类型的学习活动提供相关工具、资源与教学策略支持。

在上述研究基础上，结合场馆学习环境的特征，将其要素总结为物理环境、展品/人工制品、学习活动。

（一）物理环境设计

场馆比其他学习环境更依赖建筑空间。设计物理环境的目的是让学习者感知到场馆是一个适合学习的环境。人的行为模式会受到建筑空间设计的影响。如同教室桌椅的布局会改变学生的合作交流方式一样，场馆建筑的空间大小、布局、光效、色彩等在设计中至关重要，都会影响参观者对场馆的感知。比如，宏大的空间容易使人产生惊叹，进而引发学习者的兴趣。除了空间本身，对空间环境的使用方式同样需要设计。在组织陈列展览时，要明确主题思想和范围，做到陈列与建筑、展品与形式、设计与表现的和谐统一。

建筑设计。一座建筑与其容纳的东西的微妙关系，是场馆吸引人们窍门中的最重要部分，一个公众场馆不注意这一点，则不可避免地要失败。如果建筑与它所容纳的东西是冲突的，或者对内容的共鸣和支持不够，其结果只能是失败。这里主要指的是建筑风格与场馆的类型或风格特质要匹配。

布局设计。布指的是陈设、设置、布置。布局指的是对事物的全面规划和安排。场馆的布局设计指的是对整个场馆物理环境和空间的全面规划和安排。要根据展品本身的内在逻辑，结合展览主题，进行功能空间的合理分割，塑造一种张弛有度、左右连贯、富有节奏的整体空间序列。线、面、体是影响空间序列的构成要素。线条是场馆建筑中表现性的线性构建，起着划分空间、增强空间意义表达的作用。面围合成空间，限定了空间界限。体指的是立方体、长方体、锥体、球体等多种形式，可以用于增加人们对于空间形态的视觉体验。要综合运用这些元素，使其在整体空间中能够统一、和谐、有序地共存。

导览设计。很多学习者都试图一次参观完所有的展品，而有些学习者则抱怨走进偌大的场馆使人手足无措。这就是“场馆疲劳”或焦虑。大部分场馆都会提供一张建筑平面图，这种方式可以避免物理方位迷路，但无法避免“认知上的迷路”。根据学者对内在动机的研究，设定恰当的目标是获得良好体验的方式之一。对于同一个空间，不同的群体可以有不同的使用和学习方式。在平面图的基础上增加导览可以起到引导学习的作用。

光影设计。光影直接影响着整个展示空间的效果，对人们的心理起着积极或消极的作用。光效分为自然采光和人工照明两种。在设计自然光环境时应注意避免自然光可能带来的负面影响，因为自然光中有不同波长的光，他们对展品有不同程度的影响。同时光源位置及光强度的变化也会影响着展示的效果。为了弥补自然采光对展示空间造成的不良影响，同时为了满足一些展品对光照的特殊需要，人工照明发挥了很大作用。人工照明具有可控制性强、光纤稳定、可满足特殊光效的特点。为了避免光对展品造成损害，选择人工照明要对光源和灯具精心挑选，应特别注意照度、显色性、光谱等因素的影响。

色彩设计。色彩是影响场馆内展陈空间效果的一个重要方面。在色彩设计时要遵循这些原则——要与人的心理和生理适应相一致、要与场馆的类型和性质相一致。一般社会历史类的场馆多综合运动沉静的色调和兴奋的色调，艺术类场馆的色彩多以沉静色调为主，自然类场馆的色彩更接近于自然色彩，科技类场馆以沉着的中性色为佳。

（二）人工制品 / 展品的设计

作为人工制品的展品是场馆学习物理境脉的重要组成部分，是场馆学习环境独有的重要特征。展品设计包括展示方式、标签或说明文字等多方面的设计，它们共同决定了学习者获取信息的方式。

展陈方式设计。展品分为平面展品、立体展品和交互展品三大类。平面展品大多悬挂于墙上或展板上，立体展品或者一些特殊展品如实物、大型雕塑、珍贵画作等既可以陈列在展台上、展柜中，也可以悬挂在墙上、空中，还可以单独放置展出。交互展品指的是可以让人们通过动手操作、实验、角色扮演等方式参与其中的展品，以科技类场馆居多。

标签或说明文字设计。标签或说明文字作为展品的辅助说明工具，也是传达信息的重要媒介，甚至已经演变为了展品的一部分。展品的标签或解释说明也在不断演进，这个过程体现了场馆对于学习过程理解的变化。以自然类博物馆为例，较早的展示方式是动植物标本加上标签或说明文字的简单陈列。后来，设计者开始尝试将动植物以立体布景的方式再现它们的生活场景。前者是去情境的事实性展示，后者将知识置于情境，帮助参观者理解。当下，随着自带设备的广泛普及与应用，随处可见的二维码成为展品生动的、交互的辅助说明工具。

（三）学习活动设计

1. 学习活动设计的重要性

物理环境和展品的设计为大多数参观者提供了学习的空间和对象。设计学习活动的目的是针对不同类型的学习者设计相应的学习体验，更好地利用场馆的环境和学习资源。学习活动的设计是对场馆和展品的二次解读。同样的展品在不同的学习活动中可以扮演不同的角色，提供多样的解读方式。很多先前研究都表明了学习活动的重要性，原因可能有以下五点。

第一，有利于明确以学习者为中心的设计。学习活动是指学习者与学习环境的相互作用，它既包括学习者为达到学习目标所需完成的学习任务及操作，也包括学习者在操作过程中所形成和发展起来的认知、技能和情感态度①。在学习中，知识的获得已经超越了对学习内容的掌握。它一方面在“过去经验中采纳某些东西，同时又以某种方式改变未来经

① 闫英琪，阿不来提，郭绍青，等．基于 Moodle 平台的学习活动设计［J］．现代教育技术，2008，18（6）：70–74.

验的性质”，另一方面通过学生“与他能做出反应的环境中的外部条件之间的相互作用”而实现“经验的继续改造”，达成知识逻辑和心理发展逻辑的统一①。这种经验的转化过程必须借助于活动才能完成。所以学习活动是经验产生的重要条件。精心设计有效的场馆学习活动，使学习者在学习活动的目标及任务的引导下，利用场馆资源和工具完成任务、达成目标。学习者应在学习活动目标及任务的引导下，去利用这些场馆资源和工具完成任务、达成目标。一方面学习活动清晰表明了以学习者为中心的设计意识；另一方面使我们聚焦于，学生为达到特定学习目标，围绕着学习活动任务的展开而需要考虑到的一系列操作的总和。

第二，有利于激发学习者的学习兴趣与积极性。由于场馆面向所有社会公众开放，学习者的年龄、性别、知识背景、地域、兴趣、文化等个性特征复杂多样，其物理环境和展品资源不可能针对某一类群体或某一个体来设计。如果缺乏对整个活动的有效设计，场馆中具有高度刺激性和新奇性的物理环境会导致无效学习，使学习者缺乏足够的参与和投入的机会，甚至会产生一种“当你走近那些笔直的小道和里弄时便笼罩着你的幽闭恐怖（claustrophobia）和精力衰竭症”的被称为“博物馆感觉”的疲乏感②。而在不改变场馆物理环境的情况下，针对学习者设计分众化的学习活动，能够更好地利用场馆环境和学习资源，唤起学习者的兴趣与积极性，可以改变这一状况。

第三，有利于建立学习者先前知识与展品的内在逻辑关联。以建构主义视角来看待场馆学习，不管是凯瑞（S. Carey）认为的“似理论般”（theory-like）的概念架构，还是迪塞萨（A. diSessa）认为的片段的、零碎的、

① 尹睿．文化取向的技术哲学：当代学习环境研究方法论的新路向［J］．现代教育技术，2010（11）：5-9.

② Anderson D，Lucas K B，Ginns I S. Theoretical perspectives on learning in an informal setting［J］. Journal of Research in Science Teaching，2003，40（2）：177-199.

松散的和无结构的“现象基元”，学习者都不是如传统经验主义所隐喻的“心智就像一块白板”，他们带着自己的先前知识走进场馆。如果他们的先前知识与展品所蕴含的科学知识相差甚远，他们可能身处科学世界却如同遇到“斯瓦希里人”。如果场馆的展品及蕴含的知识概念在学生的最近发展区（zone of proximal development）之内，那么如果让他们在自然状态下以自定步调自由参观。而通过有效设计学习活动，有利于建立学习者的先前知识与展品之间的内在逻辑关联。

第四，有利于引导学习者在场馆境脉中科学探究。场馆内丰富的体验式展览恰为学习者进行科学探究提供了真实的情境。著名思想家、哲学家卡尔·波普尔(Karl Popper)主张“科学始于问题”,用“P1→TT→EE→P2”来表示科学学习过程。场馆为学生提供丰富的科学探究资源以及独特的学习给养，学习活动的有效设计有利于引导学习者在场馆境脉中开展科学探究活动。

第五，有利于推进学习者的意义建构。通过学习活动设计，把创建展品的人与参观展品的人结合起来，使其在共同的经验背景下展开对话与互动，共同推进基于展品的意义建构过程，就成为学习者研究必须面对的新挑战。从以展品为焦点转向以学习者为焦点，越来越关注在学习过程中各种社会历史文化因素的影响，越来越关注学习者与各种人工制品、学习者与他人之间的交互，便是其对这一挑战的回应。

综上，有效的场馆学习活动需要精心的设计，在不改变场馆物理环境的情况下，设计有意义的学习活动可以促进学习的发生。

2. 学习活动设计案例

（1）美国匹兹堡儿童博物馆的科学探究活动

美国匹兹堡儿童博物馆成立于1983年，位于美国宾夕法尼亚州匹兹堡，坐落在匹兹堡北部的阿勒格尼中心（Allegheny Center）内。对于孩子来说儿童博物馆是乐园，匹兹堡儿童博物馆是美国十大儿童博物馆之一，为孩子及父母提供高质量的展览和空间，启发孩子的兴趣与知识。美国匹兹堡儿童博物馆针对不同年级的学生，设计符合他们心理、生理特征的不同主题的活动。以下是针对 5 ～ 8 岁儿童在飞行器展区的科学探究活动。整个飞行器展区分为三大板块，展品是 12 个折叠纸飞机。

第一部分是科学探究问题，包括以下内容。

下列三个变量中，飞机的翼型（有因果关系），飞机的重量（有因果关系）和飞机的颜色（没有因果关系），哪些会对飞机的飞行产生影响？

先行介绍：假设飞机有三种翼型，它们是生活中常见的——矩形、菱形、正方形。

先行知识：用回形针的数量改变飞机的重量，长方形翼型只有一种回形针的纸飞机飞得时间长。

第二部分是儿童体验活动，包括以下内容。

测试区：活动设计者根据飞机的翼型、颜色与重量的不同，事先将飞机组合为 12 个一组，参与活动的儿童选择随机摆放的不同机翼形状的 12 个飞机，记录它们的变量和飞行的时间，依据观察和记录，初步形成结论。在家长帮助下，儿童也可以自己折叠不同机翼形状的飞机。

设计区：参与活动的儿童比较 12 个纸飞机的飞行时间长短，按照时间顺序将他们进行重新排列，自己设计实验来验证刚才得出的结论是否正确。

解释区：参与活动的儿童对自己设计的实验数据进行分析，得出实验的结果并作记录，进一步解释纸飞机飞行的影响因素，并从中找到具有因果关系的因素。

（2）中国科学技术馆“解密编钟”系列活动[①]

中国科学技术馆是国家级综合性科技馆，设有“华夏之光”“探索

---

① 张文娟，袁辉 . 科技藏品的多维信息与多维传播——以“解密编钟”系列教育活动为例［J］. 自然科学博物馆研究，2019，4（3）：21–27.

与发现”“科技与生活”“挑战与未来”“科学乐园”五大主题展厅。以中国科技馆“华夏之光”展厅战国编钟仿制品为例，其材质、工艺、装饰等方面蕴含着物理、化学、工程学、艺术、文化等方面的知识，其价值在于让公众了解在特定的历史背景和技术水平下，改进工艺、改善音质、美化装饰等背后的故事信息；同时编钟的规制及其制造、使用还反映了当时的社会关系与文化。

“华夏科技学堂”主题教育活动的对象以儿童为主，重点面向 8 ～ 12 岁的儿童。“解密编钟”系列活动采用多维设计，根据本项目的教学目标、知识特点和主题类教学活动的特征和原则，分四次活动开展。四个活动既相互联系，又相对独立。将实验探究、猜谜解密、手模制作、乐器演奏、木版水印、互动游戏等元素有机融入，并在每个活动中均设置“亮点”环节，节奏有张有弛。

活动一：“解密编钟，习理知音”。参观华夏之光展厅“战国编钟”等相关展品，了解战国编钟的历史和组成，探索学习以编钟为代表的古代乐器发声原理以及乐理知识；聆听为改进发音，历史上钟体结构不断改进发展的故事，了解在特定历史环境下人类对产品的不断改进以适应不断增加的需求；动手敲响玲珑鼓与编钟，在青铜编钟敲击体验以及现代打击乐器玲珑鼓体验中感知音乐的美妙。以科学猜谜引入，继而在实验中探究编钟结构、大小、合金比的不同对振动发声的影响，对比感受古今艺术的美妙与差异。

活动二：“走进大钟寺，看编钟的前世今生”。科技与历史交融。参观大钟寺博物馆，了解编钟的历史文化背景及发展脉络；重温钟铃文化发展历史，对比不同种类钟铃的特点，欣赏整套曾侯乙编钟复制品的乐曲演奏，激发青少年对科学原理的探究热情和对科技与艺术的热爱。

活动三：“细看编钟纹饰，体验木版水印”。通过观察编钟的形制特征，科技与绘画艺术交融，探索古代器物图案及画作中的科学；体验木版水印技术印制铜钟，感受传统工艺；以任务驱动，探索编钟图案的奥秘，体验木版水印的工艺之巧。以儿童为主体，亲子共同参与图案与造型设计。

活动四：“编钟结构巧，铸造工艺妙”。探索青铜器浇铸工艺，了解古代青铜冶铸技术的历史发展，了解现代应用；开放式创作，充分尊重、鼓励和发挥儿童的原创力。以儿童为主体，家长参与辅助手模体验制作，促进对古代青铜器铸造工艺的本质的理解。

四、数字化场馆学习环境的设计

随着信息技术日新月异的发展，当下场馆学习环境也发生了显著的变化，呈现出了数字化、网络化、多媒体化、虚拟化等特征，未来还可能走向智能化。场馆学习环境不再仅仅指物理实体场馆，还包括数字化场馆学习环境。特别是在移动互联技术、物联网技术、虚拟现实技术、增强现实技术等的支持下，传统实体场馆与在线虚拟场馆的有机结合已经成为可能，虚实融合的场馆学习环境初见端倪。这种结合的形式兼具在线虚拟场馆的高效便捷和传统实体场馆的良好体验，同时超越了距离的限制和时间的制约，节省了大量的时间成本和经济成本，成为未来的发展趋势之一。随着云计算技术、大数据技术、人工智能技术等的发展，全面透彻的感知、泛在的互联互通的智慧场馆正在成为人们关注的焦点。所以关于数字化场馆学习环境的设计，可能需要考虑到关键技术的应用、数字化场馆资源的开发与设计、场馆学习的模式与平台等关键问题。

第七章　信息技术应用于场馆的历时的考察

纵观世界场馆的发展历史，20世纪以来尤其是二战以后是场馆大发展、大繁荣的全盛期。据统计数据所示，全世界有一半以上的场馆是在这一时期建立的，并且数量仍在不断扩展中。同时，20世纪也是信息技术飞跃发展的世纪。电影、广播、电视、录音机、计算机、移动电话、互联网等具有革命性的新兴媒体不断涌现。信息技术也成为场馆系统中的活跃因素，给场馆及场馆学习带来了重要的影响。人们关注将信息技术用于支持场馆学习，比如，开发场馆音频导览、多媒体导览，支持实地参观者的信息检索、探究、交流、记录等学习活动，促进人们与展品之间的多样化交互，从而促进意义建构；将计算机技术应用于展品的信息管理，提高展品管理质量和效率；开发数字化虚拟场馆，使得那些不能实地参观的人可以通过数字化虚拟场馆访问展品资源……进入21世纪，移动互联网快速发展，手持便携设备日渐普及，由于其具备便携性、基于移动和无线技术的社会化互动、个人化支持、内容感知、连通性、整合数字化与物理世界等显著特征，更是对全球范围的场馆学习及传播产生了广泛影响。近年来人工智能、大数据、云计算、物联网等新兴技术的涌现，智慧场馆也初露端倪。本章将从时间的维度梳理与考察信息技术应用于场馆及场馆学习的脉络。

第一节　20世纪50年代：音频导览的早期形态

20世纪50年代，伴随着视听媒体技术的发展，尤其是无线电技术、录音机、磁带等的广泛应用，场馆导览的技术革新也初见端倪。

无线电技术应用于场馆最早是在荷兰。威廉·桑伯格（Willem Sandberg）是当时荷兰知名的视觉设计师和策展人。1945—1962年，他担任阿姆斯特丹市博物馆的总监。1952年，他使用无线电技术进行语音导览，成为技术应用于场馆的先驱人物之一。这项技术在一场名为“维米尔：真的还是假的”（Vermeer：Real or Fake）的临时展览中首次使用。一台带有音频放大器的磁带录音机作为“广播站”，播放提前录好的讲解内容，信号通过固定在一个或多个展厅的环形天线进行传输，最后到达人们手里的便携收音机中。当时的讲解词有荷兰语、法语、英语和德语多种版本，但由于当时的技术限制，每次展览只能播放一种语言的讲解磁带，不同语言的导览需要在一天内被轮流安排。每个拥有音频导览的参观者在同一时间听到的都是同一台录音机播放的内容，因此在展览中会出现这样的“怪象”：成群结队的参观者在同一幅作品前一起停下脚步，沉默片刻后再同时转身离开，仿佛受到了无形力量的引导一般。

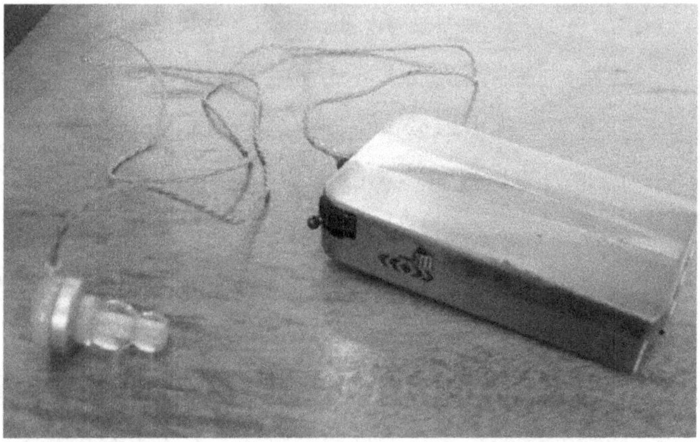

图7-1　1952年参观者使用的无线电语音导览设备（1）

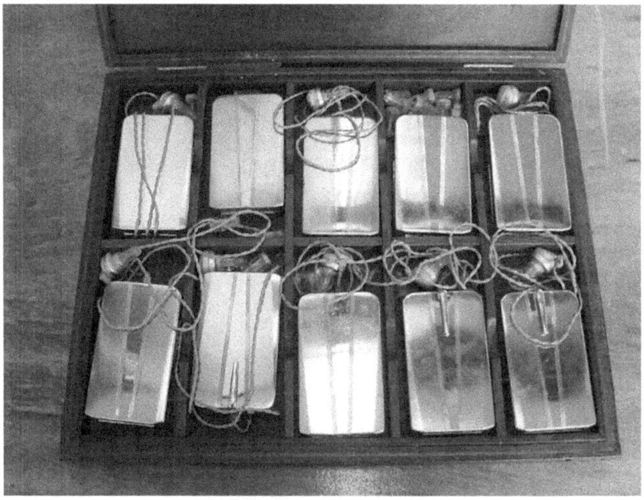

图 7-2 1952 年参观者使用的无线电语音导览设备（2）

随后在美国也出现了电子语音导览。1957 年，美国 Acoustiguide（爱可声）公司制造了卷对卷磁带放音机。实际上，它是一部录制了讲解内容的磁带录音机。美国富兰克林・罗斯福总统去世后，到总统故居的参观者络绎不绝。其遗孀埃莉诺・罗斯福每天为参观者讲解，渐渐地有些力不从心。为了减轻埃莉诺的辛劳，有人建议可以用刚刚发明不久的录音机把埃莉诺的讲解录下来，让到场的人们自己收听录音。于是世界上第一代语音导览器就这样诞生了，可谓是信息技术在场馆中的较早应用了。后来，美国凤凰城历史博物馆（Phoenix Museum of History）于 1959 年投入使用电子语音导览。

作为最早的电子语音导览，无线电音频讲解已显现出多语种和节省人力等诸多优点。但是它的劣势也是非常明显的。讲解内容是固定的，而且无法回放或暂停，这样既约束了人们的观览路线，也可能会使人们因错过了内容而难以继续。此外，人们在全程专注的状态下是难以同时与他人交流互动的。因此，它们只在少数场馆内得到应用。即便如此，电子语音导览改变了人工语音导览的形式，既减轻了场馆教育者（主要是讲解员）的工作，又为场馆学习提供了音频和实物相结合的服务，同时也为后续导览技术的革新与发展开了先河，奠定了基础[①]。

第二节 20世纪60年代：计算机技术应用于展品信息登记

20世纪60年代，语音导览设计的外观、形式也逐渐多样化，给人带来更好的使用体验。图7-3呈现的就是在1960年，人们在英国科学博物馆中辅助参观所使用的无线电语音导览设备。

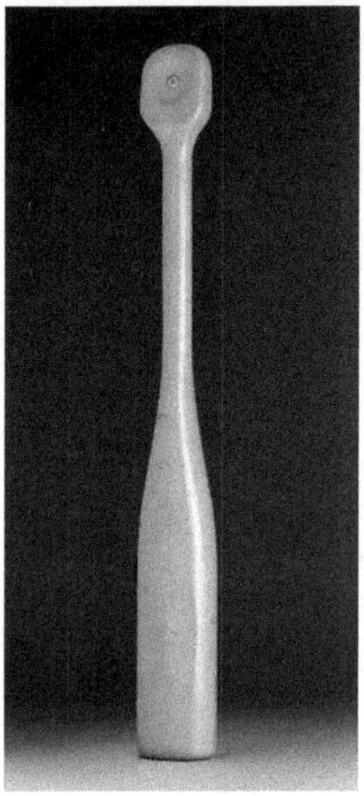

图7-3 1960年英国科学博物馆使用的无线电语音导览

① 赵靓.语音导览的发展及在博物馆的应用——以中国国家博物馆为例[J].计算机产品与流通，2018（4）：236-237.

图 7-4　1960 年人们在英国科学博物馆使用无线电语音导览

在 20 世纪 60 年代，信息技术应用于场馆的典型应用形态还包括计算机技术在展品管理方面的应用。1946 年 2 月，世界上第一台计算机 ENIAC 问世，在人类发展史上具有里程碑式的意义。到了 20 世纪五六十年代，其存储功能也逐渐拓展，应用范围不断扩大。计算机在图书馆领域的应用开始出现。1965 年，美国国会图书馆开始启动机读目录计划（machine - readable catalogue project，MARC project），MARC 现在一般被作为机读格式目录的简称。1966 年，科学家成功研制出 MARC - Ⅰ，随后 MARC - Ⅱ问世，这些使得美国图书馆领域的计算机应用成为现实。计算机在图书检索领域的这些应用为场馆领域的计算机技术引入和使用提供了借鉴。

在少数大型场馆里，人们借鉴图书馆领域的文献存储与管理方法，使用计算机来进行展品的登记和管理，实现了展品信息登记的初步自动化。1967 年美国史密森学会（Smithsonian Institution）实施了一项计划，旨在了解在场馆中实现展品信息化管理的潜力。一时间出现了一些计算机管理系统。1969 年，史密森学会研发的信息检索系统 SIIR（smithsonian institution information retrieval）问世。1968 年，俄克拉荷马大学研发了通用信息处理系统 GIPSY（generalized information processing system），旨在推进以信息检索为导向的整体性数据库为美国各类场馆中进行展品管理所用。

20 世纪 60 年代末期，一些专门机构也成立起来。如博物馆计算机网络组织（museum computer network，MCN）建立，其成员包括了大都会艺术博物馆在内的一批位于纽约的博物馆。博物馆计算机网络组织旨在搭建一个讨论场馆普遍存在的信息方面问题的平台，投入到场馆展品信息自动化登记和管理的研究，期望能解决人文艺术类场馆的计算机技术应用问题，并建立整体的展品管理数据库（collections management database，CMD），成为整个城市、国家乃至全球共享的网络数据库终端。

这一时期计算机价格十分昂贵，体积极为庞大，操作非常不便，在使用时不仅要设置专门的场地，而且还要配备一些专门的计算机操作人员。这些现实情况为计算机在场馆的广泛使用与普及带来了重重障碍，所以，这一时期计算机技术应用于场馆展品自动化记录和管理只是少量而简略的，只是在美国的一些少数大型场馆才得到使用。大多数场馆的展品登记工作依靠的仍然是较为原始的纸质卡片，使用手工的方式进行组织和管理，为展品信息的及时更新带来困难。特别是在展品数量激增的情况下，展品登记人员仍旧忙于建立纸质记录而无暇顾及其他事务。此外，纸质卡片的录入方式显然是不便于检索的，许多关键的、个性化的信息并不能够在常规分类时得到反映，当展品信息被交叉引用时，往往也只能归入一类而舍弃其他类别。不仅如此，此时场馆的展品信息管理十分原始和不完善，也没有准确和完整的档案系统，仅仅依靠场馆馆长和场馆登记员的共同记忆来维系。但是，毋庸置疑的是，将计算机技术应用于场馆中，解决了场馆中存在的一些现实问题，具有开创性的意义。

第三节　20世纪70年代：展品信息管理的自动化

20世纪70年代出现了拨号式的语音导览器。它的外形在今天看来像一部老式的手机，上面带有数字和播放、暂停等按键。在使用的时候，人们只需找到展品旁的号码输入并确认，便可听到相匹配的导览内容，可以自由进入或离开展览讲解的任何部分。人们可以根据自己喜好安排路线，可以只对感兴趣的展品进行深入了解。当然它也有不足之处。由于展品对应的编号相对随机，编号背后的讲解又多为零星片段，所以更适用于主题相对独立的展品；而在注重线性叙事的大型展览中，有时却会破坏故事的连续性。当然它们也存在着弊端，就是拨号式语音导览若缺乏对讲解结构的宏观介绍，则会令人们感到内容混乱，在展览中找不到方向。

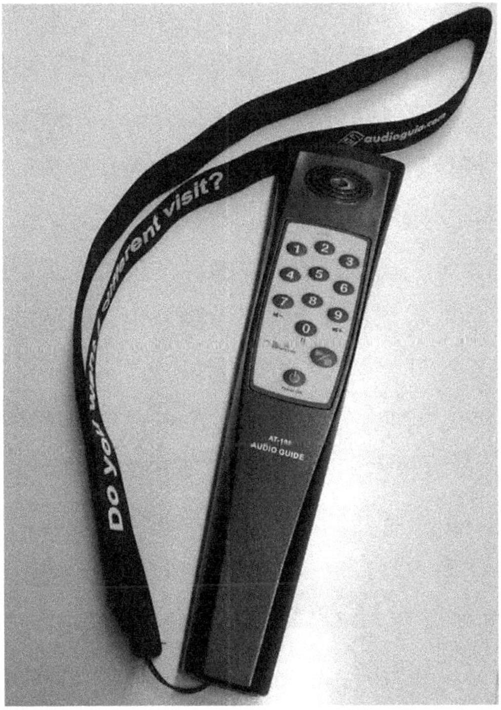

图7-5　拨号式语音导览

在20世纪70年代，信息技术应用于场馆的典型应用形态还包括计算机技术在展品管理自动化方面的应用。1971年，世界上第一台微处理器在美国硅谷诞生，给计算机带来的变化就是体积不断缩小、重量不断减轻，在价格和易操作性上与五六十年代的大型机相比也占有绝对优势，应用领域从科学计算、事务管理、过程控制逐步走向更广泛的范围。

在教育思潮方面，20世纪70年代，整个社会激荡着大教育观的热潮，它突破了传统的就教育而论教育的小教育观，将教育视为社会系统中的一个大系统，教育本身也是一个多样的、开放的、综合的大系统。社会之于大教育，就是池与鱼的关系，即社会是大教育的场域。将人的生存与发展的完整过程视为一个有机整体并纳入教育理论视野，突破了传统学校教育的时间框架与空间边界，包含了学校教育、家庭教育、社会教育，提倡终身教育。这种教育思潮的革新影响了人们对知识的认知和获取知识的方式，使得公众对场馆所扮演的角色提出新的要求，所以场馆的教育功能引起越来越多的关注。为了适应社会的需要，场馆界开始进行一系列的调整，以达到更加适应社会需求的目的。国际博物馆协会重新修订了协会宗旨、场馆定义。场馆被定义为“为社会和社区发展服务的、非营利的机构”，在场馆的几大职能之中，传播与教育被提到空前的高度。

在这样的背景下，场馆开始关注展品的利用、策划展览，开展一些教育活动，也更加注重信息技术在场馆的应用。除了一些大型场馆，一些中等规模的场馆也开始购买小型计算机，以实现展品信息登记的自动化。20世纪70年代早期，史密森学会发布了SELGEM（self - gencrating master）软件，该软件可在不同类型的计算机上使用。它替代了早期的信息检索系统SIIR，其主要目的在于对展品的信息进行管理，实现展品的存储、组织、检索与查询。第一个使用该软件的是美国国家自然历史博物馆。截至1975年，已有超过60家博物馆使用这个软件。除SELGEM之外，还有一些有影响力的软件系统，如ARTIS、ELMS等。这些系统主要使用树形结构的层次化逻辑对数据进行组织，自上而下地对展品进行归类。

但是这些软件在实际操作中也存在一些适用性的问题。由于 SELGEM 的开发是以满足自然历史类博物馆的需求为出发点，因此其数据库模式在自然类和历史类的展品管理上获得了成功，但却不适用于艺术类展品。由于难以形成统一的标准展品管理系统，许多场馆开始自行开发软件系统。到了 20 世纪 70 年代中期，场馆内部不同部门、各个场馆都在建立自己的软件系统，但由于缺乏计算机专业知识的支撑，彼此很难交流，实际工作还是遇到了很多问题，展品信息也难以得到很好的使用。针对这样的实际情况，一些专业组织相继成立，旨在为场馆提供有关展品信息管理方面的计算机、数据库等知识，并帮助他们构建新系统或对已有系统进行改建。博物馆数据库协调委员会（museum data bank coordinating committee，MDBCC）便是这一时期成立的组织之一。它致力于建立数据标准和记录规范，对数据分类进行定义等，以帮助场馆对展品进行有效的组织和管理，为未来数据的共享奠定基础。除了展品管理系统理论和技术的发展，场馆也在尝试开发各种软件包以解决场馆的人员、资金等管理问题。DAMIS（detroit arts management information system）就是一款相对比较完善的商业软件，涉及财务管理、会员管理、资金管理、邮件管理等多个方面，对于非营利性的组织是完全免费的。一些场馆工作人员利用该软件来处理场馆的展品管理等事务。

与 20 世纪 60 年代相比，这一时期，将计算机技术应用于展品管理的场馆数量增多，范围逐渐扩大，有了很大的发展。

第四节　20 世纪 80 年代：多媒体技术的出现

20 世纪 80 年代，电子语音导览的发展历经了从磁带机时代到 MP3、MP4 的过渡。1987 年，美国的专业语音导览公司进入中国，与故宫博物院合作，把故宫的介绍使用语音导览设备进行语音录制后提供给人们。

信息技术在这一时期的重要发展是微型计算机的问世。20 世纪 80 年代，计算机硬件得到很大的发展，计算机提升了处理速度，体积再次缩小，出现了微型计算机，即个人电脑。这种桌面式系统不仅价格更加便宜，而且操作更加直观，大大降低了使用的门槛。信息技术的发展也体现在 20 世纪 80 年代中期多媒体技术的出现。通过计算机把文本、图形、图像、声音和视频等多种媒体综合起来，使之建立起逻辑连接，并对其进行采样量化、编码压缩、编辑修改、存储传输和重建显示，这种多媒体技术的应用不仅扩充了信息的内容和形式，拓展了信息的渠道。多媒体技术的使用扩展了场馆的展览，增强了场馆的交互性，以数字化方式呈现的可观、可感内容对场馆学习者产生了很强的吸引力，满足了学习者的欣赏需求，增强了其体验感。

在这样的背景下，多媒体技术、微型计算机在场馆中的应用也更加广泛。James A. Evans 等曾将便携式计算机、交互式媒体视为解释展品的新范式[①]。根据美国艺术博物馆协会的一项调查，截至 1984 年，美国超过三分之一的场馆已经有了内部的计算机系统。根据国际博物馆协会的调查，截至 1989 年，86%的场馆都使用了计算机。在软件系统方面，依托关系数据库，研究人员开发出了一批商业的场馆展品管理软件。

当然，这一阶段的信息技术与发展也有其局限性，由于场馆展品管理软件在开发之初都是为特定的场馆量身定做的，只能满足特定类型的展品管理需求，因此很难推广至所有场馆。另外，场馆界在数字化展品信息的标准方面未达成一致意见，并且由于展品信息交换标准的缺失，场馆采集的展品信息不完全适应馆际之间交流工作的需要。

① Evans J A. A study of portable computers and interactive multimedia as a new tool for interpreting museum collections [D]. University of Salford, 1999.

第五节　20世纪90年代：互联网的到来与数字场馆的产生

20世纪90年代中期，计算机视窗操作系统（尤其是Windows 95、Windows 98）的问世，这种以面向对象为设计原则的操作系统，相比以往以面向过程为设计原则的DOS操作系统更为便捷，革命性地改变了人机关系，进一步推动了计算机应用的普及。

20世纪90年代以来，互联网技术的深入发展彻底改变了计算机之间相互隔绝、只能靠存储工具交换信息的面貌，为世界范围内分立的个人终端相互连接提供可能，计算机网际间的交流更为普遍。信息技术的发展使得全社会进入信息高速时代，全球的信息以惊人的速度汇聚到一起，并向各个角落传播。依托虚拟空间，整个世界的时空皆被打破，人们的工作方式和生活方式均发生了翻天覆地的变化，人类跃入了一个新的时代——信息时代。以计算机技术和互联网技术为代表的信息技术发展，在20世纪90年代以来更加广泛地被应用到场馆领域，对场馆学习产生了巨大的影响，为场馆学习者提供了多样的资源以支持其非正式学习和远程学习①。

尤其是"数字地球"概念的提出，"数字场馆"成为一种新的形态出现在人们视野中。1998年1月31日，时任美国副总统戈尔在《数字地球——理解21世纪我们所居住的星球》中，首次提出"数字地球"概念，旨在通过用数字化手段来处理整个地球的自然和社会活动诸方面的问题，将地球、人的活动及整个地球环境的时空变化信息，进行多分辨率、多尺度、多时空和多种类的三维描述，以不同空间、时间、物质和能量的多种分辨率进行多维显示，并通过网络提供给需要的人们，为人类的生

① Myrczik E P. Satisfying personal needs at the museum: The role of digital technologies [J]. Mediekultur Journal of Media & Communication Research, 2014, 30 (57): 21.

存、可持续发展和日常的工作、学习、生活与娱乐服务。此后，以“数字地球”理念为基础的“数字国家”“数字城市”“数字医院”“数字社区”“数字校园”等概念开始大量涌现。在这样的背景下，数字场馆(digital museum) 也应运而生。

除了“数字场馆”之外，还出现了一些相近的表述，如虚拟场馆（virtual museum）、电子场馆（electronic museum）、在线场馆（on-line museum）、网络场馆（web museum）、赛伯空间场馆（cyberspace museum）、无墙场馆（museum without walls）等都指代相同的概念。在中国台湾地区，“数字场馆”被称为“数位博物馆”。在这些表述中，“数字场馆”一词的使用频率最高。

1997年麦克唐纳(G. F. MacDonald)对“数字场馆”进行了初步的描述:“实体场馆的展览和Web的超媒体环境具有共同的特征，它们都使用文字、图像、视频等媒体形式进行信息传递，都具有层次化的信息组织等，而虚拟现实技术和三维成像技术促进了数字场馆的进一步发展，使其看上去就像实体场馆。”从字面意思来看，“数字场馆”主要由“数字”和“场馆”两部分构成。后者点明“数字场馆”是个场馆，因此它应该具备场馆的功能，能对展品进行教育、保存、研究、展示和传播利用。对于实体场馆而言，展品是场馆开展一切活动的物质基础。对于数字场馆而言，其展品具有特殊性，“数字”已经说明了其特点。数字场馆赖以活动的基础就是数字形式的展品，既包括实体展品的数字化形式，也包括展品背景信息、研究信息等数字化的信息。展品的存储空间不再是物理建筑空间，而是存储数字化信息的空间；展示空间不再局限于实体场馆，而可将网络空间、虚拟空间作为展示空间。场馆的信息可以通过网络进行广泛传播，随时对人们开放。

所以，数字场馆是运用计算机网络技术、虚拟现实技术、三维图形图像技术等信息技术，将存在于现实中的实体场馆以数字化形式呈现。它不仅保留了实体场馆的功能，并且能进行更好的延伸和拓展。能够突破时间的限制，使得观看展品无须在特定的时间进行；能够突破地域的限制，使更多的学习者不用亲临实体场馆而实现参观浏览；能以场馆资源为内容，通过建立展品信息的网络链接，实现虚拟参观，为学习者带来模拟现场的逼真体验，可以用于辅助学生课堂学习和人们终身学习；能提供专题展览，整合多媒体网络技术，通过全新的交互方式增强人们的学习体验；还可以通过社交媒体进行互动交流等。

数字场馆主要包括两个方面的内容：一方面是在实体场馆中借助信息技术的应用，搭建数字展厅，实现展品的数字化展示；另一方面是依托互联网，搭建网上虚拟场馆，实现展品的在线数字化展示。数字展品信息可以被无限地复制、存储和加工，还可发布在网络上供学习者进行浏览和下载，促进了场馆展品的广泛传播。此外，展品数据资源还可以将不同地域的展品以一定的特征联结起来，改变展品本体因分散保管在各个场馆中而很难集中研究和展示的现状，以最低的成本实现最广泛的信息共享，使得学习者可以方便地检索和查询展品数据，为研究和集中虚拟展示展品提供了极大的便利。

在实践方面，数字场馆的建设也渐渐产生和发展起来，在世界范围内涌现出一系列成果。1990 年，美国国会图书馆启动了“美国记忆”（American Memory）计划，可看作是“数字场馆”思想的早期实践，标志着世界场馆界的数字场馆建设理念由理论探讨走向实际建设所迈出的具有重大历史意义的第一步。20 世纪 90 年代初，美国伊利诺斯大学的 Kraanet 艺术馆率先在互联网上建立网站。虽然 Kraanet 艺术馆当时只是在网站上放置了少量的藏品、展览图片和场馆简介等相对简略的信息，但是它却开创了场馆网站建设之先河，并且为其他场馆提供了借鉴。根据盖蒂艺术历史信息项目（Art History Information Program，AHIP）的一项调查，截至 1995 年，美国被调查的 81%的艺术博物馆已经把馆藏的展品进行了数字化，47%的场馆建设了网站。欧洲地区的发展亦毫不逊色，一些著名场馆和文化机构，如法国巴黎卢浮宫博物馆、英国大英博物馆、伦敦国家画廊、梵蒂冈教廷博物馆等，也都于20世纪90年代中期开始了数字化建设。

针对20世纪80年代展品信息交换标准缺失这一问题，90年代更多的场馆从业者和机构继续进行网络环境下信息管理系统标准化的尝试、研究和探索，成果斐然，为数字场馆的发展提供了更多技术上的可能性。如1990年博物馆计算机网络组成了博物馆信息交换联盟（Computer Interchange of Museum Information，CIMI），旨在为场馆的数字信息交换建立标准方式，许多大型场馆如英国自然史博物馆、美国史密森研究院等都加入了该组织。博物馆信息交换联盟自成立以来，积极推动几项相关研究与计划，大力发展标准架构（Standards Framework），致力于信息结构化及信息交换标准的研究及其应用研究等，使场馆资源得以有效的传输和利用，促进场馆之间的资料交流与分享，实现区域间、国家间的相关资源共享。此外，90年代末，关于构建数字化博物馆的标准研究也在这时取得了突破，如国际博物馆协会下的国际文献委员会（International Committee for Documentation，CIDOC）制定了国际标准——The CIDOC Information Categories，涉及场馆展品对象的所有权、展品的历史背景和检索对象等多个方面。

这一时期人们关于场馆的议题也随着技术的发展而有了一些新的变化。1992年第十六届国际博协大会的主题是“场馆职能的再思考”，1995年第十七届国际博协大会的主题是“场馆与社区”，1998年第十九届国际博协大会的主题是“驾驭变革——面对经济和社会挑战的场馆”，等等。从这些大会讨论的主题可以看出，国际博物馆协会在不断探索如何顺应社会和时代的发展，把场馆融入社会。人们共同关注将信息技术应用于场馆的诸多方面，展品数字化、网络的利用和数据共享、数字化展品资源的版权等成为重要的议题。

人们为了促进理论研究和探寻一些新方法，开展交流和合作，相关组织会定期或不定期地举办一些学术会议，如博物馆计算机网络协会

（Museum Computer Network）所举办的年会、场馆文献协会（Museum Documentation Association）所举办的年会、美国博物馆和图书馆服务研究所（Institute of Museum and Library Services）每年举办的 WebWise 会议和国际文化遗产信息学会议等。

这一时期，场馆研究者讨论和研究的对象范围更加广泛，其研究深度也有了新发展，从开始关注如何将计算机技术和数据库技术运用到场馆的展品登记和管理，到研究建档和数据描述的方法，以及探讨元数据标准问题；从将信息管理系统运用到场馆的展品管理，到将信息管理的理念运用到整个场馆系统；从展品信息的数字化转化，到场馆展品信息的数字化利用；从场馆信息内部的整合和利用，到场馆之间的信息交流和共享；从场馆实体馆内的基于信息的多媒体展览的构建，到网上在线展览的建立以及完整场馆的虚拟再现；从场馆信息用于服务实体场馆内的教育活动，到扩展到在线教育活动的实施，特别是通过网络将教学资源带入课堂；从关注场馆自身的发展需求及目的，到了解学习者对场馆的信息需求，以及研究和分析实体馆学习者和在线学习者的需求差异。这些研究变化使得更多的研究人员开始重新审视场馆的社会作用、场馆与学习者之间的关系、场馆专业人员与学习者之间的关系等问题。

一些与信息技术应用于场馆相关的学术期刊也陆续涌现出来。2000 年《美国信息学会杂志》（*Journal of American Society for Information Science*）所发行的一期名为“场馆信息学与网络”的专刊，探讨场馆与信息化、网络的相关议题。2002 年《策展人杂志》（*Curator*）发行一期名为“技术与场馆”的专刊，探讨场馆与信息技术和网络技术等方面的问题。2004 年《数字图书馆杂志》（*Journal of Digital Libraries*）发行一期名为“数字场馆”的专刊，探讨数字场馆的内容及其建设等问题。此外，还有一些杂志专门将场馆信息化的议题作为征稿内容的一个方向永久地固定了下来。

与信息技术应用于场馆相关的书籍也开始出版。Ross Parry 的《场馆的新定义：数字传承与技术变革》（*Recoding the Museum: Digital Heritage and the Technologies of Change*），介绍了计算机技术与场馆之间交互的发展史，拓展了场馆新的文化角色。Paul F. Marty 等的《场馆信息化：人、信息与技术》（*Museum Informatics: People, Information, and Technology in Museums*）一书，阐述了信息技术对场馆从管理、运营到展陈等各个方面的改变。Bautista 和 Susana Smith 出版的《数字化时代的场馆：地域、社区与文化意义》（*Museums in the Digital Age: Changing Meanings of Place, Community, and Culture*）介绍了数字时代下场馆在社会、文化、交流中角色的转变。Herminia Din 和 Phyllis Hecht 编著的《数字场馆：思维新导向》（*The Digital Museum: A Think Guide*）、Ross Parry 编著的《数字时代的场馆》（*Museums in a Digital Age*），以及 Katherine Jones-Garmil 编著的《网络场馆：浮现的技术与改变的范式》（*The Wired Museum: Emerging Technology and Changing Paradigms*）等介绍了数字场馆的特点、发展、运营等情况。还有 Keene 所编写的《数字展品：场馆和信息时代》（*Digital Collections: Museums and the Information Age*）、Thomas 等的《虚拟和现实：场馆中的媒体》（*The Virtual and the Real: Media in the Museum*）等。这些出版物在场馆界及相关机构获得了一致好评，为相关的理论研究和实践提供了诸多指导。

这一时期是场馆发展史上的重要历史时期，在理论研究、技术应用尤其是数字场馆的实践等方面取得了丰硕的成果。Hooper-Greenhill 曾感慨于“后场馆时代”[①] 的来临，Federica Palumbo 提及的“museum 2.0”[②] 已然实现。

---

① Hooper-Greenhill E. Museums and the Interpretation of Visual Culture(Museum Meanings)[M]. Routledge，2000.

② Palumbo F，Dominici G，Basile G. Designing a mobile app for museums according to the drivers of visitor satisfaction [C] . 1st International Conference on Management，Marketing，Tourism，Retail，Finance and Computer Applications，2013.

毋庸置疑，数字场馆的发展仍然存在着一些局限性。虽然数字场馆的出现在一定程度上突破了展品的时空范围，丰富了展品的展陈方式，扩展了展陈内容，但是数字场馆的信息传递很多仍然是单向传递模式，很多场馆只是简单地把实体场馆或部分展品搬到网上，这导致了数字场馆所提供的信息的时效性、真实性、交互性和现场体验感与实体场馆存在巨大的差异。

第六节 21 世纪以来：新兴信息技术涌现和智慧场馆初见端倪

数字场馆可能存在的一些问题，只有通过新一代信息技术实现更彻底的感知、更广泛的互通、更深入的智能化，才有望弥合这些不同层面的信息断层，充分发挥场馆服务大众、服务社会的职能。如果说 20 世纪 90 年代的数字场馆时代运用展品数字化技术和互动展示项目是场馆开始迈向信息化、现代化的重要步伐的话，那么进入 21 世纪以来，围绕移动互联网、智能手机、移动应用等发展起来的新兴媒体形态，使得信息化、现代化逐渐走向深入。曾经在浩瀚文化海洋中静处一隅的各类场馆也逐渐接纳新媒体并受其影响，变得“酷”了起来，从“阳春白雪”开始走向“下里巴人”。

步入 21 世纪以来，技术发展突飞猛进，以移动设备为载体，以移动通信网络技术与移动计算技术的融合为特征的“移动技术”已然是现阶段一种新兴的技术形态，越来越无缝地融入我们的生活。移动电话、智能手机、平板电脑等移动设备越来越小巧精致，功能越来越强，应用越来越广泛，在全球范围内的普及与扩散速度如火箭般迅速，超越了以往任何一种技术的扩散速度，渐渐成了物美价廉的寻常之物。移动互联网塑造了全新的社会生活形态，互联网对于整体社会的影响已进入到新的阶段。2012年国际博物馆协会以“处于变革世界中的博物馆：新挑战、新启示”（Museums in a Changing World：New challenges，New inspirations）为主题，预示着场馆也在以更加开放的姿态对待包括新媒体在内的日新月异的数字技术。

移动设备具有便携性、社会交互性、情景敏感性、连通性、个性化等特性，移动应用及其资源具有开放化、多样化、免费化等特征，它们所提供的与他人和环境的各种交互“将带来新的策略、实践、工具和资源，从而实现泛在、普适、个性化、永远在线连接的学习承诺”①，对场馆学习产生了深远影响。人们利用无线移动通信技术及无线移动通信设备获取场馆的展品信息、资源和服务，并在适当的情境下通过移动技术实现丰富交互，主要有以下特征：（1）学习形式移动便捷。借助于一些便携式移动设备，在没有时间、地点的制约下开展场馆学习活动。（2）学习活动更具情境性。学习活动是与情境相关的。移动技术将人们置身于可信的、适当的使用情境，依据学习者所处情境的变化而创造出有意义的学习资源，为情境学习提供了支持，学习者利用移动设备，可以通过技术实现交互和学习，使场馆学习真正突破时空限制，使学习发生在真实的自然、社会情境中。（3）提供just-in-time的学习内容。移动学习设备必须能够有效地呈现学习内容，而且通过移动技术提供学习者与他人、资源之间的有效交互。（4）实现方式数字化。依赖于移动通信技术与数字化学习技术实现场馆展品内容与服务信息的无线网络化传输，实现学习设备的数字化和展品资源的数字化。

新媒体改变了场馆与人之间的基本面貌，甚至重新界定了场馆学习的内涵与外延。在这样的背景下，一些新媒体的改革实践也在进行之中。据2009年美国新媒体联盟发布的《地平线报告》提出，博物馆和教育机

---

① Naismith L，Lonsdale P，Vavoula G，et al. 移动技术支持的学习新进展［J］. 远程教育杂志，2008（1）：4-13.

构计划在一年内采用移动设备。乔治·梅森大学的历史和新媒体中心发布了一项研究报告《用于场馆的移动技术》（*Mobile for Museums*）[①]，其中介绍了当时移动技术在场馆领域的发展情况。在报告中提到，人们开始认识到通过移动设备为观众提供信息，与公众进行交流，从而吸引新观众、取悦老观众的巨大潜力。艺术博物馆在利用移动设备辅助参观过程、增强参观体验方面，走在了其他类场馆的前列。这些展览提供策展人和艺术家讨论的简短视频以及部分藏品图片和视频。据美国博物馆协会对全美 50 个州、1000 余座博物馆进行的一项《2011 年博物馆移动技术应用调查》，结果显示，42% 的博物馆已向观众提供移动设备信息服务，当年增长速度最快的移动平台为智能手机应用程序，“移动捐赠”也成为博物馆移动项目开发重要动力之一。调查报告还预言，随着博物馆人对移动技术扩大观众群、推广、创收等方面潜能的逐步认识，应用移动技术的比例还将提高。

我国场馆向新媒体开放的大门也在逐渐打开。微博在一段时间内成为场馆使用率较高的新媒体。正式由博物馆机构开通并得到认证的微博有近百个，故宫博物院、国家博物馆和各省的知名博物馆的官方微博均在其中。场馆 APP 也成为场馆与公众交流的新平台，如“文博任我行”APP、苏州博物馆的新媒体导览“无线苏博无限体验”等。

近年来，以物联网、大数据、云计算、情境感知、虚拟现实、增强现实、人工智能等为代表的新一代信息技术不断涌现，为场馆的进一步发展和提升注入了新的动力。再加上“智慧地球”理念的产生，“智慧场馆”代替了“数字场馆”，成为一种新的场馆形态出现在人们视野中。智能感知、泛在互联的智慧场馆初见端倪。

---

① Leon S. Mobile for Museums［EB/OL］.［2019-9-17］. http：//chnm.gmu.edu/labs/mobile-for-museums/.

第八章 信息技术应用于场馆的地域的考察

随着信息技术的发展，世界各国都非常重视将信息技术应用于场馆，相关研究与实践在国际范围内开展得如火如荼。从世界范围来看，欧洲各国尤其是英国起步较早，美国是世界上场馆学习发展最为成熟的国家。无论是在场馆学习理论的创建方面，还是在场馆学习的实践探索方面，都对其他国家的发展产生了深刻的影响。本章从国家与地域层面，对信息技术在场馆中的应用进行考察。

第一节 美国

美国是世界上拥有场馆数量最多的国家之一。美国场馆种类繁多，几乎涉及社会生活的各个方面，综合历史类约占50%，艺术类约占15%，自然科学类约占15%，其他类约占20%。据美国博物馆与图书馆服务协会（Institute of Museum and Library Services，IMIS）统计，境内场馆数量已达30000多座[①]。美国有3亿人口，平均不到1.2万人就拥有一

① 郑奕.博物馆教育活动研究——观众参观博物馆前、中、后三阶段教育活动的规划与实施［D］.复旦大学，2012.

座场馆。几乎所有城市至少有一座美术画廊和场馆，并且新馆还在各地不断出现。不仅场馆数量多、规模大，而且管理和运作机制非常成熟和完善，在美国人的日常文化生活中发挥着独特而显著的作用。当前世界排名靠前的十大博物馆中，史密森博物院和纽约大都会博物馆来自美国。

美国的场馆事业开始并不早，是在欧洲的影响下开始起步的。美国最早的场馆是 1750 年美国哈佛大学的珍品收藏室，主要收藏化石，专供校内师生教学使用，不对外开放。到了 1773 年，在美国南卡罗来纳州查尔斯顿城，建成了第一座公共场馆，展品内容主要涉及本州的自然和历史内容。1905 年，美国密苏里州圣路易斯教育博物馆的创建是一个具有里程碑意义的事件。该馆是美国公立学校系统中的第一个专司教学媒体的行政管理单位，也是第一家专门面向教育的博物馆。初期收藏的主要是教具、静态图片、图形、图表、立体图等内容。后来随着视听技术的发展，该馆中开始大量收藏包括幻灯、投影片、电影和录音等在内的视听媒体材料。它不仅接受教师和学生前来参观，视听媒体材料还可以外借，为整个圣路易斯地区的学校提供教学材料，作为日常课程学习中不可或缺的重要资料来源，这些做法都有效辅助了当地学校的教学。

到了 20 世纪 80 年代，美国兴起了一场“新博物馆学”运动，“以社区为核心的、多学科的、开放型的场馆思维和实践”得到了各界及社会的共识，倡导“以人为本”的理念，强调场馆在终身教育中的作用。在这种理念下，伴随着信息技术的发展和在信息传播中的应用，场馆信息化的进程也得以快速发展起来。

可以说 20 世纪 90 年代的“美国记忆”计划开启了美国数字场馆建设的新篇章。1990 年，美国国会图书馆启动“美国记忆”计划，将国会图书馆及其他机构内的文献、手稿、照片、录音、影像等展品进行系统的数字化处理和存储，并编制成系列的专题作品，将其作为教育和终身教育资源服务大众。起初的 1990—1994 年间，该计划将数字化加工的成果制作成 CD，分发给有关机构，受到使用者的一致好评。随后，越来越多的个人和部门都提出了资源的需求。由于基于 CD 的资源共享形式存在效率低、成本高的缺点，因此该计划逐步以资源数据库为基础通过互联网来实现信息的传递和共享。人们可以通过网站查找和获取相关信息，如图 8–1 所示。

图 8–1　美国记忆网站

“美国记忆”到 2000 年基本上完成了 500 万件展品的数字转换和存储工作，资源库仍然处于不断扩充之中，为更加全面和详尽地反映美国的历史、文化和艺术等做出了贡献。数字场馆是一个以场馆为主题，结合计算机多媒体技术应用，通过“电子媒介存取与历史、科学或文化相关的数字化影像、声音档案、文件及其他资料的集合体”。所以从这个角度来讲，“美国记忆”计划的实施可以看作是美国数字场馆的早期实践。

1993 年，美国政府提出了“国家信息基础设施”建设计划，这一计划被形象地称为“信息高速公路”计划，并在全世界掀起了信息基础设施建设的滚滚热潮。美国国家信息基础设施建设把数字场馆和图书馆列为重要的组成部分，大力进行研究和发展。同年，美国视觉资源协会(Virtual

Resources Association，VRA）建立了数据标准委员会（Data Standards Committee，DSC），为网络环境下的可视化资源建立相应的元数据标准，用以满足管理网络环境下视觉资源的需要，并于1996年推出了视觉资源核心类目。在场馆实践层面，许多场馆已建立起自己的网站，提供展览介绍、藏品信息、教育资料等内容，其目的在于吸引更多的学习者到实体场馆，如旧金山探索馆、波士顿科学博物馆、明尼苏达科学博物馆、俄勒冈科学和工业博物馆、加州科学博物馆等。

随着多媒体技术与互联网技术的发展，1995年，美国正式建成场馆互联网系统，将诸多场馆的展品信息数据库纳入网络传播系统，使得场馆展品的信息突破了时空的限制。美国的数字场馆建设开始了成熟发展的道路。例如，美国纽约的“虚拟古根海姆美术馆”（Guggenheim Virtual Museum）就是利用计算机及数字媒体艺术将现实场馆中的珍贵文献、手稿、照片、影音资料等进行数字处理的一个虚拟的环境，是美国新世纪的第一座虚拟场馆。

1996年，美国加州大学伯克利建筑学院和国际学术机构虚拟系统与多媒体协会（International Society on Virtual System and Multimedia，VSMM）联合建立了“虚拟遗产网络”（Virtual Heritage Network，VHN），旨在推动信息技术在自然遗产和文化遗产的教育、解说、保护和保存工作中的应用。该网络因在文化遗产数字化领域的贡献得到了联合国教科文组织的认可，并承担了该组织的多个重大项目，被看作文化遗产数字化领域中的“样板工程”。这个网络平台的宗旨在于研究和推广新技术，以及探讨数字技术在文化遗产的保护和传播方面的作用。

1998年美国副总统戈尔提出“数字地球”概念。在数字地球的背景下，数字场馆的实践也得到了快速发展。21世纪初，新的数字场馆不断涌现，形式也不断多样化。许多早期建成的数字场馆在不断进行改善性工作，更好地服务于学习者。如旧金山探索馆在2010年的网站改版中将目标人群细分为8类，为不同人群量身定做科普内容，为目标人群提供精细化的服务。

之后随着移动互联网的发展与移动终端的普及，自带设备、移动应用以其便携性、个性化等优势在场馆中也迅速普及开来，成为给场馆学习及传播产生广泛影响的新兴技术。正如美国大都会艺术博物馆 CEO 坎贝尔所说，应用程序（application，简称 APP）可作为一个小型可定制工具，人们只需滑动手尖就可走进大都会。无论是纽约市民，还是想要掌握大都会最新消息的全球观众，都将从中获得非凡体验。移动应用创造了一种简单且个性化的方式，让人们找到最想要了解的艺术、展览和活动。美国大都会艺术博物馆开发了移动应用“The Met”、美国丹佛艺术博物馆的应用程序 DAM_SCOUT APP、美国史密森博物学会的一系列应用程序等，为人们提供了丰富多彩的内容。

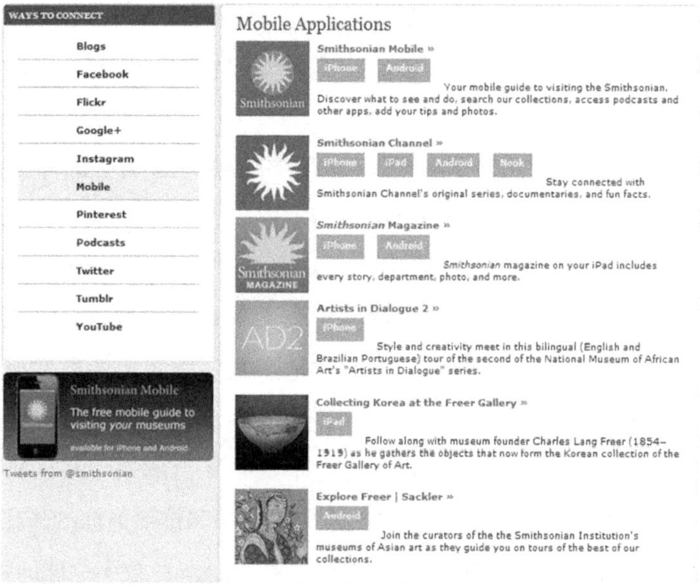

图 8–2 美国史密森学会博物馆开发的移动应用（部分截图）

建于 1869 年的美国自然历史博物馆（American Museum of Natural History）是世界上规模最大的自然历史博物馆，也是美国主要自然历史研究和教育中心之一，其古生物和人类学的收藏在世界各博物馆中占居首位。在移动应用程序的开发方面，针对特定展区的教育活动开发了诸如 Dinosaurs iPhone APP、Creatures of Light、Pterosaurs：The Card Game、MicroRangers、Pterosaurs：Flight in the Age of Dinosaurs、The Power of Poison：Be a Detective、Bernard Family Hall of North American Mammals、Beyond Planet Earth 等应用程序。人们在参观前将应用程序下载到移动设备中，在参观过程中若遇到“11AR”的标志，就可利用 APP 对其解锁，观看 3D 动画。

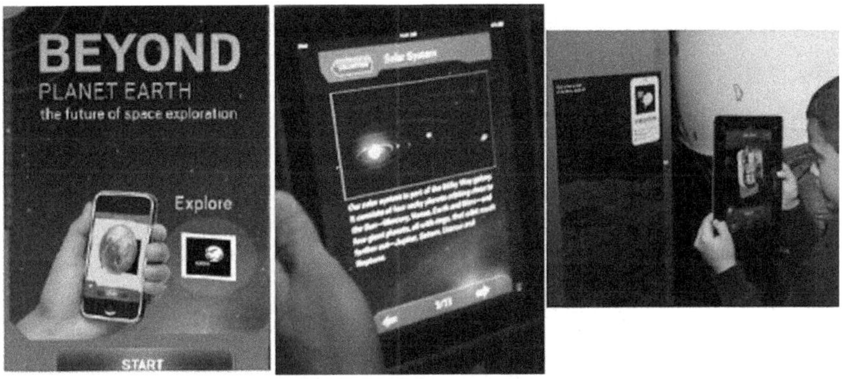

图 8–3　超越地球应用程序主界面及使用

近些年来，随着大数据、云计算等技术的蓬勃发展，美国也开启了智慧场馆的建设。比如美国盖蒂美术馆采用计算机控制的光照调节系统，馆内始终保持着明亮柔和的自然光照，使绘画作品既有足够的观赏体验，又最大限度地保护作品不受紫外线损害。在自然光线不足的时候，人工光照系统自动进行必要的补充，甚至完全使用最接近自然色温的灯光照明。美国克利夫兰美术馆利用射频识别（radio frequency identification，RFID）技术感知学习者位置信息，收集学习者行为，提供更好的服务，提升展陈的水平。位于美国纽约的大都会博物馆，建设了特色的信息化系统，包括面向馆内管理的综合业务管理系统及藏品安全的智能安防系统等。统一的综合业务管理系统便于场馆更高效地开展相关业务工作、资源共享，以整体满足社会服务、业务管理和藏品安全保护需求。

第二节 欧洲各国

巴塞特（Bassett）在1992年说道：“无论英国还是世界上的其他地方，都没有一个全面综合性的场馆学习发展史。”这一方面说明相对于场馆的收藏、展示等功能而言，其作为教育与学习的场所还是一个新兴的领域，未能引起更多的关注。另一方面，也说明了英国在场馆学习发展史上留下了浓墨重彩的一笔。在信息技术应用方面，英国也走在前列。在20世纪60年代，英国科学博物馆将无线电语音导览设备应用于辅助参观。英国科学博物馆在互动展览方面也一直是世界同行中的佼佼者。到了20世纪90年代，英国也开启了数字场馆的建设。1994年，大英博物馆建立了多媒体馆藏数据库，并允许人们通过互联网进行远程访问，观赏馆内精美的藏品。

以卢浮宫为代表，法国的场馆发展也是如火如荼。卢浮宫原为一座古堡，在16世纪中叶文艺复兴时期改建成王宫，历经数百年，因其华丽的建筑和珍贵的收藏而成为巴黎的一颗璀璨明珠，今天它拥有的40多万件藏品是经几百年的积累而形成的。1792年，法国公共教育委员会向国民议会提出的《关于普遍建立公共教育的报告及法律草案》中，明确提出“更加完善的图书馆，拥有更加广泛资料的博物标本室，更大规模的植物园、药园等，都是教育手段”，规定了开放场馆和植物园的任务。在这样的背景下，加上法国大革命的推动，1793年，法国政府将卢浮宫改建成国家艺术博物馆，1793年8月10日向公众开放。卢浮宫的开放意义重大，它带动了欧洲其他一些国家原属于皇室专有的宫殿和收藏也相继对外开放，如西班牙的普拉多宫、梵蒂冈的博物院等。同时还陆续有一些地方性博物馆建成以及私人收藏室开放。1995年2月25—26日，欧盟在布鲁塞尔召开了七国集团“信息社会部长级会议”，提出了信息化社会的“全球信息目录计划”“电子图书馆”“电子博物馆和艺术画廊”“跨文化教育和培训计划”等 11 项示范计划。该会议被视为西方主要发达国家在社会信息化进程中的一个重要里程碑。会议将全球数字图书馆计划与数字化场馆计划等确立为全球信息化的重要组成部分。其中的“电子博物馆和艺术画廊”指的就是数字场馆，它包含了自动化登记、数字化管理、信息共享等内容，使得数字场馆的建设更加明确。在这样的背景下，法国数字场馆建设也拉开大幕。1995 年 3 月，法国国家图书馆完成了该馆图书和艺术精品的数字化存储工程。1995 年 7 月 14 日，法国巴黎卢浮宫博物馆网站正式启用。欧盟赞助法国信息与自动化研究院开展“Aquarelle”计划，支持欧洲各国场馆与相关机构通过网络共享各自的数字展品资源，进行文化传承。

2000 年欧盟委员会开始致力于文化遗产的数字化工程和创建网络虚拟场馆的工作，并在其后的 5 年间，在各成员国之间积极寻求文化遗产网络的合作共建。2002 年，由德国科隆应用科学大学负责管理和运营，建立了“欧洲文化遗产网络”（european cultural heritage network，ECHN），其目标包括：连接各国中央政府服务机构和遗产机构（2004 年有 31 个参加国）；提高公共官方信息和科学知识的利用率；为遗产保护创建在线工作手段；鼓励发展欧洲文化内容并尊重语言多样性；结合使用开放源代码、功能和免费软件，加强文化领域的研发工作，为自学和终身学习奠定基础。在欧盟的推动下，2002 年，卢浮宫馆长亨利 · 卢瓦雷特宣布开始数字场馆改造计划，提出要努力成为世界上拥有最完备教育功能的虚拟场馆。2004 年 7 月 7 日，正式推出新版的卢浮宫数字场馆，集成了 3.5 万件馆内公开展示的展品以及 13 万件库藏绘画的数字资源，提供了法语、英语、西班牙语和日语 4 种版本。2005 年，卢浮宫网站增加了电子商务功能。

2007 年 9 月，“欧洲虚拟场馆”项目以绝大多数的投票得到了欧洲议会的支持。2008 年 11 月 20 日，“欧洲虚拟场馆”正式对公众开放，它以实体博物馆为依托，资料来自欧盟 27 个成员国，纵跨欧洲 2000 多年的人文历史，内容涉及文学、历史、艺术、电影和音乐等多个领域，集数字图书馆、档案馆和各类场馆于一体。网站界面亲和度高、互动性强，受到了世界各地参观者的喜爱。

随着大数据、物联网等技术的发展以及“智慧地球”理念的提出，欧洲也开启了智慧场馆的旅程。如卢浮宫于2012年4月与IBM合作开展了号称欧洲首个智慧博物馆项目，采用智慧场馆管理系统对建筑、展品、人员等进行精细化管理、可视化管理、智能化管理，还可以提供3D虚拟访问、三维互动地图、智能导览路线等智能化的服务，人们可以更方便地获取展览信息、规划导览路线等。意大利斯科罗维尼小教堂采用环境监测与管理手段助力保护。针对各种壁画病害搭建环境监测系统，这些监测主要包括教堂内外的污染物浓度变化、教堂内外墙体空间温度的变化、教堂内空气流动的状况等，通过控制的光照、通风和温度，对教堂内珍贵壁画实施了卓有成效的保护。大英博物馆的智慧场馆涉及了全新语音导览、谷歌探索应用、智能安防系统、能耗管理系统等内容，为人们提供更丰富直观的导览服务，并使场馆运行更加安全、智能、节能。其中语音导览极具特色，能提供个性化服务。

2011年2月1日，谷歌与世界各地场馆合作推出“谷歌艺术计划”。该计划是谷歌文化学院三大项目之一，主要利用谷歌街景技术拍摄场馆内部实景，并且用精度高达70亿像素的设备拍摄馆内历史名画，供全球用户欣赏。计划推出时，来自9个国家的17个场馆的1000件展品上线。“艺术计划”支持包括英语、法语、日语和葡萄牙语在内的18种语言。2012年4月，谷歌宣布在全球范围内开展“艺术计划”，并公布了线上场馆的数量已增加到151个、涵盖的国家和地区达40个、艺术品数量超过30000件，其门类也由单一的绘画作品拓展至纺织品、玻璃制品和陶瓷制品等。加入计划的场馆有纽约大都会艺术博物馆、泰特美术馆、白宫、法国凡尔赛宫、英国国家美术馆和伊斯兰艺术博物馆等。

第三节 中国

缘起于公元前 5 世纪的孔子庙堂，起步于清末张謇创设的南通博物院，我国的场馆在中华人民共和国成立后特别是在改革开放以后获得了蓬勃的发展。信息技术在我国场馆中的应用在 20 世纪 70 年代初见端倪，在 20 世纪 90 年代末以后发展更为迅速。

一、中国大陆地区

20 世纪 70 年代末，在国内场馆内已经有一些信息技术的初步应用。到了 20 世纪 90 年代末，信息技术的运用伴随着互联网的发展而快速发展。

1998 年，故宫博物院完成了光纤线路的综合布线，开始进行数字化藏品的登记著录尝试。2000 年 6 月，正式提出建立“数字故宫”的计划，与日本凸版印刷株式会社签订合作书，开展“故宫文化遗产数字化应用研究”。2001 年 7 月，数字故宫网站开通，网站定位于以全方位地展示故宫博物院丰厚的文化底蕴，满足一般学习者、文博爱好者、专家学者三类学习者的需求。它具有简体中文、繁体中文以及英文、日文 4 个版本，共有“故宫博物院概说”“紫禁城游览”“藏品精粹”“网上博物苑”“紫禁城宫殿”“专家论坛”“故宫藏书”等 14 个板块，网页内容包括图片 4000 余张、文字 600 多万字。

敦煌研究院在 20 世纪 90 年代末也开始了“数字敦煌”的探索和研究。1999 年 4 月，敦煌研究院与美国梅隆基金会、美国西北大学合作，对莫高窟开始壁画数字化处理，标志着敦煌数字化的开始。“数字敦煌”有两层含义，一是将数字技术引入敦煌遗产保护，将洞窟、壁画、彩塑及与敦煌相关的一切文化遗产，进行数字化采集和加工，加工成高智能数字图像，建立资源数据库，并利用互联网向公众提供服务；二是将分散在世界各地的敦煌文献、研究成果、相关资料通过数字处理，汇集成电子档案，进行资源整合。经过多年的建设，敦煌研究院已建立成内容丰富、资料充实、展示多样的“数字敦煌”。

1999年初，中科院计算机网络信息中心基于中科院数据库信息资源，科普博览采用Web技术和多媒体技术建立了虚拟馆群——中国科普博览。同年10月25日，中国科普博览首先发布了4个虚拟场馆。随后的几年，中国科普博览不断创新和发展，将虚拟博物馆从4个扩展到70多个，初步形成了以“万物之理、生命奥秘、地球故事、星宇迷尘、科技之光、文明星火”六大展区为主的虚拟场馆群，内容覆盖了自然科学和社会科学等领域，由于其知识性、科学性、趣味性，获得了公众的好评。截至2009年中国科普博览成立10周年之际，该网站累计访问量约6000万人次。中国科普博览是中国最早的虚拟场馆群，开启了我国虚拟场馆建设的征程。

2000年以来，随着一系列国家政策文件的出台，信息技术应用于场馆呈现了井喷式发展态势。2001年12月，国家文物局下发了关于发布《博物馆藏品信息指标体系规范(试行)》和《博物馆藏品二维影像技术规范(试行)》的通知。同年，财政部与国家文物局联合启动了“文物调查及数据库管理系统建设项目”，旨在借助数字化手段进行文物调查。2001年底，国家“21世纪教育振兴行动计划”启动了“现代远程教育网上公共资源建设——大学数字博物馆建设工程”项目。从基础信息建设，到数字场馆建设，到计算机展品信息管理系统研发、网站升级更新、数字化展陈展示，再到移动应用程序开发、沉浸式互动体验服务等项目全方位启动。从数字化场馆资源来看，“文物调查及数据库管理系统建设项目”截至2011年完成了全国31个省市2636家场馆的约166万件/套珍贵文物展品和约137万件一般文物展品的数据化采集工作。“大学数字博物馆建设工程”截至2012年建成了北京大学地质博物馆、中山大学生物博物馆等数字场馆，内容涉及地球科学、生命科学、人文学科与艺术和工程技术等多个领域。数字化展品资源已达90000余件。

2005年，为了集成现有数字化科普资源，发挥网络科普的更大效能，经国家科技基础条件平台领导机构确定，中国科学技术协会作为牵头部门，国家教育部和中国科学院作为参加部门，共同承担“中国数字科技馆”项目。目的在于把分散的、各种形式的可利用科普资源进行优化、集成和数字化入库，搭建为全社会提供科普资源共享服务的平台。“中国数字科技馆”汇集了丰富的图片、动漫、音像、报告、展品等数字化科普资源，为社会各界的科普创作和科普工作提供资源共享服务。2006年底，“中国数字科技馆”在网上正式运行。2007年11月，“中国数字科技馆”获得了世界信息峰会颁发的“最佳电子科学奖”。2006年，由北京市文物局、北京市信息化工作办公室、北京市科学技术协会主办的“北京数字博物馆”网站正式开通，网站汇集了北京157家有实体的科普场馆，分别归入自然科学馆、社会科学馆、综合博物馆、趣味动漫馆等门类中。此外，还将没有实体博物馆对应的数字博物馆纳入其中，归为虚拟博物馆类，包括科学与艺术数字博物馆、北京中医药数字博物馆和北京民俗数字博物馆等。除了政府主导、区域整合形式下的数字场馆外，各地方场馆以及各机构也陆续推出大量的数字场馆项目，如2003年9月北京市中医管理局开通“北京中医药数字博物馆”，是第一个中医药数字场馆；2006年6月中国非物质文化遗产保护中心开通“中国非物质文化遗产数字博物馆”，是第一个非物质文化遗产数字场馆；2008年5月15日北京奥组委开通“北京08数字博物馆”，这是中国第一个奥运数字场馆。

伴随着移动互联网的发展与移动终端的普及，移动应用的设计与开发也日渐丰富。2003年，故宫博物院完成了以虚拟现实技术、计算机实时3D建模技术等渲染制作的《紫禁城·天子的宫殿》，在其部分展厅中也设置了多媒体展示设备和电子画廊，学习者也可以在线选择参观，并可参与互动交流。随后陆续对其进行完善，分别完成了《三大殿》（2005年）、《养心殿》（2009年）、《倦勤殿》（2010年）等。关于移动应用，故宫博物院推出了3D故宫应用软件，可以通过虚拟的主人公的视角游览故宫，系统还带有每个内容的语音讲解，将有趣的历史知识与全景式故宫图像结合起来，使人足不出户领略故宫的无穷魅力。2014 年故宫正式发布了首款儿童类移动应用《皇帝的一天》，带领儿童深入清代宫廷，了解皇帝一天的衣食起居、办公学习和休闲娱乐。近年来故宫发布了韩熙载夜宴图应用程序，让人们在手机上就能体验韩熙载夜宴场景。之后又陆续推出了每日故宫、清代皇帝服饰等应用程序，为人们带来丰富的体验。

图 8–4　故宫应用程序

场馆与企业的合作也在不断推进。2012 年 1 月，百度百科在与中国国家博物馆、中国古动物博物馆、中国地质博物馆、北京天文馆、湖南省博物馆和陕西历史博物馆等 8 家知名博物馆合作的基础上，推出了百度百科数字博物馆。整合了大量的数字资源，在页面元素统一化、模板化和浏览器的通用性、页面加载速度等方面做了积极的优化和改进，通过文字、图像、解说音频、动画、虚拟现实等多种方式进行展示，极大丰富了人们的感官体验。2012 年，谷歌“艺术计划”进入中国，陆续有 7 家机构加入，分别是北京金台艺术馆、北京尤伦斯当代艺术中心、湖南省博物馆、金沙遗址博物馆、香港文化博物馆、香港艺术馆和台北“故宫博物院”。

随着虚拟现实、增强现实、大数据、人工智能、物联网等技术的发展，我国智慧场馆也开始进入起步阶段。2012 年国家文物局的重点课题“中国智慧博物馆建设可行性研究”初步提出了我国智慧场馆建设的具体内容和发展思路。2014 年底，秦始皇帝陵博物院、内蒙古博物院、广东省博物馆、甘肃省博物馆、金沙遗址博物馆、苏州博物馆被国家文物局确定为智慧博物馆试点单位。敦煌莫高窟建立了涵盖莫高窟大环境、洞窟微环境、展品、场馆学习者、场馆教育者等在内的综合智能监测系统。这一系统能够准确掌握莫高窟洞窟环境变化，提前预警各种自然威胁，实现对洞窟环境与人员的精细化管理。上海世博会中国馆综合运用网络定位、RFID 与视频监控等采集技术，并采用大屏幕等进行展示，建立了世博园区人员的实时监控与引导系统。2018 年上海博物馆在多年信息化建设的基础上，建成了大数据中心，整合了场馆内的“人”与“物”的数据信息，进行智能化管理，提供智能化的服务。湖北省博物馆也正在打造 5G 智慧场馆，“5G 智慧博物馆”APP 同步上线，人们能“秒”获展品的内容信息，同时通过增强现实导览的方式进行参观，也可进行“乐”主题编钟 VR 体验、“兵”主题古战场 VR 体验、双重互动体验。这些探索与实践是对场馆智慧化的有益尝试，推动了我国场馆从数字化向智慧化的升级转型。

二、中国台湾地区

在中国台湾地区，信息技术在场馆中的应用在 20 世纪 90 年代变得更加广泛起来。1998 年，中国台湾地区科学委员会开始实施“数位博物馆”计划，其目的在于整合场馆资源，建设一个具有本土特色的场馆。其内容涉及在网络上开发有意义、高品质的主体系统，建立“数位博物馆”合作发展机制与环境等。作为此计划的先行实践，1998 年台湾自然科学博物馆与台湾暨南大学合作，将馆藏的蝴蝶标本及其生态照片进行数字化处理，并建立了“蝴蝶生态面面观”的主题网站，以方便进行场馆宣传。此外，1998 年台湾研究院语言所、史语所、民族所和台史所联合将平埔资料数字化，并建立了“平埔文化资讯网”，主要展示中国台湾地区少数民族平埔族群的生活、历史和文化。网站上主要有“数位博物馆”“数位图书馆”“学园”“文化园区”“平埔论坛”等内容。随后许多场馆都争相拿出自己的主题提案参与“数位博物馆”计划。如台北“故宫博物院”以“故宫文物之美系列一、二”加入此计划，分别建立了“明代珐琅工艺”“宋代书画册页之美”等主题网站，以充分展示器物、书画、文献等展品的魅力。“数位博物馆”计划的实施推动了中国台湾地区各大场馆、教育机构的信息化建设，特别是场馆的展品数字化工作和网站建设工作。

2001 年，中国台湾地区“科学技术委员会”实施了“台湾典藏数位化专案计划”，台湾自然科学博物馆、台北“故宫博物院”以及相关机构参与。2002 年，在台湾大范围开展“数位典藏计划”，将展品资源进行数字化处理，并建立资料库，通过网络向公众开放。该计划设置了 16 个专题小组，包括动物、植物、人类学、考古、器物和建筑等。通过小组的设置，可分享经验、相互学习，共同讨论和解决技术问题。2008 年，科学技术委员会将以前的计划进行合并，形成了一个完整的“数位典藏与数位学习科技计划”，旨在呈现多样性藏品，深化数位学习。比如台湾自然科学博物馆开通了“数位博物馆”专栏，对一般大众、学术研究人员、学校师生、亲子儿童开发分众化的数字资源，分别是自然与人文数位博物馆、数位典藏学术研究资源网、小学学习资源网、儿童数位博物馆。针对学校师生，还开发了虚实整合动画教材。对于学校师生，参观活动分为参观前、参观中、参观后三个阶段，参观前可以先到资源网预约参观行程，并下载相应学习单（每个活动为教师提供活动指引，为学生提供活动参观单），在参观过程中，老师带领学生观看活动剧场动画与平板设备介绍说明。后由导览人员带领学生开始参观行程，完成平板上的相应任务。参观结束后，可通过小学资源网观看参观的学习下载与分享，并可到“个人化博物馆”观看相关的延伸推荐内容。

2001—2007年，台北“故宫博物院”的“数位故宫”项目也得到了迅猛的发展，不仅参加了“数位典藏”计划，而且于2001年配合台湾相关部门的工作实施了“故宫文物数位场馆与价值应用计划”，大力建设主题网站，开发基于影像、动画等多媒体形式的展览内容。2003—2007年又实施了“故宫文物数位学习”计划。台北“故宫博物院”数位化工作已经在典藏、应用和教育三方面展开，通过网站向观众提供服务，目的是给台湾场馆界从事数字化工作的人员提供学习交流的平台，以及推广台湾地区场馆的科技应用成果。

随着虚拟现实、增强现实、大数据、人工智能、物联网等技术的发展，中国台湾地区也开始了智慧场馆的建设。如台北“故宫博物院”将引进5G技术，打造智慧场馆，带给人们全新的体验。

第九章　信息技术给场馆学习变革带来的可能性

美国新媒体联盟《地平线报告》旨在预测未来5年内技术在教育领域内发展的趋势，有基础教育版、高等教育版，具有一定的风向标作用。自2010年以来开始发布场馆教育版（NMC Horizon Report—Museum Edition），报告从近期趋势（1年内）、中期趋势（2～3年）、远期趋势（4～5年）三个阶段，分析了以场馆作为教育的重要场所，应用新兴信息技术开展场馆学习的潜能与方法，为场馆学习提供具有借鉴意义的参考。一项来自西班牙维戈大学学者Fátima Braña Rey、David Casado-Neira等（2013）的调查研究表明，在学习者对场馆的关注点中，对信息技术的关注（38.1%）位列第四，仅次于展品（76.1%）、信息（48.7%）、导览（46%），“ICT（information communication technology）技术对场馆中的学习者，具有特殊的吸引力和独特的潜力”[①]。

---

① F á tima Braña Rey,David Casado-Neira.Participation and technology：perception and public expectations about the use of ICTs in museums［J］. Procedia Technology，2013，9：697－704.

那么，信息技术用于场馆这一类特殊场景中，必然有着与学校、企业等场景的不同之处。需要重新思考与检视信息技术给场馆学习变革带来的可能性，这也是非常值得我们追问及深思的问题。

第一节　助力场馆学习的信息技术

与场馆学习最具有相关性的信息技术主要分为四类，即数字化展示与交互技术、数字化资源开发与保存技术、感知与适应技术、跟踪与分析技术。数字化展示与交互技术极大地丰富了展品的呈现与交互方式，数字化资源开发与保存技术则为场馆学习提供了丰富的数字资源与有效的保存架构，感知与适应技术、跟踪与分析技术等的创新应用则极大地展现了场馆学习的个性化与体验化特征。这些技术结合在一起，有力地推动了场馆学习的数字化、智能化转向与重构。

一、数字化展示与交互技术

展品数字化展示主要是利用数字技术，对展品进行数字化后再呈现的方式。这样的展示方式主要是利用现代信息技术将展品进行数字化、影像化，然后利用现代投影技术将数字影像呈现在人们面前。场馆展示陈列中的数字化演绎主要有互动式呈现与非互动式呈现两种方式。

（一）电子显示屏

随着技术的不断成熟，电子显示屏的造价成本越来越低，且通过这种视觉冲击能够加深学习者的印象，实际效果非常显著，所以电子显示屏已经被广泛应用于各类场馆，是较为常用的呈现方式。除了最基本的平面放映之外，LED 技术还能够支持立体式放映。

（二）立体电影

立体电影主要包括3D电影和4D电影两种。3D电影模拟了人类观察物体的双眼效应，利用现代信息技术，形成左右眼视差进而产生立体纵深感非常强的画面，人们只需要佩戴专用的3D眼镜便可观赏身临其境般的立体影像。4D电影是以3D电影为基础，增加震动、坠落、吹风、电闪雷鸣、喷水、烟雾、气泡、鸟语花香等多种特效，形成一种特殊的表演形式，使得受众视觉、嗅觉、听觉和触觉等各种感官融为一体的立体电影。

（三）幻影成像

幻影成像也称虚拟成像，是一种利用光学反射原理，将所拍摄的影像视频投影到立体模型景观中进行展示的技术。在场馆中，幻影成像多用于固定实景造型融合动态人物幻影的场景展示，模型实景同虚拟动态画面融合，演绎故事情节与情景场面，营造亦幻亦真的视听效果。它适用于大场景的展示。一些发达国家早在20世纪90年代就已经开始在场馆运用幻影成像技术，我国现在也有很多场馆运用幻影成像技术进行展览展示。如在四川金沙遗址博物馆中，其中有一处描绘金沙人生活情境的场景展示，在已经搭建好的金沙人生活环境场景里，利用数字投影技术进行实景投影，将金沙人具体的生活小场景投射在场馆搭建的生活环境中，采用的是打造虚拟影像与实景有效结合的展示方式，丰富了场景展陈的趣味性。

（四）360度全息成像

360度全息成像技术是利用光的衍射原理，在柜体实景中再现物体真实的三维图像的技术。其特点是场馆学习者可以不通过任何辅助设备，即可看到悬浮在展柜内立体的影像，给学习者以直观的感受。立体影像可以是静止的，或是动态的。场馆传统的展示方式很难呈现展品全貌，人们通常只看得到展品的一个视觉平面，即便置于中心柜展示，也只有正方向的平面观察角度好，上下以及一些斜方向上都非常困难。采用360度全息成像技术，除了增强了人们的体验感，给人以视觉上的冲击，更重要的是三维物体可以旋转展示实物的各个侧面，显示平时看不到的部分，让人们全方位、多角度地观察展品。一些文物、珠宝、汽车的展览展示多采用该技术。

（五）巨幕投影

巨幕投影技术就是利用多个投影系统组合而成的多通道显示系统，比一般的标准投影系统具有更大的显示尺寸、更广的视野、更高的显示分辨率、更多的呈现内容和更具沉浸感与冲击力的视觉效果。对于投影画面拼接中出现的画面内容与投影光线的重叠部分，采用边缘融合技术，消除光线重合部分的多余亮度，调节不同投影机之间的颜色差异，保证整幅画面上无任何接缝，亮度及色彩均匀一致。根据反射表面的差别，可分为平面投影、弧（环）幕投影、穹幕投影、地幕投影等。弧（环）幕投影技术是采用多台投影（通道）设备，组成环形投影屏幕，弧度通常介于100度到360度之间(低于360度的环形投影屏幕被称为弧幕投影)，是一种视听高度沉浸的虚拟现实系统。由于其屏幕呈环形，能够完全覆盖观众的视角范围，在环绕立体声系统的配合下，使得场馆学习者身临其境，特别适合天文馆展示与地球、宇宙相关的科普教育等内容。在展品展览中，除播放宣传短片和展品视频，弧（环）幕投影技术还可以用来展示古代绘画，例如上海世博会中国国家馆中展出的超大型数字版《清明上河图》就是采用弧（环）幕投影技术进行数字化呈现。

（六）数字沙盘

数字沙盘是通过多媒体技术及计算机程控技术结合数字投影所实现的，可以充分体现事物之间的空间环境，达到一种惟妙惟肖、变化多姿的动态视觉效果。一般而言，数字沙盘分为两种：第一种是在原来传统的沙盘模型基础上增加了多媒体投影系统。第二种是互动的三维数字沙盘，可以实现一定的交互效果。与传统的沙盘模型相比较，数字沙盘更加直观，给人一种全新的体验。

（七）电子触摸屏

电子触摸屏展示系统被许多场馆用于导览和展厅介绍，是对场馆多媒体展示功能的必要补充。人们通过对触摸屏进行触摸或点击操作，可自助地播放相关声音、文本、图形、图像、动画、视频等展示内容，对其他传统展示方式具有重要的辅助作用。就展示目的而言，主要可分为两类：一类是场馆的总体简介及简要导览，另一类是所在展区（厅）的展品简介。经过对场馆基本情况、展览内容及展品信息等各类相关信息的数字化处理，把所要展示的内容放置于触摸屏上。如 2011 年中国台湾地区的台北“故宫博物院”展出的《富春山居图》数字版，具有电子触摸屏互动性参与的应用，人们可以通过电子触摸屏与江水中垂钓的老者进行互动，画面里时间的推演改变是由互动产生的，画面中时而表现出老者钓鱼的场景，时而表现出江面的其他场景。人们还可以从江面上捞起浮萍，然后再放入水中，水面荡开一圈圈涟漪，这丰富了展品的呈现方式，增加了趣味性，同时也增加了展品的数字艺术表现力，拓宽了数字艺术内容的边界①。

（八）互动游戏

一些场馆针对儿童和部分成年学习者推出了电子多媒体游戏，主要意图在于增加趣味性，让人们在互动娱乐中放松身心，学到相关的知识。例如，利用电脑视频技术和绘图软件结合传统京剧脸谱图案，让人们自

① 盛瑨．博物馆展示陈列中的数字艺术应用研究［D］．南京艺术学院，2017.

行设计电子京剧脸谱；利用电脑音乐合成器等相关设备加上中外传统乐器，让场馆学习者自行作曲；利用智能虚拟技术，实现人机交互，如上海科技博物馆机器人展厅的学习者与机器人进行对话或下棋等互动。如南京科举博物馆的互动展区有大型的互动游戏。该互动游戏展台由两部分组成，一部分是立于墙壁之上的出题台，另一部分则是桌面答题台。场馆学习者可以通过参与回答出题台的古诗词填空等题目，获得“金榜题名”。当学习者“金榜题名”时，出题台的屏幕中将通过视频捕捉到答题者的影像，并在其头顶上出现一个状元帽，以此来提高参与的娱乐性和趣味性。

（九）互动影像

除了触摸以外，一些场馆还采用了红外线感应、摄像头感应等多种方式产生互动影像。如四川阆中罗经博物馆的“地面罗盘历史长河脉络互动影像”，采用摄像头感应、机械装置和互动投影结合，在阐述罗盘发展的历史脉络的过程中对地面时间节点进行交互，场馆学习者通过脚踩影像节点触发投影，投射出相应的罗盘历史介绍，内容丰富，手法新颖，给人带来不同的体验。“指南车天象感应互动影像”通过交互感应，触动指南车的方位发生变化，不同的方位代表时间和季节，引起顶部天象中二十八宿的星象变化，以此来说明中国历法对应天象的科学原理，对传承中国传统文化有很重要的作用[①]。

（十）虚拟现实、增强现实、混合现实

虚拟现实技术是利用三维图形生成技术、多传感交互技术及高分辨率显示技术，生成三维逼真的虚拟环境，使用者戴上特殊的头盔、数据手套等传感设备，或利用键盘、鼠标等输入设备，便可以进入虚拟空间，

① 盛瑨．博物馆展示陈列中的数字艺术应用研究［D］．南京艺术学院，2017.

成为虚拟环境的一员，进行实时交互、感知和操作虚拟世界中的各种对象，从而获得身临其境的感受和体会。增强现实技术是以虚拟现实技术为基础的，是通过计算机图形学以及计算机视觉技术将虚拟物体叠加到现实场景中，进而生成一个虚拟物体与真实场景无缝融合在一起的新环境，同时人们可以与此新场景进行实时交互。混合现实被广为接受的定义由Paul Milgram给出，是指虚拟世界和真实世界同时呈现在一个显示设备中。他提出了“真实—虚拟连续统”的概念，将真实世界与虚拟现实作为连续统的两极，增强现实和增强虚拟位于轴线中间构成了一个连续统。混合现实可以位于虚拟连续集极值间的任何位置。

虚拟现实、增强现实与混合现实的概念是有区别的。简单来讲，在虚拟现实中人们仅能感受到由计算机构建的完全虚拟的三维空间，割裂了人们与现实的联系。增强现实是虚拟现实的进一步发展。在增强现实中人们可以将所需信息以三维的形式呈现于身边真实世界的指定位置，然而虚拟信息与周围真实环境并不存在交互，真实感较差。混合现实是增强现实的进一步扩展，它通过环境感知技术感知周围真实环境的几何信息，可以随意放置任意量的三维虚拟信息在真实环境之中。并且三维虚拟信息可以与真实世界发生物理交互，如果虚拟物体足够真实，人们很难辨别什么是真实的，什么是虚拟的，真实感、沉浸感更强。混合现实的主要特征是虚实结合、实时交互、三维显示、情景交融、真实感强、沉浸感强。混合现实技术可以为泛在学习构建出真实的学习情景、呈现三维的学习资源、采用自然的交互方式等提供了技术支撑。

如位于重庆的中国三峡博物馆利用虚拟现实技术使参观者体验水下白鹤梁风貌。这个展览分为三个部分。第一部分是“白鹤梁的由来”，人们穿越回古代，乘船行驶在如诗如画的长江江面，欣赏“朱真人成仙”“诗人提笔白鹤梁”等场景；第二部分“伟大工程”中再现了白鹤梁的建造过程，场面宏大，使人震撼；第三部分是“水下畅游”，人们化身“潜水员”在水下畅游，时而与水下题刻零距离接触，时而与长江珍稀鱼类嬉戏。而表现清末时期的《增广重庆地舆全图》则使用了混合现实技术。人们通过使用 HoloLens 全息设备，仿佛置身于清末时期街道重庆店铺、码头等场景中，通过虚实内容的相互结合与互动，理解物品内在的故事，从而提供了全新的交互式参观模式的范本①。

（十一）自然用户界面

自然用户界面是指一类无形的用户界面，人们以最自然的交流方式（如轻点、滑动等触屏方式，手掌和胳膊运动、身体动作，表情和声音等）与机器互动，它允许学习者参与虚拟活动，采用类似于他们在现实世界中用到的动作，直观地操纵内容。在场馆中的应用如数字涂鸦墙等。数字涂鸦墙可以让学习者在其表面任意涂画，并对画进行屏幕截图上传到网络上和社交媒体平台上。它是便携式的、可定制的，并且可以安装在不同环境中。如法国利莫 Petiet 博物馆开发了一个名为“Digital Interlude”的体感（Kinect）装置，它利用 Kinect 传感器和一个巨型 LED 屏幕，将人们的全息图投射到墙壁上，增加了趣味性。

二、数字化资源开发与保存技术

随着信息技术的发展，越来越多的场馆开始应用文字、图片、图像、音频、视频甚至三维扫描建模等数字化方式记录与存储资源。场馆数字资源是基于场馆的物理环境进行的二次设计与开发，在设计的时候需要注意结合展品的特点、资源的表征形式等多方面因素进行采集、设计、开发与保存。

（一）数字化采集技术

数字化采集技术是运用数字方法，按照数字化的工作流程，对不可移动文物、可移动文物与展品，制定不同的数字采集方案，校准色卡、

① 刘华成．智慧博物馆的新实践［N］．中国文物报，2018-11-16（06）．

对采集图片进行色彩管理、确定拍摄精度和拍摄扫描方法等，使用采集设备、激光三维扫描仪，高精度、高保真扫描等相关硬件设备进行数据采集，通过计算机专业图形软件和数字三维建模软件等对展品的多图像数据进行分析计算，最终生成完整详实的数字化数据。

三维激光扫描技术具有非接触式、快速、高精度、高分辨率的成像效果等诸多优势，可系统、精确地采集文物的各种信息，包括尺寸、纹理等细节，全面、系统化的数字信息采集与记录为展品的修缮保护、虚拟展示、监测及进一步研究提供精确的数据支持。通过三维激光扫描技术获取全息影像，再结合运用虚拟现实技术、计算机网络技术、立体显示系统、互动娱乐技术、特种视效技术，还可将现实存在的实物以三维立体的方式完整呈现于网络上，加强数字场馆的建设，把枯燥的数据变成鲜活的模型，引领场馆进入参与交互的新时代。

（二）数字化资源开发技术

资源开发技术是指以展品为中心的数字化内容创作及相应的新型互联网出版技术。资源开发技术已被初步应用于场馆的数字化资源建设与管理中。但就目前的应用范围与水平来看，仍有较大的提升空间。原因在于硬件设施的建设耗费了场馆过多的资源与精力，而相关内容资源的发展与应用却被忽略，加之资源开发与管理的成效需要长期坚持才能看到，这更加剧了这一技术应用的相对滞后。但据权威机构预测，数字化出版技术将会在场馆领域取得非常广泛的应用，如此便会产出大量数字化场馆学习资源，而对这些资源的开发与管理就需要相应的信息技术作为支撑。

（三）数字保存技术

在场馆学习中应用较为广泛的资源开发与知识管理技术主要包括数字保存与开放内容技术。数字保存技术的核心是为每一件展品提供数字化的细节资料支撑，使其能够跟上时代与技术的发展，满足人们的认知习惯。云存储技术是当下常用的数字保存技术。它是通过集群应用、网格技术或分布式文件系统等功能，将网络中大量各种类型的存储设备通过应用软件集合起来协同工作，共同提供数据存储和业务访问功能的一个系统，可以用来保存实时生成的数据，也可以用于数据的归档与长期保存，在一定程度上保证数字信息永久的可存取性和确保存储系统的可靠性。

目前，数字保存技术在场馆领域内应用的主要问题是来自政策与战略方面的挑战。有调查数据显示，2008 年以来，只有 7% 的场馆发布过自己的数字保存政策或战略，而同期图书馆与档案馆的比例则是 48% 和 45%。场馆在数字保存的政策或战略上已远远落后于同类机构。借助于开放内容技术，场馆展品便成为数字化的网络资源，这些可供公众传播、利用与重组的资源构成了开放内容。近年来，在开放内容的开发中，展品的知识产权、所有权等问题持续引起社会各界关注。一方面，从理想角度出发，场馆应走在开放内容模式的最前沿；但另一方面，出于现实考虑，则需要在资源共享与尊重原创之间找到平衡点，这样才能实现可持续发展。

三、感知与适应技术

在场馆中，根据情境信息识别学习者的学习情境类型，诊断学习者的个性化学习特征及学习需求，提供有效的导览建议，呈现个性化的场馆学习资源，为学习者提供个性化的导览服务。

（一）二维码感知技术

二维码是在水平、垂直二维空间上存储信息的一种条形码，一般印制于纸质或物体表面，在使用的时候，通过图像输入设备、光电扫描、手机终端等进行扫描识别，具有低成本、较强的纠错能力、抗干扰、高速全方位识读等优点，现已十分广泛地应用于社会生活的各个领域。由于其使用的便捷性、交互的实时性等，二维码感知技术在场馆境脉中也得到了广泛的应用。扫描场馆提供的二维码，场馆学习者可以查询自己感兴趣的展品及相关背景知识，并通过网站链接，获得其他期望获得的文本、视频、音频等信息，对展品的年代、材质、文史知识、技法技艺等相关知识做进一步了解，比较年代、材质相仿的展品，或链接出其余与之有联系的未展出的展品。二维码技术就是提供了这样一种自由选择学习的途径，简单的二维码扫描即可以将展品的全面信息直接呈现在场馆学习者的眼前。

（二）RFID 技术

RFID 即无线电射频识别技术（radio frequency identification，RFID），是自动识别技术的一种，通过无线射频方式进行非接触双向数据通信，利用无线射频方式对记录媒体（电子标签或射频卡）进行读写，实现无接触信息传递，并通过所传递的信息进行识别。它的优点是识别距离比较远，速度快，存储容量大，可以多次擦除再写，由于读写距离远，还可以实现无线通信。但它也有缺点，就是与二维码感知技术相比，成本比较高。在场馆领域内，一般将无线射频识别技术用于辅助管理展品，如为每件展品添加电子标签以便高效共享，设立展品的电子存档以实现展品出入库的实时动态管理，展品库房实时监控等。也有学者将 RFID 技术应用于场馆学习者研究，如秦始皇帝陵博物院使用射频识别技术实现了对学习者行为数据的采集，通过对场馆学习者携带的电子标签发出的射频信息，对场馆学习者行为进行自动监测，为场馆学习者行为研究提供了重要的技术支持①。

① 彭文，程乾宁，戴少婷．基于物联网相关技术的观众行为研究——以“考古工作者手札：2009—2012 秦始皇帝陵考古纪实”展为例［J］．中国博物馆，2015（2）：61-65.

（三）传感感应技术

传感器是一种检测装置，能感受到被测量的信息，并将其按一定规律变成电信号或其他所需形式的信息输出，以满足信息的传输、处理、存储、显示、记录和控制等要求。传感感应技术是基于传感器感应的技术，是利用声、光、电、热、力学、化学、生物等来采集需要的信息，如温度传感器、湿度传感器等、生物传感器、磁敏传感器等，在医疗器械、汽车与交通等领域均有较为广泛的应用。尤其是智能传感技术——即智能方法技术在传感器及系统中的应用会使传感器的性能得到明显的改善，它不但能扩展传感器的应用范围、提高传感器的精度和可靠性，而且能找到包含在传感器中的更深层次的信息，从而提供以往难以获得的数据，使人们更好地了解对象的本质特性，以对其实现更恰当的改造和控制。

（四）ZigBee 技术

ZigBee技术是一种新兴的远距离、低复杂度、低功耗、低成本、高容量、短时延、工作频段丰富的双向无线通信技术，它采用自组织网通信方式，具有很高的网络安全性、稳定性和抗干扰能力。根据节点的不同角色，ZigBee 可以分为全功能设备和精简功能设备。ZigBee 网络中有 3 种类型的设备，即协调器、路由器和终端设备。作为传感器与骨干网的桥梁之一，ZigBee 起到了一网多用的良好效果。

（五）情境感知技术

情境感知就是通过智能手机或可穿戴设备应用软件等“感知”到当前的环境和情境，从而利用环境和情境信息为用户提供更为人性化的设计体验。情境感知推荐系统，就是基于情境感知的推荐，能够主动或被动地获取到用户所处的情境信息，从而为用户提供符合其情境信息的推荐服务。在情境感知推荐系统中，情境信息对于提高推荐系统的推荐精度来说是非常重要的，怎样把情境信息融入推荐过程中，这是情境感知推荐技术的研究重点。

在人与物品、人与人交互的过程中，总是能够利用当前人或物所处的情境信息来强化交互作用。在当前所处的环境中，对双方的交互具有强化作用力的信息就是情境。一个推荐系统在进行推荐过程中，如果它能根据学习者的基本信息和所处的情境信息来综合分析学习者的真实需求，为学习者提供满意的推荐服务，那么我们就说它是基于情境感知的推荐系统。情境感知就是通过智能手机或可穿戴设备应用软件等“感知”到当前的环境和情境，从而利用环境和情境信息为学习者提供更为人性化的设计体验。情境感知技术存在的意义就是它可以根据获取到的学习者的基本信息和用户当前所处的情境信息，对其进行综合分析，从而对学习者的兴趣爱好进行更为准确的猜测，向学习者提供满意的推荐①。

（六）基于位置的服务

基于位置的服务（location based services，LBS）是利用各类型的定位技术来获取定位设备当前的所在位置，通过移动互联网向定位设备提供信息资源和基础服务。定位技术是确定目标的位置或方向的技术，常用的定位技术有 GPS、红外线定位技术、无线蓝牙技术、超声波定位技术、磁场定位技术等。

GPS 定位技术。利用一组卫星的伪距、星历、卫星发射实践等观测量来实现。要获得地面点的三维坐标，必须利用 4 颗以上卫星进行测量。GPS 接收机可接收到准确至纳秒级的时间信息：接收机对码的量测就可得到卫星到接收机的距离。按定位方式，GPS 定位分为单点定位和相对定位。单点定位就是根据一台接收机的观测数据来确定接收机位置的方式，可用于车船等的概略导航定位。相对定位是根据两台以上接收机的

① 梁卓越．基于情境感知的个性化推荐算法研究与应用［D］．中北大学，2017.

观测数据来确定观测点之间的相对位置的方法，定位精度很高。

红外线室内定位技术。红外线室内定位技术定位的原理是红外线（infrared Radiation，IR）标识发射调制的红外射线，通过安装在室内的光学传感器接受红外射线，然后通过计算进行定位。虽然红外射线具有较高的室内定位精度，但由于光线不能穿过障碍物，使得红外射线仅能以视距传播。当标识放在口袋里或者有墙壁及其他遮挡时就不能正常工作，因此，红外线适合短距离传播，而且容易被荧光灯或者房间内的灯光干扰，在精确定位上有局限性。

超声波定位技术。超声波测距主要采用反射式测距法，通过三角定位等算法确定物体的位置，即发射超声波并接收由被测物产生的回波，根据回波与发射波的时间差计算出待测距离。有的则采用单向测距法。超声波定位系统可由若干个应答器和一个主测距器组成，主测距器放置在被测物体上，在微机指令信号的作用下向位置固定的应答器发射同频率的无线电信号，应答器在收到无线电信号后同时向主测距器发射超声波信号，得到主测距器与各个应答器之间的距离。当同时有 3 个或 3 个以上不在同一直线上的应答器做出回应时，可根据相关计算确定出被测物体所在的二维坐标系下的位置。超声波定位整体精度较高，结构简单，但超声波受多径效应和非视距传播影响很大，同时需要大量的底层硬件设备投资，成本较高。

无线蓝牙技术。蓝牙技术通过测量信号强度进行定位。这是一种短距离、低功耗的无线传输技术，在室内安装适当的蓝牙局域网接入点，把网络配置成多用户的基础网络连接模式，并保证蓝牙局域网接入点始终是这个微微网的主设备，就可以获得用户的位置信息。蓝牙技术主要应用于小范围定位，其优点在于设备体积小，易于集成在掌上电脑、个人电脑以及手机中，因此很容易推广。理论上，对于拥有集成了蓝牙功能的移动终端设备的用户，只要设备的蓝牙功能开启，蓝牙室内定位系统就能够对其进行位置判断。采用该技术作室内短距离定位时容易发现设备且信号传输不受视距的影响。其不足在于蓝牙器件和设备的价格比较昂贵，而且对于复杂的空间环境，稳定性稍差，受噪声信号干扰大。

磁场定位技术。利用磁场传感器阵列，对磁偶极子（磁铁或电磁线圈）运动产生的磁场强度变化进行测量。一个目标的定位一般有三维位置和三维方向6个参数的确定，所以需要6个以上传感器。为了提高定位精度，可以使用更多的传感器，然后利用优化算法寻找最合适的磁体位置和方向参数。

四、跟踪与分析技术

由于场馆学习是自由选择学习，学习者对于关注什么、从场馆学习经历中获取什么，都是个体化的。更多的内容是很难通过标准化的方式测量的，所以可以收集一些过程性的、外显的信息，如行为、面部表情等。

（一）动态跟踪技术

场馆学习是自由选择的学习，学习者在场馆中的行为会受到环境、认知错位、他人干扰、场馆疲劳等种种因素的影响而发生变化，行为具有不确定性，所以很难捕捉动态过程。借助动态跟踪技术，可以有效捕获学习者信息。动态跟踪技术指的是通过人脸识别、动作捕获、情感计算、眼动跟踪等方式记录学习者在场馆中与展品之间的互动、与他人之间的互动等方面的表现，追踪其在场馆中的学习行为和轨迹，分析学习结果，建立学习者模型。

人脸识别技术。人脸识别特指利用分析比较人脸视觉特征信息进行身份识别的一种计算机技术。其具有以下几个优点：（1）非强制优点。人脸识别无须接触，只需要用摄录机或摄像头采集含有人脸的图像或视频并自动追踪，场馆学习者在正常行为中、在无意识状态下即可完成人脸识别的特征采集，无须配合采集设备进行匹配动作。（2）自然性优点。人脸特征与其他生物特征来源于自然，如虹膜和指纹一样不易被复制，唯一性的优点更好地保证了身份鉴别的排他性。（3）复合性优点。在实际环境应用中，人脸识别可以进行多人同时采集并各自识别归纳，并且在多任务情况下不相互干扰。比如广州科缔欧电子科技有限公司开发的场馆人脸自动识别系统，可以在学习者无知觉的情况下自动记录其参观信息，该系统基于人的脸部特征信息进行身份识别。通过人脸图像采集及检测、人脸图像预处理和人脸图像匹配与识别，实现面部特征识别。而且可以基于双目识别技术，获取到学习者的深度及三维信息（目标高度信息，提升目标行为分析和多目标检测的准确率；目标位置信息，提升多目标检测；目标间距检测、目标深度信息，提升多目标位置远近的判断），基于深度学习的人群智能分析系统，能够实现大场景人群异常状态监控，大大提高了场境内人数统计的精确性，为决策提供强有力的技术支撑。深度学习的人群分析系统，通过输出人群密度和安全指数，全方位描述人群异常状态，有效地对人群活动进行预判，为用户在事前提供精准的信息，帮助用户进行各项决策。

动作捕获技术。通过光学系统、惯性传感系统等捕捉场馆学习者的动作，如走路、跑步或者小幅度变化或静态姿势动作等。光学动作捕捉系统由多台高速红外摄像机构成，被测者需要全身佩带捕捉标记，捕获精度较高，尤其是近几年廉价、具有深度感知的光学动作捕获装置 kinect、leap motion 的出现，引发了体感互动热潮。这类光学捕获装置主要具有深度感知，采用结构光、飞行时间或者双目视觉技术。但是，光学类动作捕获设备普遍具有范围、遮挡、户外、光线、高速移动和人数等限制。动作捕获的另一类技术和产品是基于惯性传感的动作捕获系统，如 XSens MVN、MEMS 等。Unity3D 以其优秀的设计环境、方便快捷的设计流程、易于操作的场景编辑器等，越来越广泛应用于动作捕获的展示平台[①]。

① 张衡，张泽宇 . 基于 MEMS 传感器和 Unity3D 的人体运动捕获系统［J］. 图学学报，2015，36（2）：274–281.

情感计算。情感是人类的一种主观意识，它是人脑对某一种客观存在的主观反映。情感是由主观体验、外部表情以及生理唤醒这 3 个核心要素组成。其中，主观体验反映了个体对不同情感状态的自我感受；外部表情则反映了不同情感状态下的肢体动作和行为的可量化形式，包括面部表情、姿态表情和语调表情等；而生理唤醒则反映了情感产生时人的生理反应以及特征的激活水平。情感计算与情感相关，是源于情感或能够对情感施加影响的计算。为了进一步对情感进行有效的度量，Picard 在 *Affective Computing* 一书中正式提出了“情感计算”的概念，并指出情感计算是关于人类情感产生、情感识别、情感表示以及影响情感因素度量等方面的计算科学，它利用计算机技术实现了信息载体（如生理特征、文本中的词汇、声音、视频图像等）与人类情感的极性倾向（褒义、贬义或中性）以及强度之间的关系度量，从而促进了情感计算科学的正式诞生，并推动了机器人与机器视觉、人工交互设计、语音识别和文本分析等领域的发展[①]。

眼动跟踪技术。视觉是人类从外界获取信息的主要来源，人类有 80% 的信息来源于视觉。通过测量眼动数据来观测场馆学习者的认知关注点和兴趣点，是研究人体视觉认知的重要途径。眼动追踪技术是一种通过客观记录和分析被测者眼球运动来探寻人体心理活动的有效手段之一。其利用眼动追踪系统监测每只眼睛的活动情况，获得被测者在观看视觉信息中的客观生理数据，例如眼球的视觉运动轨迹、注视频率、注视时间、注视点等，通过统计分析量化的数据来研究人对样本的视觉认知规律[②]。

① 饶元，吴连伟，王一鸣，等 . 基于语义分析的情感计算技术研究进展［J］. 软件学报，2018（8）：2397–2426.

② 欧细凡，周志勇，刘博敏，等 . 基于眼动追踪技术的产品形态仿生设计研究［J］. 包装工程，2018，39（12）：156–162.

（二）学习分析技术

在美国新媒体联盟与美国高校教育信息化协会合作的 2010 年度《地平线项目》（*Horizon Report*）的报告中，“学习分析”概念首次被提出。该报告预测，学习分析技术将在未来 4 到 5 年之内，成为教育数据分析的主流工具之一。新媒体联盟将学习分析定义为“利用松散耦合的数据收集工具和分析技术，研究分析学习者学习参与、学习表现和学习过程的相关数据，进而对课程、教学和评价进行实时修正”。学习分析研究学会的成员在第一届学习分析与知识大会之前开设了 MOOC（慕课）课程——学习与知识分析课程，在课程介绍中将学习分析定义为“为了理解和优化学习与学习发生的环境，对学习者及其所处境脉的数据进行的测量、收集、分析与报告”。该定义之后得到与会学者的认可并被广泛引用。综合而言，从学习分析的目的来看，学习分析旨在优化学习。学习分析的关注点在于学生的个体差异与需求，这与注重提供差异化及个性化教学的理念相适应。学习分析的工作对象是关于学习者与学习过程的数据，要实现的目的是对学习与学习环境的优化，采用的手段是开发特定工具与技术。学习分析技术是采集与学习活动相关的学习者数据，并运用多种方法和工具全方面解读数据的技术，它能够记录分析学习环境和学习轨迹，进而发现学习规律，预测学习结果，为学习者提供相应的学习策略，促进有效学习。

在场馆境脉中进行学习分析，通过对场馆学习者的学习行为和过程轨迹进行记录，对学习者的关注热点、展品的停留时间、参观路线、社交行为进行综合分析，获取学习者的场馆学习参与度、关注的展品内容等，对学习者进行反馈，从场馆学习资源库和学习者信息中挖掘学习者关注的信息，为学习者的自我导向学习、学习危机预警和自我评估，以及为决策和优化提供有效的数据支持。支持学习分析的技术不是单一的，而是结合多领域、跨学科的技术融合，学习分析借鉴信息科学、统计学、心理学、机器学习等不同领域的成果，借助不同分析技术的优势处理多种教学问题，透过数据为学习行为和学习过程提供合适的解释。在场馆境脉中，学习分析技术的核心是针对学习者、学习情境信息等内容进行建模，通过对交互文本、视/音频和系统日志等能够反映学习过程信息的数据，利用参与度分析法、社会网络分析法和内容分析法等自动化的交互文本分析技术，来获取学习者的信息。

学习网络分析工具。越来越多的场馆开发了数字场馆、虚拟场馆、应用程序等。通过对人们在线的点赞、发帖、评论、交互等数据进行分析，可以得到人们的社会交互信息。学习网络分析工具关注学习者个体在平台中的活跃程度、交互的对象、交互的内容、影响因素等。还有网络中各个体之间的关系、角色、网络形成的过程与特点等。如SNAPP可以对人们发帖、回帖等互动的频率和反应时间等以社会网络关系图进行可视化呈现。再如Gephi主要用于分析各种网络和复杂系统，可实现实时动态分析、时段动态分析、无标度网络分析、分层图示等交互可视化与数据探测。

会话分析工具。主要分析在场馆学习过程中学习者与他人进行交流所产生的会话内容。关注对话，分析学习交流中话语的文本含义，关注学生的场馆学习过程，使人们对场馆学习发生的过程有更清晰的认识。如Nvivo是一款质性分析工具，可方便地收集、整理和分析文本内容，分析无特定结构或半结构化数据，如会话访谈音频、实地观察等。它还能将结果通过可视模型或图表进行呈现。

学习行为分析工具。它以学习者的学习行为和过程轨迹为主要关注点，对学习者的关注热点、展品的停留时间、参观路线、社交行为进行综合分析，获取学习者的场馆学习参与度、关注的展品内容等。研究者通过对这些学习过程数据的分析，了解学习者的行为和学习轨迹，挖掘学习者的行为模式，从而了解学习过程的发生机制，分析学习者的学习需求、学习进展等，预测学习者未来可能的行为，从而为学习者提供个性化的服务。

第二节　信息技术在场馆学习中的作用

信息技术被引入到场馆中，对场馆学习过程和学习效果产生了深刻的影响，延续性创新和颠覆性创新同时存在，共同建构与重构场馆学习过程。借用鲁本·普特杜拉（Ruben Puentedura）博士的SAMR模型，信息技术在场馆学习中的作用可以概括为替代作用、增强作用、修改作用与重塑作用。

一、替代作用

替代作用指的是，信息技术是一种替代的工具，在功能上无变化。信息技术所实现的任务功能与传统模式相比，没有发生任何变化，只是实现的方式不同而已。比如以往人们使用纸、笔来完成做笔记的任务，而现在可以使用平板电脑、Word软件来实现相同的功能；又如过去人们用挂图进行呈现，而现在用PowerPoint软件进行内容的展示，二者在展示功能方面不存在本质上的区别。

在场馆境脉中，情况同样也是如此。在传统的场馆物理学习环境中，学习者通过眼看、耳听、动手操作等感知实物展品，学习者透过场馆展品的外在表征，如颜色、大小、形状、位置、声音等，将视觉、听觉等符号及它们之间的关系具体地在脑中呈现出来，从而达到意义建构的目的。而当下，无缝的无线局域网覆盖基本上已经成为场馆“标配”，人们自带移动设备、智能终端进入场馆，通过扫描贴于展品旁边的二维码收听展品的语音或视频讲解等，这几乎已经成为场馆内再平常不过的景象，在这种情况下，信息技术替代了场馆教育者的人工讲解，可以视为一种替代作用。人们还通过移动终端、移动应用程序等访问在线场馆、虚拟场馆，观看数字化的展品资源，数字化资源替代了实物展品资源，便是信息技术发挥了替代作用。人们也可以通过微信公众号、应用程序等多种方式与其他学习者或场馆工作人员进行在线互动，在线互动替代了线下互动，信息技术同样也起到了替代的作用。

二、增强作用

增强作用指的是信息技术扮演一种替代的工具，在功能上予以增强。其实，增强作用与替代作用是非常相近的，但是不同之处在于，信息技术的运用会带来某些增强性的功用。同样以前文所述的做笔记为例，如果我们在使用平板电脑记笔记时采用的是有道笔记、印象笔记或 OneNote 等工具，并将其保存到云端，人们就可以随时随地通过不同的终端进行访问，这就是传统的方式所无法实现的。在这种情况下，信息技术仍然是替代的工具，但起到了增强的作用。再如，与传统的学生在纸质试卷上答题，教师进行手动批改的方式相比较，通过试卷评阅系统完成学生的答题及评测反馈的学习任务，其实现的效率无疑有了明显的加强。

随着虚拟现实技术、增强现实技术、大数据、物联网技术等的发展，信息技术在场馆学习中的应用，不仅是替代，更是起到了增强的作用。物联网融入场馆，促进以人为中心的展品与周边环境的智能化，在很大程度上撼动了人与展品之间的交互方式，从人与展品的互动、人机互动逐步转化为基于传感器和芯片的时时智能控制的阶段，进而使场馆实现“耳目通达”和“融会贯通”的功能。场馆应用程序可以为人们提供针对展品或历史事件的关键性解读、故事及情境化信息，以帮助人们获得深度学习体验。互联网与移动终端的结合丰富了公众在场馆中的学习形式，人们在场馆之外也可以随时随地访问和浏览展品。虚拟现实技术模拟显示物理自然环境、人或物体，并产生逼真的感官体验。在场馆中，虚拟现实技术通过对展品的塑造和对交互环境的持续改进，在很大程度上提升了学习者的学习体验。混合现实技术通过在现实世界、虚拟世界和用户之间搭起一个交互反馈的信息回路，更是增强了人们体验的真实感。传统物理实体场馆与在线虚拟场馆的有机结合已经逐步实现，虚实融合的场馆学习环境应运而生，丰富了展品的展陈方式，为学习者提供了更丰富的感官刺激，增强了学习者的场馆学习体验。

三、修改作用

修改作用指的是技术可以对内容、功能、任务进行修改和再设计，信息技术的强大之处真正开始得以体现。比如，在课堂环境内，教师可以将学生分成不同的小组，在课后使用 Google Slides 或 Microsoft Sway 等工具进行合作并相互演示。在信息技术的支持下，学生们可以在不同的地点、不同的时间，合作完成一个演示内容；再如，一个学生可将自行进行的演讲录制成视频，并上传到视频网站上与其他师生进行分享，并得到即时的评价。在技术发挥的修改作用之中，我们可以看到，技术对学习的任务及学习过程进行了重新定义。

修改作用在场馆境脉中的体现在于信息技术可以对展品内容、活动、服务进行修改和再设计。借助大数据、物联网等新兴信息技术，可以进行展品内容的再设计，可以通过对学习者个性特征进行分析，给予个性化展品资源的推荐，通过这些信息的推送，实现场馆与学习者一对一的信息传递服务；可以进行学习活动的再设计，基于学习者特征，推荐合适的学习活动；可以进行服务的再设计，通过导览应用程序等工具，可以实现场馆内的全程自助导览，为学习者带来个性化、情境化的体验。信息技术的修改作用，为各级各类学习者开辟了新的无限可能，正在或已经成为场馆学习不可或缺的工具。

四、重塑作用

重塑作用指的是技术真正重新定义了任务本身，或创造出过去根本想象不到的学习任务、学习模式，重塑了人与环境之间的关系。比如在课堂环境中，传统的“讲授—接受”“先教后学”的教学过程结构被再造，代之以个性化、自适应学习、自定步调、“以学定教”，传统的“一个老师＋一支粉笔＋一班学生”的教室，被网络、数字课程平台和智能化学习设备建构的“智能课堂”所取代，传统课堂的过程结构和生态场景被信息技术所重塑与再造。

在场馆境脉中，信息技术介入场馆学习系统之中，同样为场馆学习创造了无限可能。信息技术发挥的重塑作用，指的是信息技术可能会带来原有系统要素间平衡的解构和新的要素间关系的重构，并再造了学习者与展品及其环境之间的关系。那么，信息技术介入下的学习者与展品之间的关系发生了什么变化，这使笔者想到了缘起于20世纪60年代的法国的解构主义，其领袖人物雅克·德里达（Jacques Derrida）将之称为解构的策略，简而言之就是打破现有的单元化的秩序，再创造更为合理的秩序。“无技术/技术协调的人类经验是分析人—技术关系入口处的焦点”，我们不妨借助当代美国著名技术哲学家唐·伊德的技术后现象学来分析。在伊德的著作《技术与实践》中，他在胡塞尔的现象学、海德格尔的本体论等理论的基础上，以独创的视角探索了人与机器的解释学，确立了技术人造物在人类与世界的关系中所发挥的居间调节功能，将“人—技术—世界”的关系划分为三大类。这些多样化的关系模式和内在逻辑结构的解读为理解场馆环境中学习者与展品的关系提供了重要的框架。基于此，我们可以将技术与人及展品之间的关系也分为四种关系——他者关系、诠释关系、背景关系、具身关系。

表9-1　信息技术与人及展品的关系

人与技术的关系	关系的结构	示例
他者关系	人→信息技术—（展品）	二维码技术等
诠释关系	人→（信息技术—展品）	增强现实技术、情境感知技术等
具身关系	（人—信息技术）→展品	可穿戴技术等
背景关系	人（信息技术—展品）	物联网技术、RFID等

他者关系。人与技术的改变关系源于人对于“自动化”的追求，其

初衷是人希望制造出一个不仅体现人的意志而且能够替代人的作用的替代物，即人们希望技术代替他们去与世界发生关系。人们将自己的意愿和力量投射到技术替代物之中。从自鸣钟到机器人，从指南车、自动导航仪到爱迪生当年以电影取代教师书本的梦幻般的期望，再到教学机器，都可以归结到伊德的人与技术的改变关系中。在场馆学习中，学习者通过扫描二维码技术获取展品更多信息，可以认为是一种他者关系。

诠释关系。信息技术对展品做出抽象的解释，人并不是直接感知展品，而是通过信息技术来感知展品，其知觉结构是“人→（信息技术—展品）”。比如增强现实技术、情境感知技术等。这样，人对世界的知觉通过信息技术得到了扩展。这种思想正是麦克卢汉“媒体是人体的延伸”的观点。

具身关系指技术能够在一定程度上被体现或包容在人的活动之中，即技术成为人的某方面能力或躯体的一种延伸，在某种程度上，人与技术融为一体。知觉结构是“（人—信息技术）→展品”，将真实世界信息与虚拟世界信息无缝连接，是把原本在现实世界的一定时间、空间范围内很难体验到的实体信息（视觉信息、声音、味道、触觉等），通过技术手段模拟仿真以后再叠加，将虚拟的信息应用到真实世界，被人类感官所感知，从而达到超越现实的感官体验。典型的代表就是可穿戴技术，如谷歌眼镜等。比如巴德研究生中心美术馆、迪扬博物馆等多家机构尝试请人们使用谷歌眼镜，利用视觉识别激活展品讲解内容。曼彻斯特大都会大学也尝试在曼彻斯特美术馆中开发可穿戴讲解设备，将来有希望能使用智能眼镜来为人们提供推荐和导赏服务。

背景关系。在人与技术的背景关系中，技术在人及世界的关系中已经不处于主要位置，而是退到了幕后，作为一种背景在起作用。此时，技术已经部分地融入我们的生存之中，成为我们生存的背景，昭示着我们的生存状态及其流变。在背景关系中，技术与人及世界之间的罅隙消失了，技术成为背景的一部分，这种关系的结构是“人（—技术/世界）”，物联网技术等是这种关系的典型例子。在场馆境脉中，物联网就成为境脉的一部分，作为一种背景在起作用，而学习者可能浑然不觉。在这种背景关系的作用下，场馆的时间与空间被延伸，场馆与社会之间的界限正在消解，场馆成为整个智慧教育生态的一部分，跨越时空的、连续的、无缝的学习历程得以实现。

总之，信息技术给场馆学习带来了诸多可能性，起到替代、增强、修改与重塑的作用。所以，在后面的章节，笔者将分别从信息技术增能场馆学习、信息技术重构场馆学习，以及信息技术重构场馆的新形态——智慧场馆等内容进行分析。

第十章　信息技术赋能/增能场馆学习

第一节　信息技术充当器物层面的技术中介

“器物”一词早见于《周礼·秋官·大行人》：“三岁壹见，其贡器物。”《明史·陈友谅传》中记载：“友谅豪侈，尝造镂金牀甚工，宫中器物类是。”清代田兰芳的《明河南参政袁公墓志铭》记载：“(袁枢)喜宾客，座上无日不满。壶矢弈射，品竹弹丝，以至商校古今，摩赏器物。”器物原指尊彝之类，后为各种用具的统称，主要指有形的物质、工具、器具、设备、器械等。信息技术可以充当人与展品进行交互的器物层面的“中介”。信息技术中介具有鲜明的器物色彩，如智能手机、移动终端、可穿戴设备等。所谓中介，居于事物运动、变化、发展的中间环节和过渡阶段，它本身并不是目的。在汉语词典中“中介”又释为“居于两者或多者之中”，“中”意指处在各种资源、信息的汇聚之处，或者信息和资源流动的节点。“技术中介”的观点充分考虑到技术与人和世界的关系，以及技术意向对人认知能力的反作用，同时设定了人使用技术的行为以及导致的结果。

发生在场馆境脉的学习是基于实物的学习、基于人工制品的学习、基于具体经验的学习。“一切知识都是从感官的感知开始的，应该把通过感官所获得的客观事物的感觉经验作为教学的基础。”[①] 在场馆学习环境中，学习者通过眼看、耳听、动手操作等感知实物展品。学习者通过场馆展品的外在表征特征，如颜色、大小、形状、位置、声音等，将视觉、听觉等符号及它们之间关系具体地在脑中呈现出来，从而达到意义建构的目的。但是由于场馆学习的特征在于是自发的学习、以学习者为中心的、无计划的、无结构的，难以提供系统化的学习内容，这意味着很难达到对展品的深度意义建构。因此，需要适当的中介物来提供支持。事实上，在场馆中也存在各种各样的中介物，如标签、学习任务单、场馆讲解员、导览指示牌等。

以智能手机、平板电脑、可穿戴设备等为代表的信息技术以其个性化、自我导向、泛在的、持续连接，成为一种新的中介物，在场馆学习中扮演着重要的角色。“任何一种新技术的发明和运用都改变着我们思想和行为的方式，即我们感知世界的方式。”[②] 从器物层面来讲，信息技术为场馆学习过程带来了技术中介物，使得学习者不仅可以通过眼看、耳听、动手操作等感知实物展品，而且可以通过技术中介物来感知展品，扩展了人类对展品的知觉，同时也可以通过技术中介物获取更多的信息。所以，学习者的体验是丰富而多重的，一是由人的感觉器官直接产生的亲身体验；二是以技术工具为中介间接获得的具身体验；三是学习者因身处某一场景而产生的心理体验[③]，这样就可能会为丰富学习者的在场体验奠定了物质基础。

比如瑞典斯德哥尔摩大学计算机学院的学者 Jalal Nouri、Teresa

---

① ［美］夸美纽斯．大教学论［M］．傅任敢，译．北京：教育科学出版社，1999.

② ［加］埃里克·麦克卢汉．理解媒介——论人的延伸［M］．何道宽，译．北京：商务印书馆，2004.

③ 王美倩，郑旭东．在场：工具中介支持的具身学习环境现象学［J］．开放教育研究，2016（1）：60-65.

Pargman Cerratto 和 Chiara Rossitto（2014）等[①]所做的研究指出，智能手机和二维码充当了技术中介物。该项研究由 3 位研究者组成，分别负责教学法与学习设计、交互设计和统筹。研究在斯德哥尔摩北部的一个森林公园中进行。学习者对象为五年级学生，约 10 ~ 11 岁，分为实验组和控制组，各 15 人。活动目的是探索植物和树木的物种特征及其生物群落。实验组的学生在场馆内的活动过程主要是：使用移动终端扫描事先贴在植物或树木上的二维码，阅读移动终端上显示的内容；移动终端也会随之呈现下一步任务指示；也可以使用相机拍照，观察该植物或树木的特征。控制组学生则不使用移动设备。研究结果表明，实验组学生在植物和树木的物种特征及其生物群落的知识获取方面比控制组学生有更好的表现。如图 10–1 所示。

图 10–1 信息技术作为技术中介（1）

再比如 Charles Callaway、Oliviero Stock、Elyon Dekoven 等（2012）[②]的一项研究认为，智能手机、角色扮演游戏、基于位置的服务等结合充

① Nouri J, Cerratto-Pargman T, Rossitto C, et al. Learning with or without mobile devices? A comparison of traditional school field-trips and inquiry-based mobile learning activities［J］. Research & Practice in Technology Enhanced Learning，2014，9（2）：241-262.

② Charles Callaway, Oliviero Stock, Elyon Dekoven, et al. Mobile drama in an instrumented museum: inducing group conversation via coordinated narratives［J］. New Review of Hypermedia & Multimedia，2012，18（1-2）：37-61.

当了技术中介物。基于赫克特博物馆内的展品，研究者们设计与开发了角色扮演的游戏。该游戏需要学习者和其他人员一起协作完成。首先将智能手机连接至服务器，学习者走到相应展品的位置，手机会呈现出相应的视频介绍，随后就是关于角色扮演游戏以及角色的呈现。在该游戏中，学习者要扮演的角色是一位考古学家。游戏开始后，考古学家由于在该领域做出了巨大贡献要去领奖。在领奖的过程中，神秘人物出现，将该奖骗走。考古学家在找回大奖的途中，需要通过一个个关卡，这些关卡是关于该场馆内的展品的一些任务或问题，通过所有关卡方能找回大奖。研究结果表明，通过参与角色扮演的游戏，学习者关于展品的会话明显增加了。图 10–2 是部分截图。

图 10–2　信息技术作为技术中介（2）

在场馆境脉中，信息技术发挥中介作用。除了器物以外，还需要丰富的工具、多样化的数字资源等与之结合。

第二节　信息技术提供丰富的工具

信息技术的真正价值不在于其本身，而是它能够用来干什么。信息技术不仅仅是功能性或器具性的设备，“把技术看成无形或者有形的物体，犹如错把甲壳当作蜗牛，把蜘蛛网当成蜘蛛一样——大错特错。”①如果我们仅仅停留在器物层面，那么信息技术发挥的价值是微乎其微的，甚至可能只是无本之木、无源之水。乔纳森等认为，信息技术支持学习的主要表现是作为效能工具、信息获取工具、认知工具、情境工具、交流工具和评价工具，在具体的学习过程中，发挥作用促进学习者的知识建构和思维发展②。那么，信息技术在场馆学习中更大的价值也来自器物上承载的各种工具。

一、根据设计目的划分

根据工具的设计目的，可以将信息技术分为设计和利用的场馆学习工具。所谓设计的场馆学习工具，是指为场馆学习专门设计的信息产品，比如场馆应用程序等。

场馆应用程序简称场馆 APP，是以移动终端为载体向社会公众提供场馆及展品公益性服务的产品，是伴随着移动技术的快速发展与移动终端的广泛普及而出现的重要产品形态。从国际范围来看，场馆 APP 的开发大致始于 2009 年，美国布鲁克林艺术博物馆较早开发了一款图文形式介绍藏品信息的 APP。2012 年以后，场馆更加注重学习者在各种环境中不同的需求体验以及与学习者之间的交流互动。随后，各大场馆纷纷开发各自的 APP，设计风格多样，展品信息丰富。国外比较有代表性的场馆 APP 有：大英博物馆的 The British Museum，卢浮宫的 Musée du Louvre，美国自然历史博物馆的 Creatures of Light、Cosmic Discoveries 等，纽约现代艺术博物馆的 MoMA、MoMA Art Lab 等。我国大致自 2011 年以来，

① 张海，王以宁．国内教育技术学研究的定义和领域——对教育技术学研究现状的认识[J]．电化教育研究，2003（3）：7-11.

② 乔纳森，等．学会用技术解决问题：一个建构主义者的视角［M］．任友群，译．北京：教育科学出版社，2007.

也开发了一些比较有代表性的场馆 APP，如文博任我行 APP、再现圆明园 APP、苏州博物馆 APP、河南博物院 APP、每日故宫 APP 等。

所谓利用的场馆学习工具，是指那些本来并非为场馆学习目的而设计，但被发现具有一定的场馆学习价值而被作为工具使用。比如一些本来并非为场馆学习专门设计的 APP，但可用来在场馆境脉内使用的 APP，如照相机、录音、微信、QQ 等。这些 APP 是学习者个人与其所在的社群环境及物质环境的联系、中介的工具，从而学习者能够积极地与学习环境进行互动，探索发现知识，达到学习的目的。

二、根据功能划分

信息技术所提供的工具，根据功能划分，可以分为信息的搜寻工具、情境创设工具、交流工具、认知工具、研究工具、解决问题及决策的工具等，或支持学习者收集信息，或支持学习情境的创设，或支持学习者交流协作，或者支持学习者的科学探究过程。图 10–3 给出了工具的可能示例。

图 10–3　场馆学习工具的可能示例

（一）导览工具

基于学习者的位置为其提供导览服务在场馆学习中是非常重要的。

借助于信息技术如定位技术、移动互联网技术、物联网技术等设计与开发的场馆导览工具，学习者可以在场馆学习环境内自由选择路线与展品内容。应用于场馆导览中的常见定位技术手段包括 RFID 定位、蓝牙定位、ZigBee 定位和 WLAN 定位等。

意大利 Palazzo Madama 博物馆与都灵理工大学的衍生公司 Tonic Minds 的工程师合作开发研制了一款程序，2014 年 3 月 4 日正式发布，取名为“Step by Step”。它是一款用于平板电脑的移动 AR 应用程序，可安装在一个 7 英寸平板电脑上，由场馆向学习者免费提供。该应用程序模拟了整个建筑的外形和内设，让人从平板电脑中就可以清楚地看到整个场馆。该 APP 使用基于视觉的系统：学习者可以使用平板电脑上的自带摄像头，扫描场馆中有标签的地方，以获取多媒体内容。场馆入口采用 ARRU 技术的标记放置在建筑物的选定位置，以便人们可以使用在场馆入口处借来的平板电脑扫描它们并访问各种信息，比如探索建筑遗产、艺术和历史、探索馆内展出的艺术作品、多媒体信息范例等。学习者使用这款软件可以以自身的文化背景制定参观方案，逐步引导学习者选择出一条适合自己的主题路线，或自由选择需要深度学习的内容。全景照片功能可以通过动态导航来获取多媒体内容，并且可以直接通过社交网络链接分享喜爱的作品，这不仅起到很好的宣传作用，同时也丰富了使用者的整体体验。

（二）信息工具

主要包括信息的收集、处理等工具。收集场馆内有关展品的各种文字、语音、图像、视频等信息，可能会用到照相类 APP、文本处理类 APP、音频处理类 APP 等。照相类 APP 用来收集图像、视频等信息，比如手机内置相机或 Camera 360 等 APP。Camera 360 是一款强大的拍照软件，它主要为用户提供多种相机拍摄模式，弥补了手机镜头成像质量不理想、层次差、感光范围弱等缺点，增强了照片的视觉冲击力和层次。加工处理各种文字信息的APP有WPS、Office等。

（三）交流工具

情境学习理论认为，学习是处于某种情境中的学习，它是活动、情境和文化相互作用的结果。学习不仅是简单的知识传递过程，还是一个社会互动的过程。人类都有发自内心地想与他人分享经历和信息的意愿，社交媒体使其成为现实。学习者从与学习者之间、学习者与教师之间、学习者与场馆讲解员之间等的实时与非实时的社会互动与交流中讨论获得的知识比展品本身和展品的解说文字丰富得多，人们分享信息、搜索他们的同伴或最喜欢的组织对某些展品内容的看法，这种体验加强了他们已有的社会关系，同时也为远距离或者被其他阻隔分开的人们提供了交流空间。用来充当交流工具的社交媒体很多，比如微信、微博、QQ、E-Mail、Facebook、Twitter、YouTube、Pinterest、Flickr、Tumblr等，方便学习者更深入地交流合作，支持知识建构共同体之间的对话，除了传递知识信息以外，还有支持情感目标的意义。

比如，美国亚特兰大艺术博物馆创建的“艺术消消看”（ArtClix），具有照片识别与社交媒体功能，学习者可以使用照片识别功能辨认场馆内的艺术品，还可以将自己所拍的照片发送到在线社区中，与他人共享与交流。美国芝加哥建筑基金会在Pinterest的工作坊中分享照片，展示出版物和礼品商店的物品。学习者也可以在其中发布启发灵感的建筑图像，与他人进行互动与合作，已经吸引了近220万的追随者。美国科学博物馆将Facebook作为一个平台来分享照片和视频，介绍动物、展览和事件，或采集学习者在场馆中的活动，与学习者进行分享。

（四）认知工具

认知工具是指能使学习者的学习过程与思维过程更便利，可以帮助学习者发展批判性思维、创造性思维和综合思维能力的工具，在促进学习者的深度学习中起着重要作用。乔纳森提出了9项标准：（1）计算机化；（2）现成的应用软件；（3）学习者（在经济上）可承担；（4）可用于表示知识；（5）可泛化（用于不同领域）；（6）可支持批判性思维；（7）学习可迁移；（8）简单而功能强大的知识表示形式；（9）易学易用。乔纳森在《课堂的计算机应用：作为批判性思维的脑力工具》一书中推荐了8类认知工具：数据库、电子报表、语义网络工具、专家系统壳体、计算机化通信工具、超媒体工具等。其中有些工具如数据库软件和电子报表软件，通常都被作为处理数据的有力工具，但乔纳森认为它们完全可以作为认知工具来使用。

在场馆学习领域，信息技术同样可以作为认知工具来使用。比如美国自然历史博物馆开发的APP——Dinosaurs和Explorer，带给人们与场馆展品之间亲密接触的机会。Dinosaurs将馆藏中与恐龙有关的图片拼接成一幅马赛克图片以吸引观众。用户可以从中探索到一系列丰富的馆藏信息，包括恐龙化石的寻找过程及保存。Explorer是一款创新应用，它能引导人们在场馆的复杂布局中找到特定的位置，同时运用馆内的Wi-Fi系统进行室内定位，并进行一些基于位置感知的活动[①]。

（五）探究工具

科学探究以问题为核心，包括观察和提出问题、形成假设、检验求证、得出和解释结论、交流与应用等步骤。场馆学习者借助数字化、网络化的各种探究学习工具，为在场馆中开展探究活动提供全过程的支持，化解在场馆中进行探究学习的困难和障碍，使探究学习活动得以顺利实施，从而增进在场馆中进行探究学习的效果。如放大镜APP是一款为学习者提供视觉体验的工具软件。在场馆学习过程中，学习者可以用它来放大所要观察的展品细节，而且它内置高度优化重新取样和加强过滤器，

① 徐俐媛.智能手机应用与博物馆教育研究［D］.吉林大学，2013.

满足学习者在各种情况下所需要的非常清晰和锐利的视觉效果。

（六）情境工具

情境学习理论认为，真实情境是学习发生的必要条件。移动 APP，尤其是与增强现实技术的结合，为学习者极为逼真地模拟了场馆情境。比如伦敦博物馆开发的“Streets of London”APP，人们在伦敦街头的特定地点摄像，然后就能在手机屏幕上看到覆盖的一层信息，包括该地点曾经发生的历史事实和照片等，达到现实和历史相结合的效果。这些点遍布伦敦的大街小巷，人们可以带着手机在伦敦街头来一次场馆学习之旅。如图 10–4 所示。

图 10–4　“Streets of London” APP 界面截图

第三节　信息技术提供多样化的数字资源

无论设备、工具多么精美，其承载的学习资源才是核心要素，也是推动应用的关键一环。秉承“内容为王”的理念，优质资源是场馆学习创新与变革的核心。

一、场馆数字资源

张燕等（2015）曾提出场馆数字化资源的概念：“数字化了的展品

资源，包括所有本来就是以数字形式体现的资料或经过数字化转换的资料，以及基于数字化展品衍生出来的各种媒介和形式的资源集合。”① 场馆的数字化资源是随着技术的发展而兴起的一种新型场馆资源形式之一，是学习资源的下位概念，是将计算机技术、通信技术及多媒体技术等相互融合而形成的以数字形式发布、存取、利用的展品信息资源总和。

由于场馆学习发生于“移动情境”，学习者可能会受到场馆周围环境的影响，学习持续时间较短且零碎。场馆数字资源应满足学习者的需求，具有简洁性、碎片化、个性化、交互性等特点。学习者借助于技术的支持，选择与利用各种现实与虚拟资源，并在与其他人的社会互动与交流中，通过参与各种各样的学习活动进行学习。场馆数字化资源形态丰富多样，具有数字化学习资源的共性特征，如移动性、微型化等特点，同时其内容是跟场馆及其展品相关的，一般是为学习者提供与展品相关的数字化表征、场馆内的空间导览、数字社会化分享以及游戏等多种功能。不管以哪种形态呈现，场馆数字化学习资源都是对场馆内实体展品资源的重要补充，可以为学习者在场馆中的意义建构过程提供学习支架，可以为学习者进行虚拟参观时带来身临其境的临场体验，从而满足学习者个性化、情境化的展品信息需求，也是学习者开展场馆数字化学习活动的基础，正在或已经成为场馆学习的潮流与发展趋势。

二、场馆数字资源的特征

（一）类型多样化

场馆数字资源的信息类型非常丰富多样。场馆是一部部立体的“百科全书”，是一个个实物的“图书馆”，数字资源是在实物资源的基础

① 张燕，梁涛，张剑平. 场馆学习的评价：资源与学习的视角[J]. 现代教育技术，2015(10)：7–13.

上设计与开发的，所以从内容来看，包括陶瓷、书画、青铜器、玉器、织物、墓葬、建筑、石刻、壁画、动植物、星球、海洋等，从社会历史到自然生态，从艺术到科学，从古老的石器到宇宙飞船，从中国民族文化到世界各民族的风俗，无所不包。此外，还有各种保护研究资料。从形式上分，既有文字、照片、图片等静态媒体信息，也有影音、视频、动画等动态多媒体信息，更有游戏、虚拟现实、增强现实等交互类内容。

（二）存储介质化

场馆数字资源的数量极其庞大，需要存储介质的支持，小到计算机系统中的几百 KB 的文件，大到上百 TB 的磁盘阵列系统，存储规模取决于具体存储介质的基本存储量。常用的数字资源存储介质为硬盘、磁盘阵列、磁带及 CD、DVD、LD 等。但这些存储介质可能会存在存储软硬件和存储格式过时、介质故障造成数据丢失等问题，云存储技术在当下得到广泛应用。

云存储技术是在云计算概念上的延伸和发展，它是通过集群应用、网格技术或分布式文件系统等功能，将网络中大量各种类型的存储设备通过应用软件集合起来协同工作，共同提供数据存储和业务访问功能的一个系统，可以用来保存实时生成的数据，也可以用于数据的归档与长期保存，能在一定程度上保证数字信息永久的可存取性和确保存储系统的可靠性。

（三）处理数字化

场馆数字资源的组织、索引、分类、编目和生成报表等工作都需要在计算机上进行，具体依托于数据库管理软件、办公软件、报表软件、统计分析软件等完成实际的任务。计算机是整合、加工和处理数字资源的实施平台，所以，处理数字化是场馆数字资源所呈现出的特征之一。

（四）传输网络化

除光盘、优盘、移动硬盘等移动存储设备可以实现少量数据的迁移外，大规模数据的传输还是要依赖于网络。通过网络可以实现任意距离、任意区域、任意时间段上的传输。2019年也是“5G商用元年”，基于5G通信技术的新产品、新服务逐渐进入人们的生活，一个新的通信时代正在来临，互联网迎来了更加强劲的发展动能和更加广阔的发展空间，为场馆数字资源的智能互联与泛在共享迎来了机遇。

（五）信息共享化

“开放内容”是我们所预测的资源建设方面的新技术之一。对场馆来说，开放内容是一种收集和展示世界自然与文化资源并使其共享的有效手段。许多场馆规划开放内容的核心问题就是共享、重用以及所有权、知识产权和复制权问题。场馆数字资源可以被无差别、无限次地复制，不会影响到信息质量，可以保持信息内容的完整、一致，而数据源本身也不会受到任何损坏。此外，数字资源通过网络可以将其副本传输到网络可达的任意一个角落，可以实现跨省市、跨地区、跨国家，乃至全球范围的共享。但要在共享与尊重创造者和拥有者权利之间找到一个平衡点。

三、场馆数字资源的类型

场馆数字资源的类型丰富多样，对其分类可从以下几个角度入手。

（一）按照资源的内容划分

本体数字资源。本体数字资源是指直接由展品本体获得的数据，如展品的照片、展品的图片、展品的视频和展品的三维模型等，一般是数字化采集设备直接获得的第一手数据，是对展品本体的直接外在感官内容，尤其是视觉内容的映射，如实反映了展品本身的外显情况。还有一种情况是，随着数字时代的到来，一些以数字技术为载体的文化记忆成为场馆收藏与展示的内容，所以资源本身就是数字化的。例如，大英博物馆以 3.2 万英镑的价格收购了英国当代女诗人温蒂柯普的 40000 封电子邮件，是该馆迄今为止规模最大的一次数字资料收集。该馆现代文学手稿负责人表示“不断收藏数字资源是我们未来前进的方向，而且我们已经做好了电子邮件取代手写信件的准备”①。

描述数字资源。描述数字资源是对展品本体的基本信息描述，主要以文字、图像的形式描述展品的类别、名称、年代、质地、尺寸、重量、数量和出土地等信息，是经过专家初步解读的信息，为人们提供了解展品基本信息的原始资料。

解读数字资源。解读数字资源来源于对展品本体及其相关内容的进一步研究和分析，是文物专家、学者相互协作的结果，进一步探明展品的工艺水平、考古价值、历史意义和艺术成就等多方面的问题，是从一个点扩充到对一类物品、一个事件、一个人物或一种现象的信息还原。

（二）根据数字资源的加工程度划分

一次数字资源。一次数字资源是直接反映原始展品内容的资源，没有经过加工、处理和修饰等环节，是保持了展品原始面貌的资源，主要来自数字化采集设备和一些测量工具。此外，对展品进行物理、化学检测而获得的基础数据也属于一次数字资源。

二次数字资源。二次数字资源是对一次数字资源加工和处理后的结果，如原始展品图像内容的修补，文物三维模型的修复，视频信息的转码、压缩等，这些结果往往涉及保护、研究、展示策划等多个部门。此外，

---

① 宋新潮，安来顺．变革世界中的博物馆：新挑战新启示——关于 2012 年国际博物馆日主题的讨论［J］．中国博物馆，2012（2）：4-10.

二次数字资源也包括一些展品目录、报表、研究文献资料等 。

多次数字资源。多次数字资源是经过二次以上处理或整合的数字资源，为了满足特定需求而对二次数字资源进一步综合分析和加工整理，如基于展品统计信息而生成的图表等，还有年度研究报告、展览信息汇总等。

（三）根据资源的媒体表征形式划分

文本型数字资源。文本型数字资源主要是以字母、数字、符号和汉字来表示信息，所占数字资源的比例最大，是传递复杂信息最常用、最准确的方法，也是最为常用的数字资源形式。文本型数字资源是一种跨平台、跨系统的通用文件存储格式和交流形式。文本型数字资源一方面来源于用汉字、字符和数字表示的展品基本属性和解读信息的内容，如展品编号、展品等级、入馆时间、尺寸、重量、历史意义和文化价值等。另一方面来源于对各种书籍、文献、资料等文本型的文档进行扫描之后利用光学字符识别软件提取出的文本数据。典型的文本型数字资源格式包括 TXT、DOC、WPS、PDF 等。

图像型数字资源。图像型数字资源主要是指数字化的图像资源，是对客观对象的直观表示，也是最主要的信息载体，它是对现实物体或画面的抽象浓缩和真实再现。数字图像是以位图文件或矢量图文件呈现信息的形式，主要来源于扫描仪、摄像机等采集设备捕捉实际的展品画面而产生的图像，或是根据测量信息通过软件制作而成。如卢浮宫的应用软件分为付费和免费两个版本，并且可以同时支持多国语言，里面包括了 400 多幅绘画作品和 200 多位艺术家的收藏品，可按照画家和画派风格进行检索，还可以通过 Facebook 分享作品并且可以放大作品细节或者播放成幻灯片模式[①]。

音频型数字资源。音频型数字资源是指数字化的音频资源，需要利

① 吴笈 . 基于移动应用程序的博物馆艺术教育［D］. 陕西师范大学，2019.

用数字化手段对声音进行录制、存放、编辑、压缩或播放，声音涉及语音、音乐、自然声响和各种效果声等。

视频型数字资源。视频型数字资源是指以数字形式记录的视频，是对模拟视频信号进行数字转换后的产物。视频型数字资源是连续渐变的静态图像或图形序列沿时间轴更换显示从而构成运动视感的资源。

动画型数字资源。动画型数字资源是指数字动画形式的资源，突出相对时间、位置、方向和速度的变化，主要通过软件将图像“动”起来。动画分为二维动画、二维半动画和三维动画。

交互型数字资源。交互型数字资源指的是具有交互功能的数字资源，如游戏等。交互性设计良好的学习资源可以增强学习者学习的沉浸感。比如洛杉矶盖蒂博物馆开发的 Augmented Reality of the Augsburg Display Cabinet，用户可以 360 度观看奥格斯堡橱柜（1630 年）复杂的雕刻装饰细节，并不会对其造成任何伤害。苏格兰国家博物馆实行了交互式博物馆寻宝 APP“Museum Explorer”（场馆探寻者）。用户可根据 APP 中给的提示，在游览场馆的同时，寻找场馆中最强壮、最凶猛、最难闻的九大藏品，完成任务，即可在 APP 中集齐 9 枚勋章，成为终极场馆探寻者。意大利 Palazzo Madama 博物馆设计了一款游戏，名字叫“博物馆的阴谋”。它的技术主要是运用安卓应用程序，利用室内平板电脑进行游戏。该游戏针对 7 ~ 13 岁的儿童设计，他们可以在空闲时间与家人一起参观场馆，主要通过叙述故事，通过闯关测试和虚拟角色对话进行，整个故事的背景是以 18 世纪的宫殿事件和艺术而展开。游戏的目的是在一组角色中找出一个隐藏的小偷，挑战各种迷你游戏（如小测验，谜语等）以找到线索[①]。

（四）根据资源的存储载体划分

磁介质型数字资源。磁介质型数字资源主要以磁介质为载体来存储

① 吴笈 . 基于移动应用程序的博物馆艺术教育［D］. 陕西师范大学，2019.

资源，常见的有软盘、硬盘、磁盘阵列、移动硬盘、优盘等形式。因为磁介质存储器使用磁性材料的物理极化特性，其在相当长的时间内能保持信息不变，被广泛用于展品各类信息的存储。

光介质型数字资源。光介质型数字资源主要以数字形式存储数据，用激光进行数据读取。常见的有 CD 和 DVD。

磁光介质型数字资源。磁光介质型数字资源综合了磁性介质和光性介质的优势，是一种磁光盘。

云存储型数字资源。云存储是一种网上在线存储的模式，即把数据存放在通常由第三方托管的多台虚拟服务器，而非专属的服务器上。托管公司运营大型的数据中心，需要数据存储托管的人通过向其购买或租赁存储空间的方式，来满足数据存储的需求。数据中心的运营商根据人们的需求，在后端准备存储虚拟化的资源，并以存储资源池的方式提供资源，人们便可自行使用此存储资源池来存放文件或对象。实际上，这些资源可能被分布在众多的服务器主机上。

（五）根据资源的获取形式划分

本地型数字资源。本地型数字资源主要指从对应计算机或内部局域网获取的资源，往往涉及场馆内部部门的相关工作。

网络型数字资源。网络型数字资源主要指从外部互联网获取的资源。互联网不仅将场馆馆际之间、场馆与研究机构、场馆与图书馆和档案馆、场馆与学校等连接起来，而且也将场馆与学习者进行了连接，使得更多、更丰富的信息产生了交流和共享。

第四节　信息技术增强学习者的感官体验

各类场馆通常以展示为主，其视觉性主要体现在，除了将各类展品作为超然纯粹的对象加以凝视和沉思外，还通过建筑设计、物理空间、展示设计和线路的安排共同营造视觉化的空间。而声音是人们接收信息的最重要方式之一，场馆内生动的声音效果会影响场馆的展览环境，将人们带入展览的历史背景、艺术氛围、科技景象中，为人们提供身临其境的观看体验。当今，越来越多的场馆把新媒体的表现形式融入其中，既注意传统空间的分割组合，又注意到与新媒体艺术表现形式与手法选择上的统一。场馆利用信息技术讲述展品背后的历史故事、艺术背景、科学原理，将图像、声音等效果相结合，使人与展品更加紧密地联系，为人们提供视觉、听觉、触觉等多重感官刺激的场馆学习环境，获得更丰富的感官体验。

在场馆内的数字化展示方面，现代投影技术将数字化的视听影像呈现在人们面前。比如在中国国家博物馆中，《乾隆南巡图》是其中的国宝级书画珍品之一。应用信息技术手段将该图用数字动画技术再现于长 30 米、高 4 米的巨型幕布上，并制作了相应的数字动画进行播放。人们不仅能看到乾隆皇帝的一举一动，还可以看到 200 年前文臣武将的着装；不仅能够看到出巡时的仪仗，还可以看到市井风俗乃至人文、自然地理景观；不仅动态还原画中恢宏的历史情境，重现了康乾盛世的壮观与辉煌，而且将原作的信息展现得更加丰富。这种视听影像所带来的感官体验是静态的书画作品很难表达的。再比如，南京博物院中有一个数字展馆，综合运用了分列式多屏幕、透明屏、二维码、声光电技术、巨幕影像、半球屏幕、数字魔方等多种投影形式，结合实时抠像、动作捕捉等数字技术，将空间布局、材料装饰、媒体硬件及数字资源结合起来，使人们能够移步换景，营造立体丰富的展示环境，诠释中华文明的发展历程。在序厅部分，以“时光”为主题，用巨型环幕呈现流水、风沙、变幻的星空等视听影像，以体现出“时间”的概念。巨型环幕安排在人们的头顶并一直延伸到两边，给人一种时间飞逝、万物沧桑的情境感。在“萌动与发轫”部分，用抽象化的图像与文字等独具风格的视听影像勾勒出人类试图征服自然时所表现出的勇气。用声、光、电等技术来体现抽象画面，在空间营造上层次丰富，既贴切，又能够给人们以想象的空间[1]。信息技术的应用，既增强了展品的体量感，又能够给人们丰富的视觉、听觉等感官体验。

信息技术不仅能创造鲜活生动的声音和形象生动的画面，更是可以带来丰富的交互体验。在富媒体的场馆环境里，人们不仅仅是视听影像的观看者、信息的接受者，还是参与者。比如互动游戏、虚拟现实、增强现实等，打破了虚拟世界与现实世界的边界，人与媒体的交互发挥到了极致，人们可以通过触摸、语音、手势、眼动等多种交互方式进行实时交互，使人、展品、环境融为一体，给人一种超越现实的沉浸感和炫酷体验，使人获取视觉、听觉、运动觉、触觉、味觉、嗅觉等多重感官通道的真实感受。在荷兰阿姆斯特丹市博物馆的 ARTours 的活动中，人们可以在荷兰的著名历史景点，通过手机实时查看历史照片、绘画作品等信息，以及丰富的背景信息介绍。在古代建筑遗址前，人们可以观看使用仿真技术修复的古建筑的原貌，查看古建筑的相关历史信息。同时，留言和标注功能也增强了交互性，人们可以互相查看评论和网络外部资源并进行交流。澳大利亚悉尼动力博物馆利用增强现实技术开发的手机应用 Around Sydney 也是典型案例之一。人们在悉尼可以在手机里看到当前所在的地点和建筑 100 年前的叠加影像。即使不在悉尼，也可以通过在手机上输入经纬度来获取准确地址，感受此地址百年前的风貌。由英国约克市议会支持制作了“约克市全息之旅”应用程序（City of York Hologram Tour），人们安装该程序后，将手机对准某个特定景点，一个穿戏服的演员就会出现在屏幕上，并在一分半钟内表演一出有关历史的喜剧，人们还可以跟这个虚拟人物合影留念[2]。

---

① 朱轶灵．新媒体艺术的多种视觉感官设计——试论其在中国当代博物馆中的应用［J］．南京艺术学院学报：美术与设计，2016，163（1）：215–218.

② 邱克．增强现实技术在博物馆的运用［C］．北京数字科普协会会议论文集，北京数字科普协会，2015.

在满足特殊人士的视听需求方面，信息技术也体现出了足够的优势。如美国史密森尼博物馆的“Access American Stories”应用程序，可在IOS和安卓平台上运行，提供一个大众化的音频体验，旨在增加视觉不良的场馆学习者的访问量。这是一款为视力比较弱的人士所设计的APP。人们通过录一段音频来描述一个展品或一段观展经历，提出对展览的意见或对其他人的评论进行回复，也可以收听场馆教育者或其他人的录音，给最喜欢的音频“投票”，使其出现在其他人收听列表的前列。这表明，APP作为场馆的工具，需要满足学习者功能上和情感上的需求。它不仅能建立场馆与人们之间一对一的交流，更有利于为弱势群体带来更好的感官体验、提供更好的服务，增强人们的学习体验。如图10-5所示。

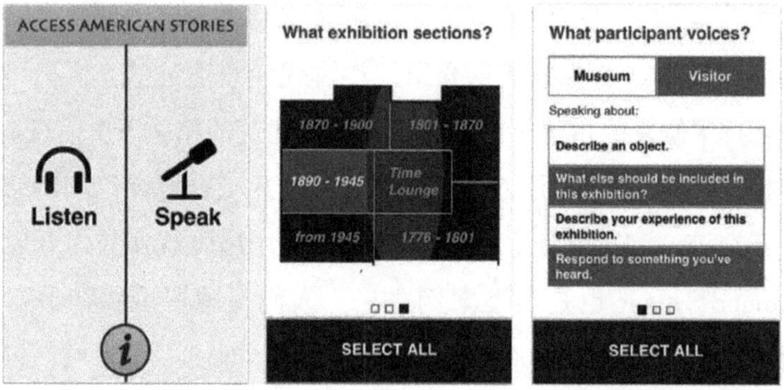

图10-5　Access American Stories 截图[①]

第五节　信息技术丰富展品表征形式，支持学习者感知给养

Falk和Dierking（2000）[②]曾指出，信息技术有助于挖掘场馆作为

① Access American Stories，http：//itunes.apple.com/us/app/access-american-stories/id513462347?mt=8.

② Falk J H，Dierking L D.Learning from museum［M］. Walnut Creek，CA：AltaMira Press，2000.

学习资源和场所的潜力，可以促进参观者对展品的理解，丰富参观者与展品之间的交互，以多样化的学习背景来激发不同学习者的学习兴趣。Alison 和 Griffiths 在麻省理工学院的学术网站 MIT Communications Forum 上发表文章 *Media Technology and Museum Display: A Century of Accommodation and Conflict*，针对场馆中使用信息技术服务于展览，是否有利于学习者更好地理解展览内容和主题进行了分析，他们所针对的新技术主要是以视频和互动式系统所营造的再现环境，分析了这些技术在场馆展览中出现后的利弊。有了信息技术的支持，展品的表征方式更为丰富，使得科学过程与技术原理的呈现方式更为直观，学习者与展品资源之间的交互方式也更加多样化，创造新的互动体验，充实了场馆学习给养，为创建多元化的场馆学习情境提供了强有力的技术支撑，为场馆学习的创新提供了契机和广阔的空间。

“给养”（affordance）一词系美国生态心理学家吉布森（James J. Gibson，1904—1979）所创，经由认知心理学家诺曼（Norman，1988）普及开来，被用于描述环境对有机体行为、目标乃至能力的影响，反映有机体与环境之间的相互作用和互惠关系。场馆是一类“设计的学习环境”（designed learning environment），是具有社会中介（socially-mediated）的意义建构环境。人们在场馆学习环境中，以展品资源等人工制品为中介，从各自的先前经验中以各种不同方式产生意义（Fienberg，Leinhardt，2002）[①]，场馆中的物理环境、人工制品等为学习者提供了各种给养。然而，场馆中的展品能否促进学习者的学习取决于场馆学习是否发生。学习是否发生则取决于学习者是否正确感知到了环境提供的学习给养，“感知—行为”循环是学习发生的重要机制。场馆学习环境给养学习者，学

① Fienberg J，Leinhardt G. Looking through the glass：reflections of identity in conversations at a history museum［M］// In Leinhardt，G.，Crowley，K.，Knutson K.（Eds.），Learning conversations in museums. Mahwah，NJ：Lawrence Erlbaum Associates，2002：167-211.

习者正确感知给养并作用于场馆学习环境，二者方能形成一种给养关系。事实情况是，场馆学习环境提供了尽可能多的学习给养，但并非所有的给养都能被学习者所感知，或者说，学习者感知到的信息与学习给养并非完全一致。换句话说，场馆学习环境提供的真实给养当然重要，因为它决定了环境能否有效地支持学习者完成活动、达成目标，然而，可感知的给养则是学习者学习是否发生的关键。

盖弗（1991）从学习环境是否提供了给养（affordance）、学习者是否感知到了信息（perceived information）两个维度建立了矩阵，描述了四种给养——虚假的给养（false affordance）、可感知的给养（perceptible affordance）、隐藏的给养（hidden affordance）、合理的拒绝（correct rejection）[①]。当给养被感知到时，它们将在感知与行为之间形成一种直接联系，隐藏的或者虚假的给养将导致错误。

可感知的给养——学习环境提供了给养（Yes），学习者也感知到了信息（Yes）。由一个有机体所带来的行为的所有可能性中，有一部分是会被个体有效地感知到的，这些称之为可感知的给养；

隐藏的给养——学习环境提供了给养（Yes），学习者并未感知到信息（No）。一个物体能够给养个体可能无法感知到的不同的行动，这些称之为隐藏的给养；

虚假的给养——学习环境没有提供给养（No），学习者却感知到了信息（Yes）。一个物体也会有误导个体判断的属性，个体认为它能够给养某个特定的行动，实际上它却不能，这些称之为虚假的给养；

合理的拒绝——学习环境没有提供给养（No），学习者也没有感知到信息（No）。一个物体能够创造不采取行动的可能性，也就是说，感知信息暗示个体某个行动不能够被执行，这些称之为合理的拒绝。

---

① Gaver W W. Technology affordances［C］. Paper presented at the SIGCHI conference on human factors in computing systems：Reaching through technology，New Orleans，1991（1）：79–84.

图 10-6　基于感知信息的给养分类框架（Gave，1991）

荷兰开放大学学者 Kirschner（2002）等曾指出："在教育领域，给养通常是技术的（technological）、教育的（educational）和社会的（social）情境和给养的整合，不同的教育情境中有着不同的社会化方式以及技术支持手段。"① 技术给养使得展品的表征方式更为丰富多样，学习活动更为个性化、情景化，便于学习者选择与自己匹配的给养感知与利用方式，从而有效增加给养的可感知度。

第六节　信息技术为场馆境脉中的科学探究提供支架

场馆为学习者提供了利于科学探究的环境。首先，场馆中的展品信息丰富，它的展品是围绕不同的科学内容设置的，学习者可以自由选择主题；其次，科技场馆中的展品一般是引导学习者通过互动来发现某种现象和规律。在这种自由开放而没有压力的气氛中，个体能够积极地投入探究过程，进行观察、操作，并发现展品的规律。但是场馆学习一般发生时间短，学习内容分散，在某种程度上限制了学习者对科学知识进行深入的理解。再加上部分科学概念与日常生活距离较远，加大了概念

① Kirschner P A.Can we support CSCL? Educational, social and technological affordances for learning［M］//In P.A.Kirschner（Ed.），three worlds of CSCL：Can we support CSCL? Heerlen, The Netherlands：Open University of the Netherlands，2002：7–47.

建构和对错误概念进行转化的难度。而在面对复杂、抽象的科学概念时，能否让学习者尤其是儿童理解这些在日常生活中无法通过观察获得的科学概念，也有待进行更多的探索。而信息技术可以为场馆境脉中的科学探究提供支架。

我国台湾地区的学者、台湾科技大学黄国祯教授是场馆学习研究领域的颇有影响力的学者之一，近些年来致力于移动学习、情境感知泛在学习等与场馆学习的结合，在台湾的蝴蝶园（开发了“蝴蝶与生态学习系统”）、北回归线太阳馆（开发了“行动与无所不在学习系统”）、鹿耳门圣母庙（开发了“探索式乡土教学系统”）等进行了较为深入的研究，产出了大量的有影响力的研究成果。如在蝴蝶馆中，移动终端可以引导学习者识别蝴蝶的细节特征、观察蝴蝶的生态，使得学习者在相应展品前停留的时间更长，为学习者探究蝴蝶提供支持。如在北回归线太阳馆，学习者手持掌上电脑，抵达“冬天与夏天的太阳”展品位置后，使用掌上电脑扫描 RFID 标签，软件系统就会呈现出该项展品的操作引导界面，“小朋友，你知道夏天的气温为什么总是比冬天的气温高呢？现在，借助你面前的这台仪器，一起来认识四季的奥妙吧！”在软件系统的指示下，学生实际操作该项展品，并仔细观察产生的现象。“接下来，请仔细操作仪器。移动透明箱，将红色指标对准地球。将箱上黑色箭头对准 90 度。”学生操作完成以后，软件系统会提出一些学生必须亲自操作过该项展品才能回答的题目，确认学生动手操作并专心于学习中。移动终端的使用能帮助学习者更深入地了解该项展品设计的深层目的，比较准确而有效地接收到展览设计者所传递的信息，更好地理解科学概念。如在鹿耳门圣母庙，学习者手持移动终端，结合移动终端上呈现的学习任务进行学习：“在每面墙上都有一些文字，你知道它代表什么吗？”“小朋友，你可以摸摸、拍拍抱鼓石，感觉如何？”“猜猜看，它是什么做成的？”这些任务能引导学习者观察、触摸展品的细节，并深入思考与展品相关的问题，为学习者在场馆境脉中的科学探究提供了支持。

韩国首尔大学的 Seulkee Park、Eun Ji Park、Chan-Jong Kim、Seung-Urn Choe 等（2011）[①] 指出，在场馆中学习科学最基本的特征就是基于展品的学习，通过这些展品，学习者可以体验真实性的科学探究，他们设计了相应的应用程序，开展了相应的实证研究，并系统地归纳了移动技术为场馆中的科学探究提供的支架，表现在适度的导览以减少自由度、对展品中所蕴含的科学原则进行清晰的解释以保持方向、突出任务特征（理解科学原则，解释重要的新术语，讲解科学原则的演进）、自我导向的学习（帮助存储照片、视频等，有助于满足学习者的好奇心，帮助学习者解决问题）、维持动机（使用多媒体资源建立展品与生活的联系）、控制挫败感的产生（鼓励学习者进行深度思考，培养学习者的科学兴趣）、持续的诊断与支持（迷思概念，先前知识）、呈现解决路径（向他人解释概念，分享信息，鼓励与他人交流）、促进交互（展品的操作展示，理解关于展品的实验）等方面。信息技术可以在学习者的科学探究过程中提供支架，满足学习者的需求，从而促进学习者的学习。

① S Park，EJ Park，CJ Kim，SU Choe. Exploring Science Learning Using Smartphones in a Science Museum：Focusing on Scaffolding.

第十一章　信息技术重构场馆学习

传播学家马歇尔·麦克卢汉曾在20世纪60年代预言，由于电子媒介的出现，地球会变成一个村落。《哈佛商业评论》《华尔街日报》等多家媒体报道的《大爆炸式创新》（*Big Bang Disruption*：*Strategy in the Age of Devastating Innovation*）一书指出："互联网的创新，不像过去，是在原来基础上的递进式的演进，而是彻底的破坏性创新、彻底的颠覆性创新。"

在移动互联网、大数据、人工智能等新一代信息技术的高速发展对经济、社会、工业等诸多领域造成了冲击性的影响的同时，信息技术所重塑的社会生态给场馆学习也带来了深刻的影响。信息技术不仅赋能/增能场馆学习，而且也可能会引起学习者与展品之间的关系发生一些变化，可能会带来原有系统要素间平衡的解构和新的要素间关系的重构；信息技术赋能优化场馆学习环境，突破场馆学习时空限制，转变学习者的场馆学习方式；信息技术适应学习者个体差异、满足个性化学习需求；信息技术改变管理与决策方式；具有不可替代的赋能加力功能和促进场馆学习变革的内生性动力。总之，信息技术改变了传统场馆学习的过程结构和生态场景。

第一节　信息技术延展了场馆教育者的角色

一、从解说员到场馆教育者

1906年，吉尔曼（Benjamin Ives Gilman，1852—1933）在美国波士顿艺术博物馆中设立“docent”一职，在每周二、周四、周六的上午为10人左右的学习者团体进行1个小时的讲解。该职位的设立是场馆发展中的一个重要贡献，在场馆发展史上具有深远的影响。“docent”借鉴大学中的一种称谓，指的是在早期的欧洲一些大学里位于教授之下的一般性教员，或者大学中只要有资格教授知识的人，都可以称为“docent”。在场馆领域一般被译为“讲解员”，波士顿艺术博物馆设立这个职位的初衷是希望通过这样一群人，向进入场馆的学习者介绍博物馆及其展示的内容。“讲解员”这个具有浓厚场馆本位色彩的词汇成为这个群体最早的身份认知，并决定了其角色定位与实践探索。讲解员一般都拥有非常丰富的场馆相关知识，对展品都有着非常全面而深刻的理解与认知，但在自我身份认知上，他们更倾向于认为自己是场馆专业人员，而不是一位教育工作者。所以，虽然讲解员从一开始设立就具备了教育人员的身份，是向学习者进行展品和展览的诠释，但他们更关注与展品本身相关的学科知识而不是教学法知识，并不太关注相应的教学方面的技巧。即便如此，讲解员作为一个特殊群体，成为代表场馆的一项教育功能、承担场馆教育功能不可或缺的角色。美国波士顿艺术博物馆的这一创举很快得到世界各地场馆的纷纷效仿。

随着场馆教育职能的不断凸显，根据乔治·海因（George Hein）考证，20世纪20年代Lawrence Coleman发表的题为《小型博物馆手册》的出版物中，出现了“场馆教育者”（museum educator）这一称谓，并迅速扩散开来。场馆教育者作为一种专门的职业身份得以逐渐确立起来，不但在世界各地的场馆中出现了越来越多面向场馆教育者的职业岗位，更为重要的是，在高等院校与科研机构中出现了越来越多专门培养场馆教育者的学科专业；与此同时，专门面向场馆教育工作者的学术组织、学术刊物日益增加，其影响力也不断扩大。从“讲解员”向“场馆教育者”的身份与角色转换越发凸显。到20世纪70年代，在美国华盛顿召开了场馆教育圆桌会议，场馆教育者探讨共同关心的问题。此时美国博物馆联盟开始关注场馆教育者的身份认同、幸福感、专业性等方面，并且开始为满足场馆教育者的专业需求和利益而努力。20世纪80年代，场馆圆桌报告开始提出，撰写学术性出版文章同样是场馆教育者的工作内容，教育者不应仅忙于执行项目，也要花精力把他们从事的工作转化为学术研究成果。20世纪90年代至今，随着教育职能开始成为场馆的首要职能，要为场馆学习者提供有意义且持续性的学习体验，场馆教育者更是成为承担这一重要职能的实施主体之一[①]。

从讲解员到场馆教育者是一次重要的转折。正如Vera L. Zolberg所说的那样，二者的立场显然是不同的，讲解员关注的是展品，场馆教育者更加关注的是学习者。

二、从场馆教育工作者到助学者

当今社会正处于信息时代，信息技术日新月异，各行各业发展迅速，处于不断的变化之中，场馆行业也不例外，场馆应持续地调整自身定位和目标。场馆教育者的角色也在发生变化。贝利认为场馆教育者应具有适应性和灵活性，能适应场馆环境变化、场馆发展目标变化等。场馆教育者不仅是场馆学习的理论研究者和实践工作者，应具备教学和学习的知识、广博的专业知识，还应该具备信息技术能力，能够为不同类型的

① 宋娴，罗跞.博物馆教育者的专业素质：特征与框架［J］.全球教育展望，2019，48（6）：119–128.

学习者设计、开发、实施相关学习活动，从而促进学习者的学习。马蒂（Marty）认为信息表述、信息组织和获取、信息管理、数字化技术、交互技术、信息策略、评估方法等信息技术能力对于场馆教育者极其重要。特兰（Tran）认为，场馆教育工作者要从环境、展品、内容、学习理论、交流对话等维度，对学习者提供支持与帮助。在环境维度，要能够为不同的学习者提供行程计划，满足其兴趣需要；在展品维度，要能够依据学习者的不同水平进行教育项目知识调整，选择性地传达合适的内容和展品背后的意义，以便学习者理解；在内容维度，要灵活地激发学习者的兴趣并为其提供合适的选择，进而增强学习者的场馆体验；在学习理论维度，要具备各种教育理论和教学知识，能够依据学习理论模型来指导实践；在交流对话维度，要掌握针对不同年龄、能力和兴趣的学习者阐述展品的技巧，促进学习者的知识获取以及互动[①]。

所以，场馆教育者的角色应转向助学者、人类科技与文化的诠释者、公众学习的帮助者与促进者。从“解说员”到“场馆教育者”，再到隐现状态的“助学者”，这是时代对这一群体职业身份的新要求，也是场馆境脉中“以学习者为中心”理念的充分体现，意味着场馆教育者在基本的教育价值观念、系统的专业知识、现实的职业实践等方面都必须做出真正的改变。

第二节　信息技术重构了学习者与展品、他人的交互关系

信息技术用于场馆这一类特殊境脉中，学习者与展品之间的交互关

① 宋娴，罗跞．博物馆教育者的专业素质：特征与框架［J］．全球教育展望，2019，48（6）：119-128.

系、学习者与他人之间的关系是否发生了改变，一些学者对这一问题进行了研究与探索。

一、交互关系的重构

南台科技大学信息管理学院的 Rong-Jyue Fang、台湾科学工艺博物馆 Yu-Hung Wang、Mei-Chen Chang、Cheng-Wei Fan 等（2007）[①]，在分析英国 Tate Museum、意大利 Torre Aquila Museum、美国 Exploratorium Museum、台湾地区的 Exploratorium Museum 等相关案例的基础上，结合理论剖析，构建了一个以学习者为中心的模型。Rong-Jyue Fang 等认为，移动技术支持的场馆学习，实质上是六类交互：

① 学习者与展品之间的交互（Interaction between visitor and exhibitions）；

② 学习者与指导者之间的交互（Interaction between visitor and instructors，这里的 instructors 是指场馆教育者、教师、家长等角色）；

③ 学习者与场馆教育者之间的交互（Interaction between visitor and staffs）；

④ 学习者与内容之间的交互（Interaction between visitor and contents）；

⑤ 学习者与其他学习者之间的交互（Interaction between visitor and visitors）；

⑥ 学习者与移动工具之间的交互（Interaction between visitor and tools）。

---

① Fang R J，Wang Y H，Chang M C，et al. Develop a mobile learning model for museums［C］. Conference on Wseas International Conference on Applied Computer Science，2007.

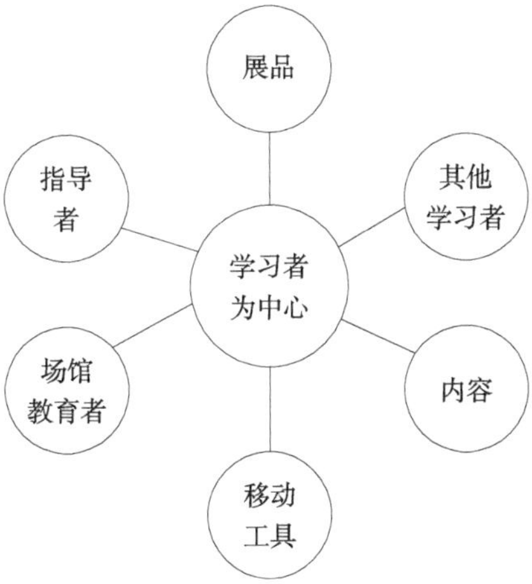

图 11-1　以学习者为中心的复杂交互作用（Rong-Jyue Fang，2007）[①]

方荣爵等（2007）将学习者置于模型的中心位置，倡导场馆学习以学习者为中心。方荣爵等在这个模型中也概括出了技术用于场馆这一类特殊境脉中所形成的多重复杂的交互关系。他们在构建上述模型的基础上，分析了基于移动技术的场馆学习与传统的场馆学习在六类交互行为方面的一些区别。

表 11-1　特征比较

	传统场馆学习	基于移动技术的场馆学习
学习者 vs. 展品	通过与实物交互或操作设备进行学习	通过实时的、虚拟的环境进行交互学习，以提升动机
学习者 vs. 指导者	受时间限制	自我导向的、实时反馈的
学习者 vs. 其他学习者	陪伴进入实体场馆的人	随时随地分享
学习者 vs. 场馆教育者	几乎没有交流	伴随学习者的路线，提供实时的反馈与交流

① Fang R J，Wang Y H，Chang M C，et al. Develop a mobile learning model for museums［C］. Conference on Wseas International Conference on Applied Computer Science. World Scientific and Engineering Academy and Society（WSEAS），2007.

续表

	传统场馆学习	基于移动技术的场馆学习
学习者 vs. 内容	实地学习	记录自我学习的内容，允许人们追忆
学习者 vs. 学习工具	在实体场馆中的图片、声音、视频等	通过多媒体和网络

台湾师范大学教育心理学与咨询学系 Yao-Ting Sung、信息与计算机教育系 Kuo-En Chang，台湾科技大学工程系 Huei-Tse Hou 等①学者在 2010 年发表的一篇文献中，描述了在移动技术支持下，学习者与场馆学习环境之间的交互，称之为 HCCI（the Human-Computer-Context Interaction）框架，在这个框架中，他们用图示的方法，描绘了四个层次的交互关系。

① 第一层次是，即学习者—移动终端之间的双向交互作用，学习者通过移动终端访问虚拟场馆资源；

② 第二层次是，即学习者—移动终端—展品之间的三向交互作用，学习者具身于实体场馆之中，一方面学习者通过身体感知实物展品，另一方面通过移动终端获取展品相关的信息；

③ 第三层次是，即学习者—移动终端—情境的三向交互作用，学习者不仅关注展品的物理特征，还可以通过虚拟情境获取其历史、文化背景信息；

④ 第四层次是，即学习者—同伴—移动终端—情境之间的多重复杂交互。

从 HCCI 框架中可以看出，与 Anders Jakobsson、Eva Davidsson 等构建的模型相比较，移动技术用于场馆这一类特殊境脉中，学习者与展品之间的交互、学习者与他人之间的交互发生了改变，是一种多重复杂的

① Yao-Ting Sung，Kuo-En Chang，Huei-Tse Hou，et al. Designing an electronic guidebook for learning engagement in a museum of history［J］. Computers in Human Behavior，2010（26）：74-83.

交互关系，学习者可以通过与现实/虚拟场馆展品之间的交互建构展品的意义。

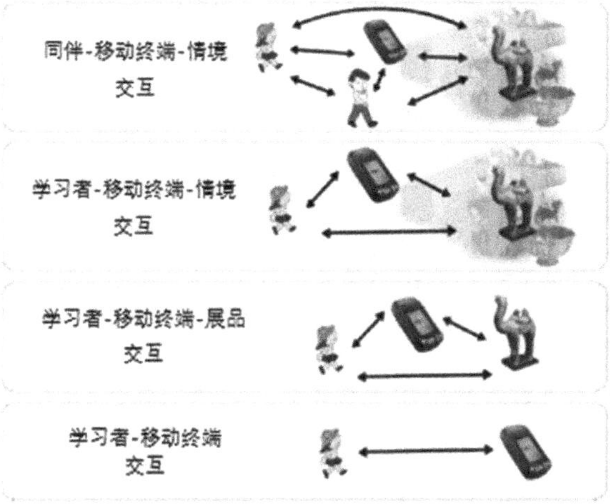

图 11-2　技术支持的场馆学习的多层次交互关系 ①

欧洲学者的相关研究也有较大影响力。儿童不是孤立的主动学习者，在学习过程中会与物和人互动，因此在博物馆情境中，如何设计支架促进儿童最近发展区的发展十分重要。随着信息技术的发展，信息技术融入展览展品设计，促进了儿童与展品、同伴的互动且具有积极影响，反过来，儿童的互动需求又对信息技术应用于展览展品设计提出更多要求。

TELEARC（The Technology Enhanced Learning European Advanced Research Consortium，欧洲技术促进学习深入研究联盟）的主要目标是为技术促进学习的相关研究做出贡献，整合欧洲技术促进学习相关研究团体的力量并加强各团体之间的科学协作，以推进欧洲技术促进学习相关研究走向卓越，扩大其面向科学共同体、决策者和公众的影响力。其中，MUSTEL（Museums and Technology Enhanced Learning，技术增强的场馆学

① Sung Y T, Chang K E, Hou H T, et al. Designing an electronic guidebook for learning engagement in a museum of history［J］. Computers in Human Behavior, 2010, 26（1）: 74-83.

习便是该联盟中一个重要的研究团体，他们的相关研究在国际场馆学习领域具有非常重要的引领作用。各位成员共同致力于整合技术，促进场馆学习的相关研究，分析既有的、好的实践，形成有用的理论框架与设计原则，产出了相应的有影响力的研究成果，代表成员主要有以下学者：

① Liam Bannon，英国利默里克大学（University of Limerick）；

② Palmyre Pierroux，挪威奥斯陆大学（University of Oslo）；

③ Victor Kaptelinin，瑞典于默奥大学（Umaå University）；

④ Kevin Walker，伦敦知识实验室（London Knowledge Lab），英国伦敦大学（University of London）；

⑤ Tony Hall，爱尔兰国家大学（National University of Ireland）；

⑥ Dagny Stuedahl，挪威奥斯陆大学（University of Oslo）。

瑞典于默奥大学（Umeå University）学者 Victor Kaptelinin 是 MUSTEL 团体的核心成员之一，他最具代表性的成果就是基于活动理论的工具中介思想，提出了技术支持场馆学习的概念框架，在此将其称为 Victor Kaptelinin 模型。在模型中，Victor Kaptelinin 用 S 代表主体 subject，O 代表客体 object，MM 代表中介工具 mediating means，虚线箭头代表时间轴 time axis，绘出了三向交互的中介活动的基本表征形式。每个节点都是开放的。

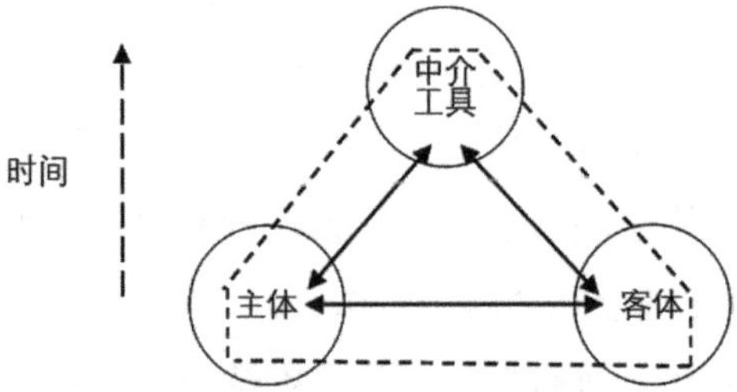

图 11-3　主体—客体—中介工具

在 Victor Kaptelinin 所描绘的模型中，主体节点代表了有需求、恐惧、希望的，在特定文化中保有社会联系的、归属于不同群体或机构的人，也就是场馆学习的主体。客体节点代表了在特定环境中的对象，在场馆境脉中对象自然指的是那些陈列与展品。中介工具节点则代表了多样化的工具。中介活动的基本表征形式可以应用于表征学习者活动情境与人工制品相关的活动情境。在表征学习者活动情境时，客体是场馆人工制品，学习者通过包括技术在内的多样化的工具与展品进行交互。在人工制品相关的活动情境中，主体与客体可能不是那么显而易见，场馆人工制品是活动的工具中介。两个活动情境在信息通信技术（ICT）的设计开发支持下互相连接，组成了一个概念框架。信息技术应该是描述了两种活动境脉中的复杂交互，一个与学习者自身兴趣、目标及期望相联系，另一个与场馆人工制品的设计、功能性及历史相关。这个模型旨在增强学习者的场馆学习体验，作为一个分析工具，为特定交互设计的系统探究提供支持。

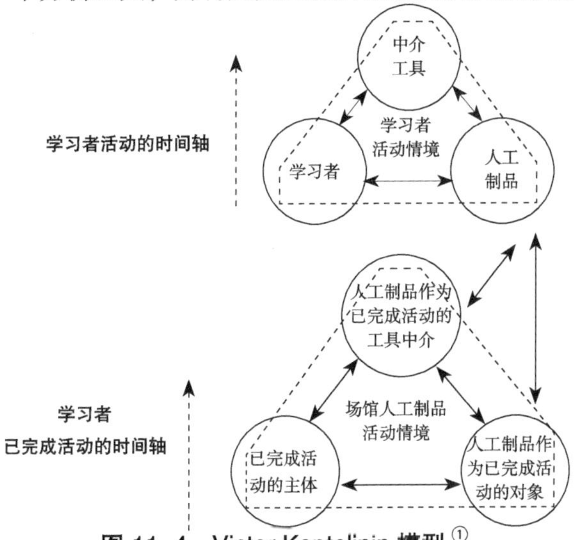

图 11-4　Victor Kaptelinin 模型[①]

Victor Kaptelinin 模型是基于活动理论的工具中介思想提出的，明确了主体、客体、工具等要素。Victor Kaptelinin 将技术视为重要的工具中介，

① Kaptelinin V. Designing Technological Support for Meaning Making in Museum Learning: An Activity-Theoretical Framework［C］. Proceedings of the 44th Hawaii International Conference on System Sciences，2011.

从时间维度简洁明了地表征了两个活动情境——学习者活动情境、人工制品相关的活动情境以及二者之间的关系，具有重要的理论指导意义。

东芬兰大学的学者 Henriikka Vartiainen 博士等（2013）以维果茨基的工具中介思想（Vygotsky’s basic mediated-action triangle）为指导，提出了场馆学习模型，同样也给了我们一些思考、启示与借鉴。

模型一为三角形结构，由学习主体（subject）、客体（object）、工具（tool）等三个要素组成。三角形的中心是三者所处的情境（context）。在该模型中，学习主体可以是个体（individual），也可以处于群体（group）之中。学习主体通过场馆提供的物理的（physical）或认知的（cognitive）学习工具，来获取关于展品的以图像（picture）、视频（viedo）、音频（sound）、文本（text）等形式呈现的信息。在该模型中，Henriikka Vartiainen 将客体（object）与工具（tool）用虚线框起来，称为“learning object”，即学习对象。

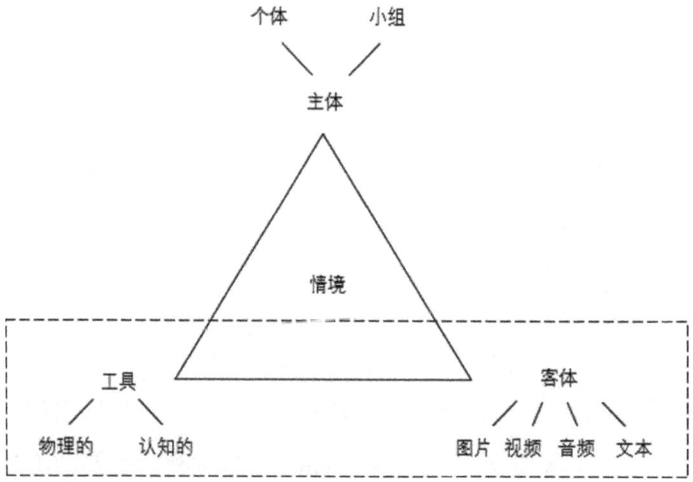

图 11-5　Henriikka Vartiainen 的场馆学习三要素模型（模型一）[①]

① Vartiainen H，Enkenberg J. Learning from and with museum objects：design perspectives，environment，and emerging learning systems［J］. Educational Technology Research and Development，2013，61（5）：841-862.

之后，Henriikka Vartiainen 在模型一的基础上进行了改进，提出了模型二。模型二仍是三角形结构，核心仍是学习主体（subject）、客体（object）、工具（tool）等三个要素。三角形的中心是学习情境（situated context for learning），并明确表示学习情境包括物理情境（physical）、社会情境（social）、技术情境（technological）。场馆学习主体可以是个体基于兴趣、体验或专长的参观，也可以参与到群体、共同体或专家文化中。通过个人自带设备、协作的社交媒体等进行探索，主体使用物理的对象（physical object，如各种实物操作台）或数字化表征（digital representation，如基于移动终端的场馆 APP）等材料，或者概念化的理论、理念，对外部世界知识进行探索。在整个过程中，学习者基于学习任务（learning Task），产出学习结果（outcome）。Henriikka Vartiainen 的理论模型以活动理论作为重要的理论框架，明示了场馆学习活动的主体、客体、工具、任务、产出等多个要素，学习者在物理的、技术的与社会的情境中学习。

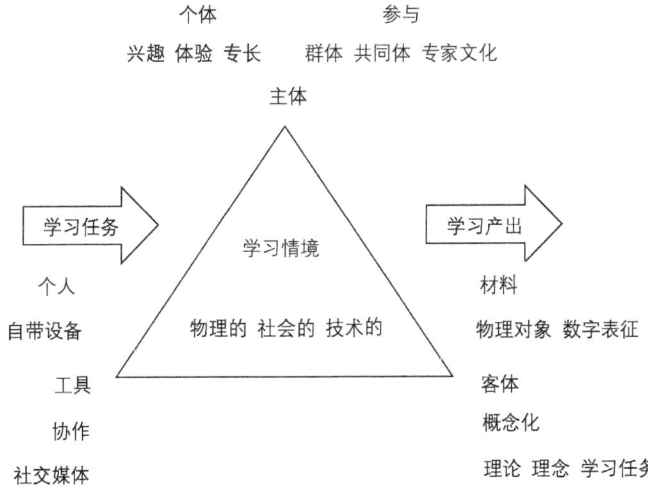

图 11-6 Henriikka Vartiainen 的场馆学习三要素模型（模型二）[①]

---

① Henriikka V. Principles for design-oriented pedagogy for learning from and with museum objects [D]. University of Eastern Finland，2014.

上述模型从不同研究视角描述了在场馆学习中信息技术所带来的学习者与展品、他人之间交互的丰富性与复杂性，为理解这些因素之间的复杂联结关系提供了有用的框架。场馆环境中的交互十分复杂，既有学习者与展品之间的交互，又有学习者与其他角色的社会性交互，信息技术介入到场馆境脉之后，交互形式更为复杂多样化。

二、交互编码的探索

（一）场馆交互编码

为了详细了解与分析学习者在场馆境脉中的交互行为，需要对学习者的场馆学习过程进行观察。在课堂场境下交互研究较多，如贝尔斯（R. F. Bales）互动过程分析理论、弗兰德斯（N. A. Flanders）互动分析系统（FIAS）、艾密顿和亨特（E. Amidon，E. Hunter）互动类别系统（VICS）、S-T 分析方法等，还有一些研究是基于信息技术环境对弗兰德斯互动分析系统进行的改进，如顾小清、王炜基于信息技术的互动分析编码系统[①]、方海光改进型弗兰德斯互动分析系统[②]等，对本研究都具有一定的启发与参考价值。对于场馆境脉中的技术应用的观察技术，相关研究较少。许玄玄构建了博物馆环境下教育课程中的师生教学交互编码系统，包括教师言语、学生言语、沉寂三大类 20 个交互行为[③]。

场馆环境中的交互十分复杂，既有学习者与展品之间的交互，又有学习者与其他角色的社会性交互，信息技术介入到场馆境脉之后，交互

① 顾小清，王炜．支持教师专业发展的课堂分析技术新探索［J］．中国电化教育，2004（7）：17-20.

② 方海光，高辰柱，陈佳．改进型弗兰德斯互动分析系统及其应用［J］．中国电化教育，2012（10）：109-113.

③ 许玄玄．国内博物馆教育中教学交互研究［D］．北京邮电大学，2019.

形式更为复杂多样化。在借鉴已有研究的基础上，笔者将场馆交互分为展品交互、技术交互、会话交互、无明显交互 4 大类 87 小类交互行为，并据此编制了场馆交互编码系统。由于该交互编码体系是笔者借鉴弗兰德斯编码系统进行编制的，其信度效度如何还需要进一步讨论，所以使用德尔菲法进行专家意见征询。经过两轮征询、修改以后，专家组的预测意见趋于集中。最终形成的编码系统如表 11-2 所示。

表 11-2　场馆交互编码系统

分类	编码	表述	内容
展品交互	1	学习者观察展品	学习者对展品进行观察
	2	学习者操作展品	学习者对展品进行操作
技术交互	3	学习者操作技术	学习者操作移动终端（软件平台等）
	4	技术作用于学习者	学习者观看基于移动终端的各类学习资源
会话交互	5	学习者与同伴进行会话	学习者与同伴之间讨论、交流看法
	6	与教师（家长、场馆教育者等）进行会话	学习者与教师（家长、场馆教育者）之间讨论问题、交流看法
无明显的交互	7	无助学习的混乱	学习者处于混乱状态，无明显的交互行为

上述编码系统中的各类交互分别解释如下。

展品交互细分为观察展品和操作展品。很多学者研究描述了这一点。兰德尔（Randol，2005）通过对场馆境脉尤其是自然科学类场馆中的学习者的探究行为进行细致研究，将其描述为“做与看”的过程——学习者对展品进行操作以探索其性能并观察产生的结果。学习者有意识地、顺利地使用了展品，他们的主要互动聚焦在操作展品提供的功能上以及观察所发生的现象，这两者解释了超过半数的学习者在场馆中所做的与探究有关的活动①。

会话交互指的是学习者与他人进行的会话行为，按照会话对象的不

① Randol S M. The nature of inquiry in science centers：Describing and assessing inquiry at exhibits［D］. University of California，2005.

同，分为与同伴之间的会话以及与教师、场馆教育者、家长等之间的会话。

技术交互指的是学习者通过移动终端与展品或他人进行交互。

除了展品交互、会话交互、技术交互之外，还有一种情况，即学习者在场馆内自由走动或者处于一种无明显交互状态，可能是在环境内嬉戏打闹，或者是处于发呆或走神的状态。我们认为这种行为游离于学习之外，处于无助学习的混乱状态，所以，将这种情况界定为“无明显的交互”。

（二）场馆会话编码

关于场馆境脉中的会话编码，Allen① 的编码框架较为经典。笔者在 Allen 的编码框架基础上进行了补充，用于描述场馆境脉中使用信息技术的会话编码分析。在信息技术支持的场馆学习中，学习者的会话内容除了感知、概念、联系、策略、情感五个维度之外，还可能会涉及技术使用的有用性、易用性的会话。所以，编码维度与内容具体如下。

①感知（Perceptual）。指的是学习者感知、注意到场馆环境中的事物，与此相关的对话内容，包括四个子类。

②识别（Identification）。指的是学习者指出某展品或某展品令其感兴趣的部分，可能是问句或陈述句，比如“快来看，这是什么”“看那个”。

③命名（Naming）。指的是学习者能够指出某个展品的名称，比如“这是一个人体切片模型”“它叫什么名字来着？嗯，好像叫三球仪”。

④特征（Feature）。指的是学习者能够描述某个展品的属性或特征，比如“我看到了，它（血液）在不停地流动”“它转起来速度好快啊”。

⑤引用（Quotation）。指的是学习者阅读展品的相关说明，这些说

① Allen S. Looking for learning in visitor talk：A methodological exploration [M] //In Leinhardt G，Growley K，Knutson K. Learing conversations in museums. Mahwah NJ：Lawrence Erlbaum Associates，2002：259-303.

明可能来自标签文本，也可能来自移动终端等。比如“三球仪又称月地运行仪，是一种天文教学和天文普及仪器”。

⑥ 概念（Conceptual talk）。指在学习者的对话中出现了认知性解释或推理的成分。与此相关的对话内容包括四个子类。

⑦ 简单推理（Simple inference）。指学习者对展品进行简单的解释性陈述。比如当用显微镜观察“人血的永久涂片”之后说“血液里面有红细胞和白细胞”。

⑧ 复杂推理（Complex inference）。指学习者关于展品信息的一般性描述、假设等，或者讨论展品之间、属性之间的关系，比如，学习者将某展品与其他展品之间的特征进行比较，“你看那三个，它们是不一样的，一个是有凹槽的，一个是螺旋的，这个也是螺旋的，但里面是空的”等。

⑨ 预测（Prediction）。指的是学习者关于即将要看到、要发生的事情的预测。比如，“我猜，接下来小球该漂起来了”。

⑩ 元认知（Metacognition）。指的是学习者反思自己的现有知识或先前知识。如“我想起来了，我记得我爸妈给我讲过，日食是这么回事”等。

⑪ 联系（Connecting talk）。指学习者能够说出展览中与某展品有关的知识或经验之间所存在的具体联系。与此相关的对话内容，包括三个子类。

⑫ 与生活的联系（Life-connection）。指学习者将展品与生活的经验联系起来，如故事，把展品比作生活中熟悉的事物等。比如，“你看，太阳像篮球一样大，月亮跟乒乓球大小差不多”。

⑬ 与知识的联系（Knowledge-connection）。指学习者将展品与知识联系起来，比如“这个咱们老师讲过，血液是由红细胞、白细胞和血小板构成的”“对，对，书上有这个内容，老师在课上讲了”等。

⑭ 展品之间的联系（Inter-exhibit connection）。指学习者建立展品之间的联系。比如“这个模型跟你刚才看到的那个模型类似，都是关于血液的循环流动”等。

⑮ 策略（Talk about strategies）。指与具体操作或使用展品相关的对话。

与此相关的对话内容，包括两个子类。

⑯ 使用的策略(Use)。指学习者具体操作或使用展品相关的对话，如"你可以转得快一点""你应该把它放到那个里面去，你才能看到现象"等。

⑰ 元表现（Meta performance）。指学习者对自己或同伴的表现、行为、能力的评价。如在三球仪展品旁边，老师指导学习者们，"对，你很棒，就是这样操作的。"

⑱ 情感（Affective talk）。指的是学习者积极或消极的观点或评论。与此相关的对话内容包括三个子类。

⑲ 积极的（Pleasure）。指的是学习者积极的观点或评论。如"我喜欢这个""好可爱啊""这个真是太精彩了"等。

⑳ 消极的（Displeasure）。指的是学习者消极的观点或评论。如"好烦""没意思"等。

㉑ 惊恐的(Intrigue)。指的是学习者表达惊恐的话语。如"吓我一跳"等。

㉒ 技术使用。指的是学习者具体操作或使用移动终端、移动平台等相关的对话。与此相关的对话内容包括三个子类。

㉓ 易用性。指的是学习者在具体操作或使用移动终端、移动平台及其内容、资源等的时候，关于其易用性的对话。比如"这个很简单，你直接点开就可以扫描了"。

㉔ 有用性。指的是学习者在具体操作或使用移动终端、移动平台及其内容、资源等的时候，关于其有用性的对话，比如"这个视频很好啊，看完我就懂了"。

由此，便形成了六大类 18 个编码的场馆会话编码体系，如图 11–8 所示。笔者在 Allen 的经典编码体系基础上增加了技术使用维度，并将其分为易用性和有用性。该编码体系同样也使用德尔菲法进行了专家意见征询。使用该编码体系，可以对学习者的会话内容进行分析，对各类会话内容出现的频次、比率进行分析，也可以辅助解释说明学习者在认知、情感态度等维度的学习结果。

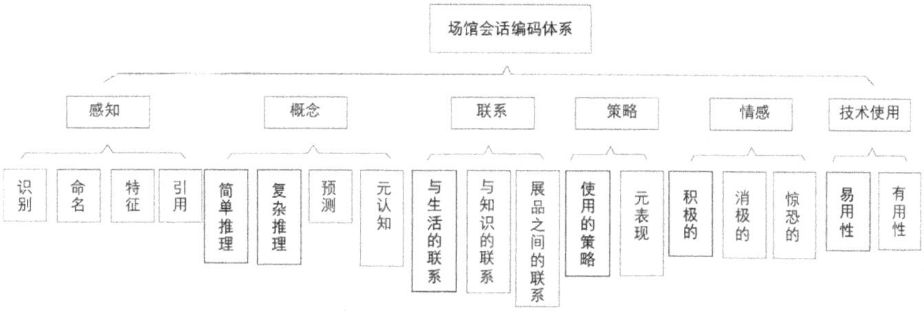

图 11-7　场馆会话编码体系

（三）交互编码的实践

场馆的选择。综合考虑场馆是否免费开放、开展研究是否便利等现实条件因素，研究选择 Z 科技馆作为实践研究的场馆。Z 科技馆于 2000 年 4 月 29 日开馆，建筑面积 8426 平方米，主体建筑共有四层，展厅内设 16 个展区，共有 200 多件 / 套展品，内容涵盖了物理科学、生命科学、数学、地球与空间科学等学科领域。该馆获得“全国青少年科技教育基地”“全国科普教育基地”“H 省级文明单位”“Z 市十佳青少年校外教育活动基地”等称号。

对象的选取。关于场馆学习对象的选取，有学者的做法是在场馆学习者中，随机招募一些愿意全程佩戴录音笔或者愿意被全程实录的志愿者，如鲍贤清（2013）①。也有研究的做法是选择中小学生作为研究对象，如 Hwang G J（2012）等②。S 中学作为这些年来依托学科特色课程、校本课程等与该科技馆展品结合，走出了一条教改创新之路，所以考虑到实证研究的可行性、研究对象的配合度、便利性等因素，笔者选择了 S 中学七年级实验班的 31 名学生作为研究对象。

---

① 鲍贤清 . 博物馆场景中的学习设计研究［D］. 华东师范大学 ,2013.

② Hwang G J , Tsai C C , Chu H C , et al. A context-aware ubiquitous learning approach to conducting scientific inquiry activities in a science park［J］. Australasian Journal of Educational Technology，2012，28（5）：931-947.

研究工具与信效度讨论。在研究中，采取录音、录像等方法进行全程实录，保持整个活动过程的原貌，以便后续进行反复的观察与分析；使用这种方法，可能会带来技术和伦理的问题。来自技术问题的挑战，可能会是如何获得足够高质量的录音录像资料，从周围噪声中辨识学习者的各种视频和音频信息，解决的方法就是尽量使用高质量的录音录像设备，以保证了技术与收集资料的高质量。在每一轮研究中，笔者作为完全观察者角色，对于学习者的整个学习活动过程进行详细的观察，并全程与其他 4 位研究者共使用 5 台 DV 来全程记录活动现场的视频资料，力争记录下所有学生的所有动作细节及会话内容。另外，学习者只知道笔者及其他几位研究者是老师，并不知道研究者的身份以及研究的目的所在，再加上使用设备 DV 的微型化不容易引起大家的注意，而且学习者的注意力基本上都集中在场馆环境、展品内容及平板电脑上，所以，他们知道被拍照、录音和摄像，但也并没有感到不自在，在活动中保持了本真和自然的状态，从而避免了霍桑效应和皮格马利翁效应的出现。伦理问题就是需要让学习者有知情权并同意对他们进行记录，解决的方法就是提前告知他们，获得许可之后再进行相应的数据收集。在本研究中，笔者都是在得到了学习者的明确许可之后方才进行录音和录像的。

图 11–9　研究过程（部分）

1. 场馆交互行为观察分析

每一轮活动结束后，笔者使用上述自编的场馆学习交互编码系统，对活动的视频实录采用时间抽样的方法进行手工编码。笔者邀请一位研究者与笔者共同完成这项工作。至于多久取样一次，从文献看，大多数研究者都将 3 或 5 秒作为注意力计算的起始点。在有关场馆学习的相关研究中，一般认为，学习者在某展品前驻留 3 秒或 5 秒以上，视作他在观看或操作展品。所以，研究采取 3 秒作为时间取样单位。按照时间顺序每 3 秒钟取样一次，详细反复地观看每位学习者的交互行为，记录每类行为的编码。

为了保证编码的信度和效度，两位研究者分别进行编码，在编码的时候同样借鉴弗兰德斯编码的一些方法，各自编码结束后，将其中存在分歧的关键点筛选出来，共同协商，根据活动的具体情境判定类型并赋予相应的编码，以达成一致。（1）比如学习者使用移动终端扫描二维码观看展品数字资源，经研究者一致协商认为该交互行为属于技术交互。（2）若学习者在某 3 秒内发生了两种或者两种以上的行为，在记录的时候，应尽可能地将它们的编码全部记下来，再根据具体情境来判定类型并赋予其编码。（3）如果在两种或两种以上的行为中存在有声行为，则有声行为优先，归为会话交互。

对分析的结果采用百分比一致性的方法进行分析。百分比一致性是最为简单、使用最为普遍的信度系数，指的是计算不同编码者之间的编码一致的数量和编码总数量之间的比值，如果该比值越高，则信度就越高。通过计算，本次编码的信度为 80.9%，说明本次编码具有较高的可信度。

第一轮活动持续 20 分钟，每位学习者的编码数据约 400 个。对数据的处理与分析中，弗兰德斯互动分析常用比率分析法、矩阵分析法、时间线分析法等进行分析，以比率分析与矩阵分析最为常用。矩阵分析法可以用于分析课堂教学中的一节课的课堂教学结构与风格等，本研究并不适合采用这种方法。由于每一轮活动的时长可能不一样，在此，拟使用时间线分析法、比率分析法等对收集到的数据进行处理和分析。

表 11-3　学习者的交互行为观察表

	3	6	9	12	15	18	21	24	27	30	33	36	39	42	45	48	51	54	57	60
1M																				
2M																				
3M																				
4M																				
…																				
60M																				

注：该表中首行的 20 个数字表示 1 分钟内的 20 个 3 秒钟，首列的数字表示从活动开始到结束的每一分钟。

（1）时间线分析

时间线（Timeline）也叫时间轴，是依据时间顺序，将某一事件或任务活动的发展过程完整记录下来，再以可视化图形的形式完整地、直观地呈现出来，以实现时间序列上的记录和动态追踪。时间线的时间单位根据所展示事件的时间间隔来确定，可以是年、月、日、小时、分钟等。

本研究以时间为横轴，以学习者的各种交互行为为纵轴，以 3 秒为取样的时间单位，记录学习者的交互行为从开始到结束的整个过程，以呈现出交互行为在时间序列上的变化情况。限于篇幅不能完全展示，下面抽取某位学习者的第 15 分钟的交互行为时间线可视化图示的片段，如图 11-10 所示。

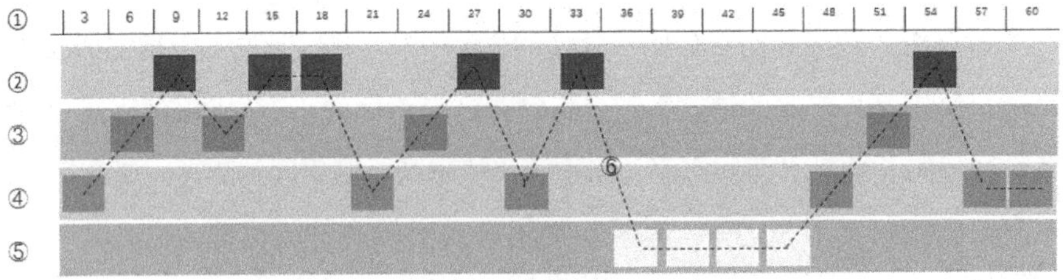

图 11-10　某位学习者的时间线分析片段

可视化说明：①表示学习进程分析时间轴；
②③④⑤不同色块分别代表不同的交互行为。其中，②代表展品交互；③代表技术交互；④代表会话交互；⑤代表无明显的交互；
⑥将某学习者的不同色块连接起来，即得到该学习者的交互行为时间线。

注意指“心理活动对一定对象的指向和集中”（黄希庭，1982）[①]，是“一种表现为专心的心理活动”，指向和集中是注意的两个基本特征。认知心理学的相关研究认为，注意是引起个体进一步学习的前提条件和先决条件。从加涅的信息加工模型来讲，如果注意持续时间过短，感受外部环境刺激的时间过短，很难产生深度的信息加工过程。在场馆境脉中，注意是学习者对展品的心理活动，指向可以保证心理活动清晰而准确地把握展品，集中是指心理活动停留在展品的深入加工过程，所以注意是产生进一步学习的必要条件。如图 11–10 所示，该学习者注意持续的时间较短，最长是 6 秒钟，这在某种程度上可以说明该学习者在该时间段的投入程度不高。如果把时间线以曲线连接，就成了一个波形（这样说可能不够严谨，但便于解释说明问题），我们可以看出在该时间段波峰也比较密集，说明该学习者的行为变化频率比较快，而且在有的时间段出现了较长时间的无明显交互行为。所以某种程度上我们可以这样认为，该学习者的交互行为呈现出了比较离散、不够连续与集中的特点。当然这只是一个片段，不一定能说明更多的问题，要结合具体的数据来说明，得出更具有说服力的结论。

（2）比率分析

比率，即比值，指的是两数相比所得的值。根据收集到的场馆学习交互行为频数表，可以计算出每一位学习者以及整次活动的展品交互比率、技术交互比率、会话交互比率、无交互比率等。通过比率值的大小，可以反映出某一类行为在活动中所占的比率，以揭示学习者的交互行为特点。经过初步统计，对每位学习者的会话交互行为出现的频次、学习者与展品的交互行为出现的频次、学习者的技术交互行为出现的频次进行统计。

对某位学习者而言，展品交互比率是 1 ～ 2 列频次之和与该行总频

① 黄希庭 . 普通心理学［M］. 兰州：甘肃人民出版社，1982.

次的比值；技术交互比率是 3 ～ 4 列频次之和与该行总频次的比值；会话交互比率是 5 ～ 6 列频次之和与该行总频次的比值；无交互比率是第 7 列频次之和与该行总频次的比值。如对于某位 S_n 而言，用 f 来代表频次，比率计算方法如下：

展品交互比率 =（f_1+f_2）/（$f_1+f_2+\dots f_n$）

技术交互比率 =（f_3+f_4）/（$f_1+f_2+\dots f_n$）

会话交互比率 =（f_5+f_6）/（$f_1+f_2+\dots f_n$）

无明显交互比率 =f_7/（$f_1+f_2+\dots f_n$）

如 S_1，通过计算，其展品交互比率为 48.92%，技术交互比率为 15.20%，会话交互比率为 31.86%，无明显交互比率为 4.02%。说明该学习者的交互行为以展品交互为主，会话交互次之，技术交互的比率较低，也出现了一定程度的无明显交互行为。

为了详细分析实验班的 31 位学习者的详细交互行为的比率，笔者将学习者的交互行为频次占总频次的百分比进行汇总，如图 11–11 所示。从该图可以更加清楚明显地看出 31 位学习者的各类交互行为的具体分布情况。整体来看，在该轮活动中，展品交互和会话交互是 31 位学习者最主要的交互行为，每位学习者都产生过这两种行为。S8、S12、S15、S27 这 4 位学习者在活动全程中没有出现技术交互行为，对这几位学习者应给予足够的关注。S1、S2、S3、S5、S9、S13、S21、S23、S25、S31 等多位学习者出现了无明显交互行为。S13 的技术交互比率远高于会话交互，明显高于展品交互，还有一定比率的无明显交互行为。S21 跟 S13 的情况比较类似，对于这两位学习者的情况，结合对活动实录视频进行回看与分析，发现缘于这两位学习者有技术使用行为，但内容与本次的学习活动无关，如利用平板电脑打游戏、做别的事情等，游离于学习之外，应对他们给予足够的关注。这在某种程度上也体现了技术的两面性，一方面为学习者带来了很多的便利，另一方面还是会有一定程度上的负面作用，我们应该理性地去看待这个问题。

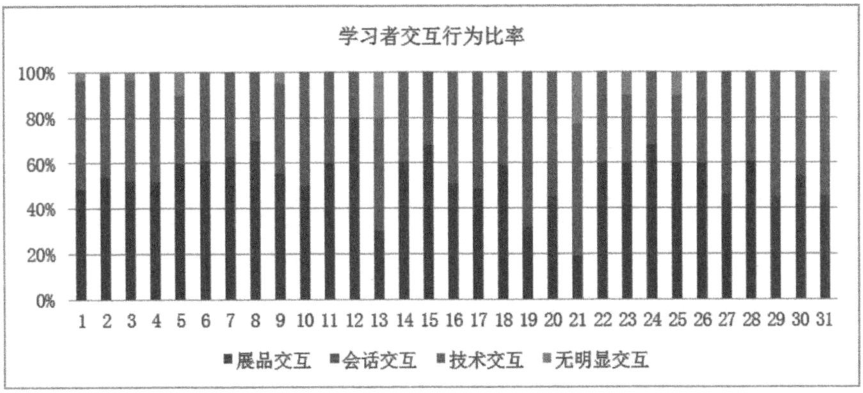

图 11-11　31 位学生的各类交互行为占比

为了分析随时间进程的学习者交互行为变化的详细过程，笔者以分钟为时间单位，将 20 分钟内的学习者的交互行为频次占总频次的百分比呈现出来。从图 11-11 中可以更加清楚明显地看出学习者在 20 分钟之内的各类交互行为的具体分布情况。整体来看，在该轮活动中，展品交互和会话交互是学习者最主要的交互行为，活动的每分钟内都产生过这两种行为。在交互过程的第 1 ～ 2 分钟、第 18 ～ 20 分钟等时间段产生过无明显交互行为，对这些时间段应给予格外关注。第 1 ～ 2 分钟出现无明显交互行为可能是由于学习者刚到一个新环境中，充满了新奇感。文献研究也表明，对不熟悉场所的新奇性和学习者行为之间存在密切关联（Falk，Balling，1982）[①]，对学习者个体而言，场馆的高度新奇性可能会使学生“开小差”（“off-task” behavior），从而影响学生的认知（Kubota and Ostad，1991[②]）与情感方面的学习成效。而适当地降低这种新奇性则会与高学习成效相关。Burnett 等（1996）指出三种减少场馆新奇性的方

① Falk J H, Balling J D.The field trip milieu: Learning and behavior as a function of contextual events［J］. Journal of Educational Research，1982，76（1），22-28.

② Kubota CA, Olstad RG. Effects of novelty-reducing preparation on exploratory behavior and cognitive learning in a science museum setting［J］. Journal of Research in Science Teaching，1991，28（3）：225-234.

法：增加学习者对场馆物理环境的熟悉度、确保学习者具有与展品或者活动主题相适应的知识基础、为学习者提供实践相应技能的机会等。第18～20分钟出现的无交互行为可能跟活动快要结束有一定关系。根据收集到的场馆学习交互行为频数表，还可以计算出所有学习者的交互频次总数，对每种交互频次的总数进行统计，如果某类交互的比率较高，说明此类交互行为出现次数较高。

总展品交互比率 = 所有学生的1～2列频次之和 / 总频次

总技术交互比率 = 所有学生的3～4列频次之和 / 总频次

总会话交互比率 = 所有学生的5～6列频次之和 / 总频次

总无明显交互比率 = 所有学生的第7列频次之和 / 总频次

通过计算得知，此次活动的31位学习者的总展品交互比率为47.71%，技术交互比率为10.35%，会话交互为33.80%，无交互比率为8.14%。整体而言，在此次活动中学习者的交互行为以展品交互为主，会话交互次之，技术交互的比率较低，也出现了一定程度的无交互行为。

2. 场馆会话行为观察分析

研究使用全程实录为会话分析提供真实的一手语料。实录结束以后笔者请两位研究者与笔者一起，将会话交互的内容转写成为书面文字。使用编制的会话编码工具对学习者之间的会话文本内容进行标记。对于那些在该编码体系之外的、与学习无关的对话内容，则不纳入分析与研究的范畴。以下是对研究中的部分话语片段进行的编码，以此来呈现本研究中所有会话的编码过程。

T：同学们，今天给大家一次课外学习的机会，大家结合咱们在课堂上学的内容，看着你们手上拿的平板电脑里面的资料，认真观察这些展品。

S众：好！

T：那下面你们就自由活动吧，遇到了什么问题可以问我。

S众：（散开）

（以上文本片段来自 3—20160418—001）

S5：来，看这个……（所属编码子类型：识别；编码类型：感知）

S9：什么啊？

S7：好的……

S21：这个叫什么来着？

S1：呃，基因之门啊。（所属编码子类型：命名；编码类型：感知）

S7：你忘了啊？咱们课上老师讲过的。（所属编码子类型：联系；编码类型：知识联系）

S1：嗯，是，想起来了。

S9：是是，怪不得叫基因之门，就是像一个门，呵呵（所属编码子类型：联系；编码类型：生活联系）

S1：“穿过基因之门走廊，观察地面上的提示信息……”（所属编码子类型：引用；编码类型：感知）

S5：你看脚下。

S21：我来走一走这个门，感受一下。

S1：真有意思。（所属编码子类型：积极情感；编码类型：情感）

S7：这个怎么玩？

S1：你按那个按钮，它就会转啊（所属编码子类型：使用策略；编码类型：策略）

S21：哦，这样啊？我还以为……呃，我以前不知道。

S7：你这看的什么？

S5：你扫那个二维码，这个视频就出来了。（所属编码子类型：易用性；编码类型：技术使用）

S9：哦，是吗，我试试。

S1：哇，这个视频制作得不错哎。（所属编码子类型：有用性；编码类型：技术使用）

（以上文本片段来自 4—20160418—003）

S25：哎，这个是显微镜啊，让我来看看。

S11：嗯，等一会儿。

S17：你看那上面写的："显微镜下能看到结构精妙、构成有序的组织图像。"（所属编码子类型：引用；编码类型：感知）

S9：你看到啥了？

S25：神奇！（所属编码子类型：积极情感；编码类型：情感）

S11：呃，让我再仔细看看。

S7：我看看。

S1：我看到了，里面好多小圆圈，跟小球一样，颜色不一样。（所属编码子类型：生活联系；编码类型：联系）

S17：老师讲过，血液里面就是红细胞、白细胞。（所属编码子类型：知识联系；编码类型：联系）

S25：有红色，有蓝色。

S11：红色的多，蓝色的少。

S9：蓝色好像有两个。

S15：走，去那边看看。

（以上文本片段来自 5—20160418—010）

S10：XX（某学生的名字）

S31：什么？

S10：你点开这个。（所属编码子类型：易用性；编码类型：技术使用）

S27：你看啊："操作血管墙展项，观察墙上的两端血管模型的血流速度，并用手触摸血管通道，感受左右两侧管壁的不同。"（所属编码子类型：引用；编码类型：感知）

S9：那这两个哪个是正常的血管啊？哪个是粥样硬化的血管？（所属编码子类型：命名；编码类型：概念）

S27：呃，上面这个是正常的吧？

S1：你看下面的这个，血管中间好像有点发黄的东西。

S31：嗯嗯，就是的，被黄色的东西堵住了。

S10：黄的。

S9：就是啊。

S27：叫什么粥样硬化，是不是被这种像粥一样的东西堵住了啊。（所属编码子类型：简单推理；编码类型：概念）

S31：是不一样。

S9：对啊，是不是这个正常血管流的速度快一些啊？（所属编码子类型：简单推理；编码类型：概念）

S7：另一个很明显被什么东西堵住了，所以流得慢一些。（所属编码子类型：简单推理；编码类型：概念）

S31：堵住了以后好像变粗了一点。（所属编码子类型：简单推理；编码类型：概念）

S10：呃，好像是的。

S27：而且好像也更厚了一点。（所属编码子类型：简单推理；编码类型：概念）

S7：对，说的有道理。

S10：那咱们就填，动脉硬化的血管比较厚、粗、慢吧。

S7：呃，好。

（以上文本片段来自 10—20161106—005）

基于以上编码体系，由两名研究者首先对转录形成的分析文本进行背对背编码分析，所有分析单元编码结束后对编码数据进行了信度检验，同样适用百分比一致性（编码重合率）来检验编码的信度。两位编码者的编码重合率为 81.7%。81.7% 的编码重合率说明了本次编码具有较高的可信度。之后，研究者在共同回顾编码体系的基础上对编码结果不一致的分析单元进行了协商确认，最后确定了编码结果。

Allen（2002）①、Charles Callaway（2011）②等学者的研究，是对所有学习者的会话内容进行编码以后，统计编码体系中每个编码大类、每个编码子类的会话出现的频次，以及占所有类别的百分比，再对这些比例进行分析，从中可以反映出一些问题。

在研究中也采用了相同做法，将会话内容所归属的各个子类所占的百分比做成柱状图，如图 11–12 所示，在 18 类编码中，积极表达类会话所占比例是最高的，为 14.94%，可能是因为学习者第一次来到科技馆的这个展区，见到这些新奇的展品，所以积极表达类的会话更多。其次是识别类会话，是学习者对他们感兴趣的展品的表达。而比例比较低的会话类型有复杂推理、预测、元认知、展品间联系等。按照莱因哈特和克努森的说法，具有较高诠释水平的学习者，其学习层次也稍微高一些，所以在某种程度上可以这样说，学习者的学习停留在比较表面的层次。关于技术使用的有用性、易用性等话语也相对较低一些。

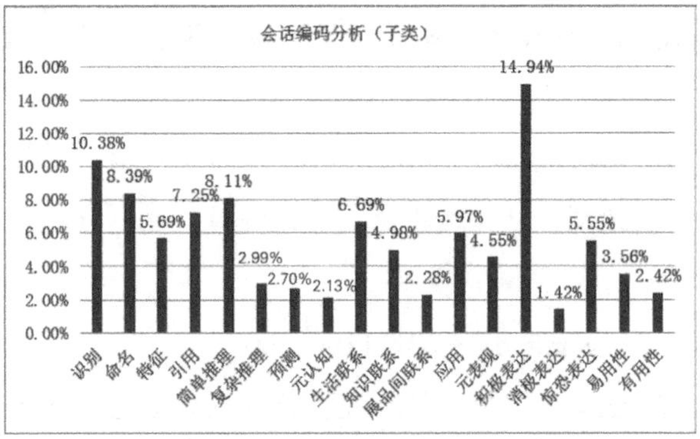

图 11–12　第一轮会话编码分析（子类）

---

① Allen S.Looking for learning in visitor talk: A methodological exploration.［M］//In G.Leinhardt, K.Crowley, and K.Knutson（Eds.）, Learning conversations in museums. Mahwah, NJ: Lawrence Erlbaum Associates, 2002: 259–303.

② Charles Callaway, Oliviero Stock, Elyon Dekoven, et al. Mobile drama in an instrumented museum: inducing group conversation via coordinated narratives［J］. New Review of Hypermedia & Multimedia, 2012, 18（1–2）: 37–61.

将 18 个子类按 6 大类进行汇总，通过数据得知，在该轮活动中，学习者的会话内容以感知类（223 次，31.72%）、情感类内容为主（154 次，21.91%），两者加起来占据了整个会话内容的一半以上。概念类（112 次，15.93%）、联系类（98 次，13.94%）、策略类（74 次，10.53%）内容次之，加起来占了整个会话内容的四成。而涉及技术使用类的会话内容出现的频次为 42，占比 5.97%。如图 11–13 所示。

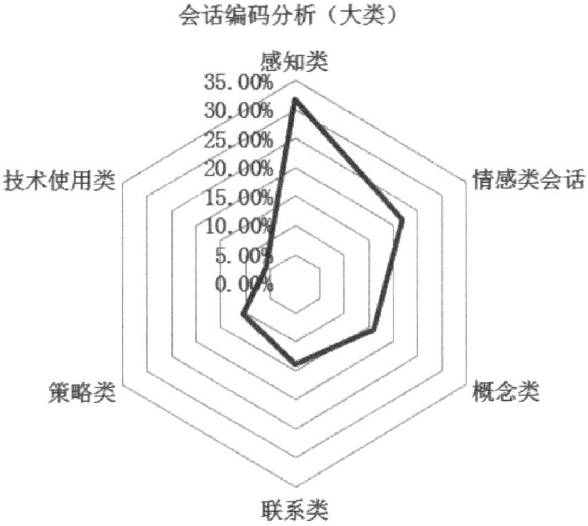

图 11–13　第一轮会话编码分析（大类）

第三节　信息技术创新了场馆学习环境

人类环境是以人为参照物，其周围各种有生命物质和无生命物质的空间，是人类赖以生存的外部物质条件的总体，是人类生产与生活的各种直接或间接因素的总和。人类环境又可进一步分为自然环境和社会环境两个方面。自然环境是指人类生活的地球环境，包括大气圈、水圈、岩石圈、生物圈。而社会环境是人类在原有自然环境的基础上，通过长期劳动所创造的人工环境。

学习环境是承载学习活动和学习行为有效发生的基础条件。信息技术对场馆学习环境的影响使得展品的展示空间、场馆的物理环境得到前所未有的扩展，既有在原来物理环境基础上的递进式演进的延续性创新，也有彻底的破坏性创新、颠覆性创新。延续性创新和颠覆性创新同时存在,共同建构与重构场馆学习环境。场馆是“好奇心的陈列柜”，物理环境建筑恢宏、陈列考究，或让人领略科学的奥妙，或让人体悟历史的厚重，或让人沉浸于艺术的美感。一般来说，人们将支持通过现场讲授、演示、操作练习的方法开展学习活动的实际场所称为“现实”学习环境，而将借助网络和多媒体手段、支持非面对面形式的学习活动的场所称为“虚拟”学习环境。前者能为学习者提供真实的体验，后者能够打破学习时空的限制，为学习者创设便利的学习条件。信息技术应用于场馆环境中，从场所的虚实（触及对象与事物是否真实）来看，技术为学习者创设了线上的虚拟场馆环境，虚实融合的场馆学习环境可以为学习者提供仿真的场馆学习环境，这些虚拟场景可以引导学习者在学习活动中借助中介来感知环境中的展品、理解展品并建构其所蕴含的意义。虚拟场馆学习环境允许学习者在任何设备上以任何形式接入时都可以获得持续的服务，可以获取随时、随地、按需学习的机会。

一、延续性创新：虚实融合的场馆学习环境

从场所的虚实（触及对象与事物是否真实，或者学习者是否具身于实地的场馆环境之中）来看，信息技术运用到场馆学习活动中，使得场馆学习环境变成了虚实融合的学习环境、线上线下相结合的混合场馆学习环境。一方面是场馆内的线下物理实体环境，另一方面是信息技术为学习者创设的线上的虚拟环境。两种环境使得学习者的在场真实体验与虚拟体验有机融合。

我国台湾有学者对此进行过专门研究。台湾科技大学学者 Huei-Tse Hou、台湾康宁大学学者 Sheng-Yi Wu、台湾师范大学学者 Peng-Chun Lin、Yao-Ting Sung、Jhe-Wei Lin、Kuo-En Chang 等在 Falk 的经典场馆情境模型基础上，提出了混合式场馆移动学习环境的概念（BMMLE，blended mobile museum learning environment 或 blended mobile learning environment for museum learning）①，并探究了在混合式场馆移动学习环境中学习者的学习过程、行为模式、学习结果等。混合式场馆移动学习环境可以将在线学习环境和物理学习环境的优势结合起来，丰富了探究体验。

通常可以从广义和狭义两个角度来理解虚实融合的学习环境。从广义角度看，凡是综合发挥了现实世界中的学习场所、信息技术构建的虚拟空间的作用的学习场所，都隶属于虚实融合的学习环境的概念。例如，近年来人们所关注的线下线上一体化（offline to online，简称 O2O）的学习环境就是虚实融合的学习环境的典型例子。从狭义角度看，虚实融合的学习环境是指一类通过传感设备识别、获取真实环境中与学习活动相关的信息，通过互联网将基于课堂和社会的真实学习场所与基于网络和多媒体的虚拟学习空间融为一体的新型学习环境。虚实融合的学习环境，有机结合了虚拟环境和现实环境，在充分利用了虚拟环境中丰富的学习资源的基础上，同时具备了真实的学习场景，使得学习者在学习过程中体验到真实的任务和丰富的交互，以激发其学习动机，激发学习者的学习兴趣。

在虚实融合的学习环境中，主要依托前文所述的多种新兴技术，借助传感器，通过互联网来连接现实与虚拟的世界。传感器是物联网环境中的重要组成部分，它通常用于识别并获取现实世界中的信息，将上述

---

① Hou H T，Wu S Y，Lin P C，et al. A Blended Mobile Learning Environment for Museum Learning［J］. Educational Technology & Society，2014，17（2）：207-218.

信息经过数字化处理，呈现给学习者并对其学习过程产生积极作用。同时，基于互联网的虚拟学习环境以及借助多媒体技术创建的数字化学习资源，都有助于支持学习者依据其自身需求获取个性化的资源及环境，进行个性化的学习，进而激发学习者的学习兴趣，提升学习效率，同时跨越时间和地点的限制，促进协作学习。

虚实融合的学习环境可以结合现实环境与虚拟环境的优势，弥补二者分别在培养学习者协作创新与满足学习者真实体验等方面的不足。该环境利用互联网技术编织起巨大的知识网络，形成连贯流畅的学习环境，使参与者自由地学习自己感兴趣的知识，从而满足学习者不同层次的个性化的学习需求。虚实融合的场馆学习环境兼具了在线虚拟场馆的高效便捷和传统实体场馆的良好体验，同时摆脱了距离的限制和时间的制约，节省了大量的时间成本和经济成本，被越来越多的学习者所接受和喜爱。

将混合现实技术应用于场馆学习，可以充分彰显场馆学习的内容多样化与学习个性化的优势，促进场馆学习发挥其预期的价值功效。加拿大的菲利普·柯里恐龙博物馆（Philip J. Currie Dinosaur Museum）于2015年引入了混合现实技术，不仅复原了侏罗纪、三叠纪、白垩纪等的生态系统，还“复活”了恐龙骨架，为学习者提供一个“身临其境”的交互展览体验；我国的故宫博物院再现了圆明园、阿房宫等历史建筑群，使人们能够一睹这些已毁坏建筑群的风采，满足学习者的需求；中国科学技术馆的“挑战与未来”主题馆中也使用混合现实技术，人们可以体验宇航员在太空中的衣食住行。这种虚实融合的环境可以给学习者带来更加真实的全新体验与感受，有助于学习者在具身体验中完成场馆学习的知识建构[①]。

---

① 范文翔，赵瑞斌．数字学习环境新进展：混合现实学习环境的兴起与应用［J］．电化教育研究，2019（10）：40–46.

二、颠覆性创新：虚拟场馆学习环境

虚拟场馆学习环境消解了场馆的围墙，打破了场馆物理环境的空间限制，改变了学习环境的范围和地域。计算机技术、网络技术等信息技术相结合，为学习者提供一个在互联网上公开浏览的渠道，在虚拟空间中延伸现实场馆环境。学习者能够通过使用各种信息传播途径，包括数字化场馆、场馆微博、场馆微信公众号、场馆 APP 等，足不出户自主地选择场馆学习的环境与场所。无论是否置身于场馆之中，学习者都能够接触到场馆。这在拉近场馆与学习者之间距离的同时，也无疑拓展了场馆物理学习环境的范围。如果学习者对虚拟展厅中的某件展品感到好奇或者有兴趣，通过触摸计算机屏幕或者点击鼠标，就能看到展品的放大图片、三维模型以及详细的相关资料说明和介绍。另外，虚拟展厅还能够让对展览有兴趣的学习者在家中通过互联网来参观展览，弥补了公众因种种客观原因不能亲自到博物馆现场参观的遗憾。在虚拟场馆学习环境中，虚拟现实、增强现实等技术的应用不仅能够虚拟出场馆的物理环境及展厅，而且可以对物理环境中无法实现或人们无法再现的事物及环境进行塑造，比如对古代遗化、建筑的复原，文物制作工艺的再现，以及古代生态环境的复原等。值得说明的是，与传统的实物展览相比，虚拟场馆学习环境能够实现信息的非线性地组织和传递。在物理环境中，场馆的陈列设计是固定不变的，而虚拟环境则向学习者提供了符合人类认知本质规律的选择更加自由的展示环境，从而更好地支持学习者的学习行为。

故宫博物院是在明朝、清朝两代皇宫及其收藏的基础上建立起来的中国综合性博物馆，也是我国最大的古代文化艺术博物馆，其文物收藏主要来源于清代宫中旧藏，是第一批全国爱国主义教育示范基地，是世界三大宫殿之一。故宫博物院在中国的地位是独一无二的，故宫及其收藏是中华文明的象征与典范。在故宫博物院的网站上，首页的“全景故宫”

采用的是720度全景展示技术呈现故宫博物院（如图11–14所示）。顾名思义，720度全景是视角已超出人正常视角的图像，它以某种几何关系对周围的景象通过映射而形成的平面图片，通过三维矫正器处理后成为三维全景。“V故宫”则采用虚拟现实技术对增强现实技术对故宫博物院中的部分场景进行呈现。总体来说，这种全景展示技术实现了真实场景的复原，能够实现场景的上下左右移动，能够带给学习者一种区别于平面图像的感官体验，学习情境非常趋近于真实。

图11–14　全景故宫

第四节　信息技术给个性化场馆学习的实现提供了可能

为社会和社会发展服务是国际场馆界共同的宗旨。为社会和社会发展服务，实际上就是为社会公众服务，为学习者服务。因此，了解学习者、争取潜在学习者、为学习者服务、满足学习者的需求，是场馆的主要工作与任务之一。场馆学习者是兴趣、动机、教育程度和文化背景各不相同的许多异质的亚群的总和，他们规模庞大，具有分散性、匿名性、流动性、多样性、复杂性的特点。移动技术与情境感知、大数据、云计算技术等的结合，为学习者的场馆学习带来了新的际遇，其本质特征是学习环境的感知性、学习资源与内容的适配性、学习的个性化，可以根据学习者的个性化学习需求，通过情景感知与适应技术、跟踪与分析技术、组织与重构技术、评价与支持技术等，感知学习者位置及学习情境，通过深入发掘与分析参观轨迹的历史数据，给予学习者科学合理的评估，以支持学习者的学习。信息技术为个性化场馆学习的实现提供了可能。

一、从识别学习者个性化特征角度提供支持

很多场馆学习的模型都描述了学习者个人情境也就是学习者个性特征的重要性。学习者特征是学习者固有的、个性化的属性。在 Falk 的经典模型中，主要描述了学习者的个性特征，包括参观动机和期望、先前知识和经验、先前兴趣和信仰、选择和控制等，其中，选择与控制指的是，当学习者在一定范围内并且可以选择他们最感兴趣的内容时，学习是最有效的。在信息技术的支持下，学习者的个性特征分析有了实现的可能性，为学习者的个性化场馆学习提供了可能的技术支撑，从而提升数字化环境下的场馆学习体验。

一般而言，学习者的个性特征包括但不限于以下几个方面：（1）学习者类型。场馆面向的对象是所有的社会公众，所以，可以毫不夸张地说，每一个人都是场馆的学习者或者潜在的学习者。希腊伯罗奔尼撒大学的学者 Angeliki Antoniou、George Lepouras（2010）[①] 指出几种可能的学习者类型主要是 alone、school、family 等。（2）学习动机。学习者进入场馆都有不同的原因，他们想做什么，期待看到什么将直接影响他们的

① Angeliki, Antoniou, George Lepouras. Modeling Visitors' Profiles: A Study to Investigate Adaptation Aspects for Museum Learning Technologies [J]. Journal on Computing and Cultural Heritage, 2010，3（2）：1–19.

学习体验。(3)认知水平(先前知识)。学习者的已有知识将影响他们对于展品的选择和项目参与体验。(4)学习兴趣。场馆学习是自由的，学习者可以依据自己的学习兴趣选择感兴趣的展品浏览，学习行为不受限制。学习者的学习兴趣将影响他们对于展品的选择和项目参与体验。他们选择的展品类型就是其学习兴趣的体现。(5)学习偏好。学习者在学习资源选择和资源活动类型及组织上有不同的偏好，提供其满足学习需求和学习兴趣的学习资源与活动，可以提高数字化学习参与度和沉浸度，有助于学习者进行深度学习。(6)学习风格(Cognitive style)。学习者具有不同类型的学习风格，如 Kolb 聚敛型、发散型、同化型、顺应型；VARK 视觉型、听觉型、读写型、动觉型等类型；所罗门学习风格将学习风格按信息加工、感知、输入和理解四个方面分为活跃型与沉思型、感悟型与直觉型、视觉型与言语型、序列型与综合型等八种类型。(7)学习路径(Learning Path)。学习路径是综合考虑移动学习特征、学习场景特征以及学习者个性特征的学习活动的序列。(8)学习行为。希腊佩特雷大学的学者 Dimitrios Raptis、Nikolaos Tselios、Nikolaos Avouris 等，希腊学者 Angeliki Antoniou、George Lepouras(2010)① 指出了四种参观方式，分别是蚂蚁式(ant)、鱼式(fish)、蝴蝶式(butterfly)、蚱蜢式(grasshopper)。包括注意力持续时间、在每件展品前的停留时间、学习者与展品之间的交互动作等。多数研究者将 3 秒或 5 秒作为注意力的起始时间点，学习者在展品上停留的时间只有超过此时间才能认为学习者真正浏览了此展品。

可以建立学习者的静态和动态分析模型，采用物联网技术进行采集，通过电子标签、无线蓝牙、二维码扫描、导览系统等方式的结合，

① Angeliki, Antoniou, George Lepouras. Modeling Visitors' Profiles: A Study to Investigate Adaptation Aspects for Museum Learning Technologies [J]. Journal on Computing and Cultural Heritage, 2010, 3(2): 1-19.

收集学习者的静态数据和动态数据。采用预设与生成相结合的方法，既有根据展品预先设计好的内容、活动等，又要在实施过程中根据学习者的个性化学习的数据进行收集与分析，生成学习者的数据画像，分析学习者兴趣及行为，不断修正，动态生成，从而识别学习者的个性特征。比如上海博物馆就在学习者行为大数据集的基础上实现对学习者进行反馈、参观热点分析、停留时间、关注内容、社交行为等的综合分析①。

二、从个性化展品资源推荐角度提供支持

将个性化的推荐算法运用于场馆中，为学习者推荐个性化展品资源，为个性化场馆学习的实现提供了可能。基于学习者的基础数据、展品资源的基础数据，以及学习者对展品的行为喜好数据，对三者或者更多对象进行有效的关联与融合，例如展品与展品之间的关联关系，两者之间的相似程度如何定义；展品与场馆展品库之间的关联程度，怎样从大量的展品中选择有代表性的藏品作为展品展示给观众；学习者与学习者之间的相似关系判定，或者两者同一个年龄段，又或者两者有相似的兴趣爱好；学习者与展品之间的评价关系，展品的受喜好程度评价是如何从学习者行为之中获取的；展品与展厅的位置关系等，从而为特定学习者推荐他（或她）潜在的比较感兴趣的展品，这些都要通过数据的收集、存储与管理来实现。推荐算法也是要考虑的问题之一，常用的算法如基于内容的推荐，协同过滤推荐，基于效用的推荐，基于知识规则的推荐，基于神经网络的推荐等。总之，可以将聚类技术、个性化推荐系统有关推荐算法，以及大数据的相关技术等进行技术整合，为学习者推荐其感兴趣的展品，为学习者提供服务。

① 刘健．博物馆大数据运用初探——以上海博物馆数据中心项目为例［J］．文物保护与考古科学，2017（3）：97-103.

三、从满足学习者个性化需求的角度提供支持

学习者是场馆的社会基础，作为主要服务对象，学习者的需求是场馆较为关心的问题。根据情境信息识别学习情境类型，针对学习者的个性化特征，诊断学习者需求，根据学习者不同的学习需求，整合数字化展品资源，便于学习者对资源的检索和归类，使展品信息更容易被自动化的数据挖掘工具发现和集成，这有助于实现展品资源灵活地共享、联结和重用，同时具备良好的扩展性，并且能作为智能资源检索和推送的基础，增强系统的适应性和针对学习者的个性化服务能力，为学习者提供个性化的导览服务。

借助大数据与学习分析技术，为学习者的自由选择学习、自我导向学习、学习危机预警和自我评估提供有效数据支持；获取学习者的场馆学习参与度、关注的展品内容等；从场馆学习资源库和学习者信息中挖掘学习者关注的信息。借助信息技术的支持，场馆可以为学习者提供场馆信息，引导学习者参观，按学习者的需求提供更具个性化的服务，满足学习者个性化的需求，不仅拓展了学习者获取展品知识的深度与维度，而且使得参观体验多元化。

四、案例

我国台湾地区学者研究开发的个性化导览推荐系统（a personalized guide recommendation，PGR）由后端子系统和前端子系统组成，如图11–15所示[①]。后端子系统是为工作人员使用而设计的，它将在台式计算机上使用。前端子系统是为访问者设计的，它将用于平板电脑。这些子

① Huang Y M，Liu C H，Lee C Y，et al. Designing a Personalized Guide Recommendation System to Mitigate Information Overload in Museum Learning［J］. Educational Technology & Society, 2012，15（4）：150–166.

系统的功能在下文有更详细的描述。

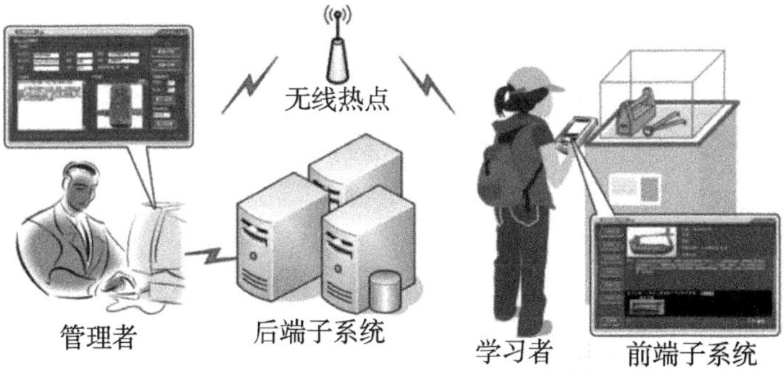

图 11-15　个性化导览推荐系统的框架

（一）后台系统

后端子系统为员工提供一个管理工具，该工具由 exhibit 管理功能和 PGR 规则生成功能组成，如图 11-16 所示。展品管理功能帮助工作人员管理展品，工作人员可以使用该功能添加、修改和删除展品信息。在这里，展品信息包括名称、类别、描述、图像、位置等。PGR 规则生成功能帮助工作人员根据收集到的学习者访问行为生成 PGR 规则。当工作人员希望生成规则时，该功能将自动连接到数据库，检索学习者的访问行为，并进一步生成 PGR 规则。之后，可以使用 PGR 规则为访问者提供 PGR 服务。此外，由于经常将学习者的访问行为添加到数据库中，在该功能中嵌入了自动更新设置，以帮助工作人员自动更新 PGR 规则。通过这种方式，随着时间的推移，PGR 规则将变得更加重要，因为大量的访问记录对于生成重要的 PGR 规则非常有用。

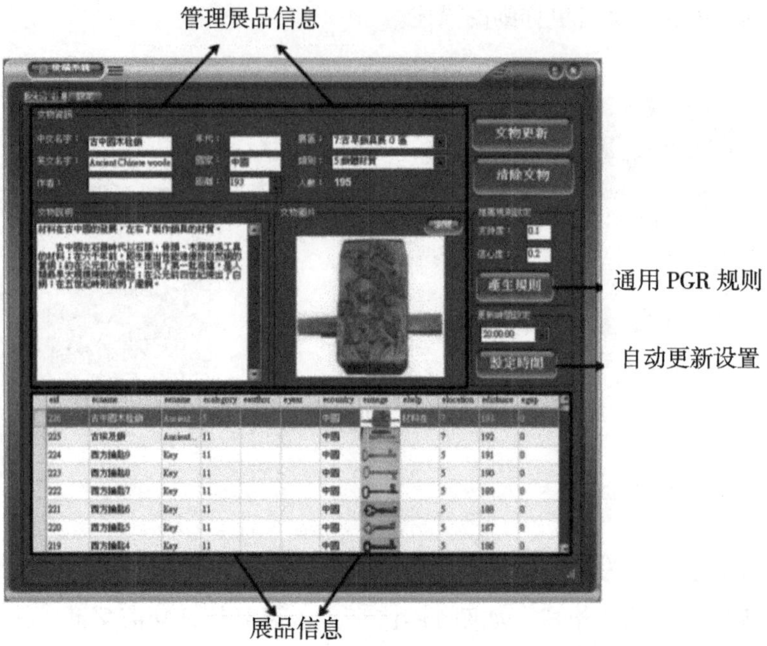

图 11–16　后台子系统界面

（二）前端子系统

前端子系统为访客提供向导工具，该向导工具由电子指南功能和 PGR 服务功能组成，如图 11–17 和图 11–18 所示。电子指南功能帮助人们参观场馆，游客可以使用该功能查看关于特定展览的更多细节。同时，个人的访问行为也被记录到访问记录表中。当访问者完成他们的访问活动后，工作人员将表格上传到后端子系统的访问记录数据库中，以更新 PGR 规则。PGR 服务功能用于根据访客的访问行为和 PGR 规则为访客提供个性化的向导。通过使用这个功能，人们有机会避免做出决定，以查看更多的细节，一个特定的展览因为这个功能将积极地为他们提供一个合适的展览指南。在这里，一个例子用来说明如何使用前端子系统来引导人们参观展览。首先，参观者手持一个带有前端子系统的移动设备来参观展品。访问期间，如果游客感兴趣的是其中一个展览区域——龙形

D 区，他/她可以点击前端子系统按钮“展览区域 D”查看龙锁的详细信息，如图 11–17 所示。之后，前端子系统将显示龙锁的详细信息，并向访问者推荐一个展览（exhibit），如图 11–18 所示。因此，人们可以查看更多关于龙锁的细节，并有机会通过 PGR 服务避免信息过载的风险。

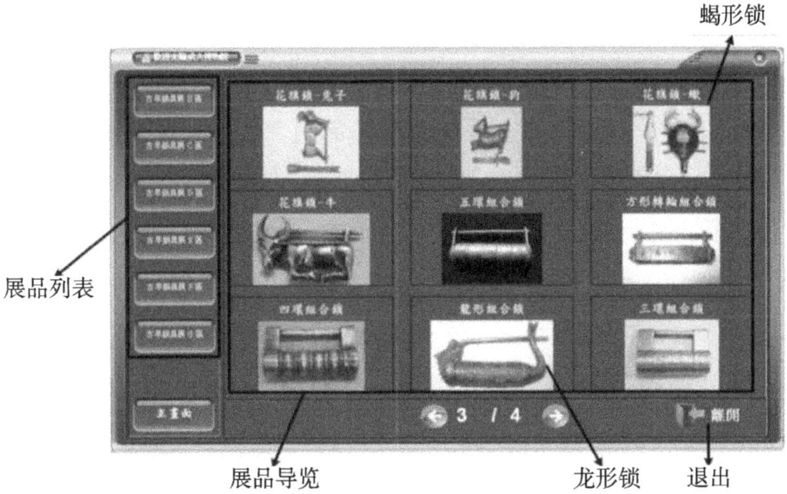

图 11–17　前端子系统的展品导览界面

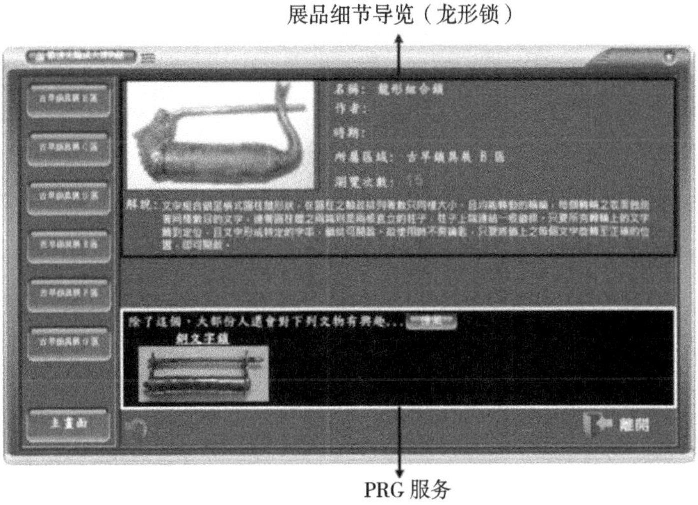

图 11–18　前端子系统的 PGR 服务界面

（三）PGR 服务

PGR 服务是一种 HF 推荐技术，涉及 CF 和 CBF，如图 11-19 所示。CF 在后端子系统中执行，CBF 在前端子系统中执行。特别需要说明的是，ARM 技术和 Apriori 算法都是首次用于 CF 实践以产生 PGR 规则。在此基础上，通过建立展览的类别与位置、游客的兴趣类别与位置之间的关系，来实施 CBF，实现 PGR 规则的个性化。ARM 技术是一种强大的数据挖掘方法，旨在通过查找事务数据库中经常一起出现的项来搜索项之间有趣的关系。因此，本研究使用 ARM 技术，通过在参观记录数据库中查找经常同时出现的展品，来发现参观者集体参观行为之间的关系。通过 ARM 技术可以发现访问者之间的访问模式，并将这些模式作为 PGR 规则使用。PGR 是一种关联规则，形如 $X \rightarrow Y$ 的蕴涵式，其中，X、Y 代表展品集且二者无交集，X 和 Y 分别称为关联规则的先导和后继。关联规则意味着，如果参观者参观过 X 的展品，他 / 她希望参观 Y 的展品。关联规则 XY，存在支持度和信任度。支持度为几个关联的数据在数据集中出现的次数占总数据集的比重。信任度为一个数据出现后另一个数据出现的概率，或者说数据的条件概率。一般来说，一个强大的规则有较高的支持度和信任度。然而，在这个研究中，学习者有不同的年龄和不同的背景，因此可能会导致访问记录的多样性。这意味着相同的学习者访问模式可能相对较少，因此需要将 PGR 规则的支持度和置信度设置得更小、更低，以发现更多的 PGR 规则，特别是在访问记录数据库较小的情况下。一旦访问记录数据库变大，就可以将 PGR 规则的支持度和置信度设置得更大、更高，从而发现更有意义的 PGR 规则。随后，这些规则将得到改进，通过使用个人访问行为在前端子系统中实现个性化。

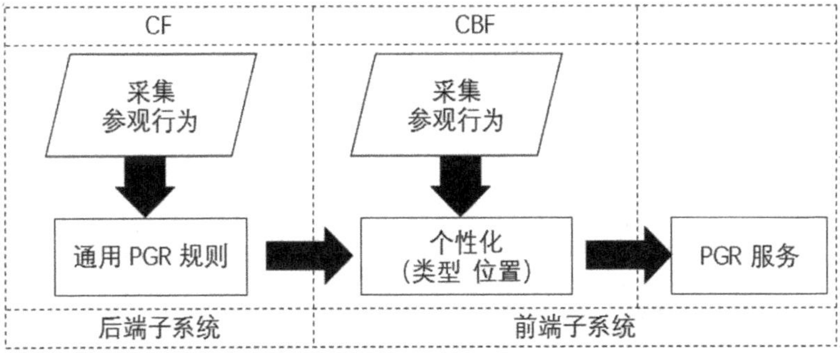

图 11-19 PGR 过程

为了实现 PGR 规则的个性化，这项研究的主要思想是确定推荐的展品类别是否与参观者感兴趣的类别相同，以及推荐的展品是否在参观者周围。为此，我们利用参观者的兴趣类别和地点，以及推荐展品的类别和地点来评估参观者和推荐展品之间的推荐水平。为了了解参观者对展品类别的兴趣，在被参观的展品中出现频率最高的类别被用作参观者的兴趣类别。此外，为了确定参观者可能的位置，参观者上次参观的展品的位置也被用来推断参观者的位置。据此，将推荐水平公式定义为：

$$r_l=\text{cat}(V_c, RE_c)+l_{oc}(V_l, RE_l) \quad (式 11-1)$$

在该公式中，

$\text{cat}(V_c, RE_c)=0$ *if* V_c *and* RE_c *is the same*

$\text{cat}(V_c, RE_c)=1$ *otherwise*

$\text{loc}(V_l, RE_l)=\sqrt{(V_{lx}-RE_{lx})^2+(V_{ly}-RE_{ly})^2/dist_{max}}$

r_l 是游客和推荐展品之间的推荐水平。cat（V_c，RE_c）是用来确定参观者感兴趣的类别和推荐展品的类别是否相同。V_c 是访问者访问记录表中出现频率最高的类别，被视为访问者感兴趣的类别。RE_c 是推荐展品的类别。loc（V_l，RE_l）是计算参观者的位置与推荐展品的位置之间的距离，并将距离转换为间隔［0，1］。（V_{lx}，V_{ly}）是参观者最后一次参观展览的位置，它被视为参观者的位置。（RE_{lx}，RE_{ly}）是推荐展品的位置。$dist_{max}$ 是所有展品之间的最大距离。

这样，可以通过方程来计算人们与被推荐展品之间的推荐水平。因此，PGR 系统能够使用推荐级别来提供个性化的指南。

图 11-20　PRG 系统的使用

第五节　信息技术优化了场馆的管理与决策

场馆管理主要包括场馆技术环境的配置、场馆移动学习资源的设计与管理、场馆移动学习平台的开发与管理等。许多场馆的管理层都对技术在场馆学习中的创新应用缺乏远见与深刻理解。他们没有意识到技术转向对提升场馆服务水平尤其是场馆学习效果有重要作用，低估了学习者对于场馆的移动学习资源的期望程度，还可能会对移动技术在场馆中应用的投资回报存在担忧[①]。就像 4P 模型提到的，场馆作为一个学习组

① 郑旭东，李志茹 . 新兴信息技术在场馆学习中的创新应用：现状、趋势与挑战［J］. 现代教育技术，2015（6）：5-11.

织，它应该充分考虑与教育、收藏、管理政策的相关性，易于接纳新思想、新方法，建立起关于技术变革场馆学习的愿景。

一、走向数据驱动的管理

从 20 世纪 60 年代计算机初步应用于场馆展品的登记和管理，到搭建展品数据库，然后到数字化场馆的建设，再到大数据的应用，人们从未停止过对信息技术优化场馆管理的探索。

提高场馆管理效率。随着场馆的展品数量以及种类的不断增多，传统的展品管理方式难以全面统计并分析场馆的展品数据。因此，场馆将信息技术引入展品管理领域，将展品的相关信息如组成形态、历史寿命、发现过程、来源、文字介绍录入到系统当中，并利用微缩相机对文物进行拍照上传，形成数字存储链条，以建立完整的展品数据库，便于实时监控展品管理现状，了解展品基本信息。场馆还可以引进传感技术、红外线技术以及环境监测技术，实现对场馆物理环境的全天候监控，及时了解展品的特性变化，发现展品管理保护工作中存在的漏洞以及不足。还可以探索利用 VR 技术、传感技术等对场馆物理环境进行模拟，根据展品的特性找出最有利于管理保护的环境，科学地调整采光度和温湿度，延缓其自然老化。还可以建设以场馆的全局数据为基础的大数据平台，可以有效消除信息孤岛，各职能部门可以通过该平台方便地获取其他业务部门的数据信息，通过对数据的交换、共享、分析、挖掘，为学习者提供更加完善的服务，为场馆建设以及科学管理提供重要的依据。在管理的过程中，大数据管理系统会自动处理各种数据，并得出相关结论和信息反馈，从而提高了管理的自动化程度，节约了人力、物力、财力成本，提高了场馆管理效率。管理自动化的全面普及，将精简管理流程，节约管理成本，保证对突发事件的及时反馈，最大限度地提高管理效率。信息技术在场馆管理中的应用，一方面避免了由于人为因素所带来的管理漏洞与疏失，另一方面则将管理者等人员从繁重的重复性劳动中解放出来，以能够更多地发挥人在管理中的创造力，提升教育管理的水平。

提升场馆管理质量。信息技术在提升场馆管理质量方面具有独特的优势。大数据在场馆管理中的应用，与人工智能技术、增强现实技术等相结合，通过构建覆盖场馆的数据平台，提供人、财、物管理的整合统一、深入广泛的信息化支撑和协同的管理支持，为场馆各级管理部门间业务协作提供有力的信息技术支持；为学习者提供个性集成、多维度、全方位的贴心信息服务；利用物联网、射频识别、GPS全球定位等技术，能够将各种教育装备与互联网连接起来，进行智能化识别、定位以及实时监控管理与对比分析；对场馆基础设施、展品信息系统、学习者信息等进行动态监测与分析，对各方面的安全运行状况进行实时监控与预警；为各部门日常业务管理及对外数据上报提供统一的、分级分类授权的统计报表，提供科学的决策支持。总之，信息技术在场馆管理中的应用为管理决策提供科学的数据支持，有效提高了场馆管理质量。

走向数据驱动的管理。在信息技术革命的冲击下，传统的场馆管理正逐渐向数据驱动的管理方向发展，过去以人工为主的管理操作将转移到以信息技术为基础的管理平台上。随着大数据技术在场馆领域应用探索的快速推进，数据驱动逐步成为大数据时代主流的范式，并呈现出科学化、精准化、智能化及个性化四大核心特征。为了提升场馆管理的水平，使场馆管理从“人管、电控”走向智能管控，需要建设统一的“数据管理平台”或者“数据中心”，通过一个平台连接所有系统的数据，打通系统间的孤立状态，最终效果是在一个平台上管理所有的数据，做各个业务的分析。对场馆各业务部门的需求进行智能处理，提供资源配置、数据集成、信息管理、运行状态监控、质量监测等业务支持，实现智能决策、可视化管控、安全预警和远程督导。

二、基于大数据的决策支持

决策是人们为实现某一特定的目标，在占有一定的信息和经验（知识）的基础上，根据主客观条件的可能性，提出各种可行方案，采用一定的科学方法和手段，对解决问题的方案进行比较、分析和评价，并最终进行方案选择的全过程。从本质上来讲，决策通常是目标驱动的行为，是目标导向下的问题求解过程，该过程也广泛地被认为是人类的认知过程[①]。以往，场馆管理者往往是根据自己本身的经验做出决策，缺乏科学的数据支持。

随着技术的发展，各种信息技术手段——交互语言系统、问题系统、模型库、方法库、知识库管理系统等，特别是大数据技术的应用，可以对场馆学习者的信息、各级各类业务部门的人员信息、经费、运维服务管理等数据进行图表式的统计与分析，还可以基于各级各类业务部门长期的数据积累，通过数据统计、指标展现、横向对比、趋势分析、钻取转换等技术方法将数据转化为知识，为决策者提供需要的数据和背景资料，筛选、比对、识别呈现出来的问题，深入洞悉现象背后所蕴含的深层逻辑，协助判明决策的目标，提供各种可选择的解决方案，并且指明各种方案的特点、优势和缺陷，通过人机交互功能进行分析、比较和判断，以优选的方式排序，对数据进行分析与研判，进而挖掘出数据间的关联关系，为正确的、科学的决策提供必要的数据支持和强有力的工具，使得决策从“经验化”走向“科学化”。

在大数据驱动的管理、决策过程中，数据更为充分，且可以深层次地挖掘出大数据的内含，提取出更为深入和准确的洞察信息，对不同决策进行比较选择，降低了个体在决策过程中的介入和参与，从而减少个体因为经验、情绪以及信息不足而导致的偏差，使得决策更为客观。此外，

① 于洪，何德牛，王国胤，等. 大数据智能决策［J］. 自动化学报，2019（4）：1-19.

更为客观、透明的决策也可能将得到更多人员的信任和支持，从而提升决策的效力和执行效果。

大数据技术能够将学习者数据、展品数据、保护数据、研究数据、管理数据和社会数据等所有数据汇聚起来，通过分析和挖掘数据与目标的相关性得到更为有效的信息，并为场馆提供决策上的前瞻性。采用大数据技术可以为原创性展览提供技术支撑，针对学习者的喜好制定原创性展览方案，进行主题展览策划，或者贴合时代特点开展原创性展览。通过大数据技术，可以为特定群体设计更具原创特色的创新方案，或者结合当下社会热点举办针对性的展出。大数据技术的参与提高了创新能力，可以有效避免主题雷同、缺乏原创、展览数量不足的情况。运用大数据技术开展展览策划时，可采用大数据技术进行学习者未来需求的有效预测，有助于场馆开展跟踪服务及精准服务，优化场馆的宣传推广与服务质量。

第十二章　智慧场馆呼之欲出

近年来，大数据、云计算、物联网、人工智能技术的出现，为场馆的发展带来了新的机遇和挑战。如同社会其他领域一样，场馆也正在经历着一次新的飞跃——正在迈向以感知、互联和智能为特点的智慧场馆，以实现物与物、人与物、人与人的信息交互。为了更好地实现智慧场馆，需要厘清它的产生背景、概念、研究内容及关键技术，对其在智慧管理、智慧保护和智慧服务等方面的内容进行初探，并对目前的实施状况进行分析，为后续的发展奠定基础。

第一节　智慧场馆的产生背景

2008 年 11 月初，在纽约召开的外国关系理事会上，国际商业机器公司（International Business Machines Corporation，IBM）董事长兼 CEO 彭明盛发表了题为《智慧地球：下一代领导人议程》的演讲报告，提出“智慧地球”的概念。2009 年 1 月，美国总统奥巴马在工商业界的圆桌会议上公开肯定了 IBM 的“智慧地球”思路，由此，“智慧地球”成为美国国家战略的一部分。智，知也，事无不知谓之智。慧，解也，洞察万物谓之慧。智慧的概念通常强调两层意思：一是及时准确地获取事物的全面信息、获取知识的能力；二是依据事物现象进行分析、推理、理解、判断和决策的能力。“智慧地球”是数字地球的延伸和发展，主要指通过低成本的传感技术和网络服务，将传感器嵌入或装配到电网、铁路、建筑、大坝和油气管道等对象中，构建人与人、人与物、物与物的智慧互联，并将这些实体普遍连接，形成“物联网”，而后通过云计算技术将“物联网”整合起来，人类以更加精细、便捷、精确的动态方式管理生产和生活，使地球变得越来越智能化，使人类社会达到“智慧”状态。“智慧地球”作为一个全球战略，被许多国家所接受，相关的信息技术如物联网、云计算等也成为各国科技发展的战略重点。2009 年 8 月，IBM 发布《智慧地球赢在中国》计划书，揭开了中国“智慧地球”战略的序幕。

“智慧地球”的概念从发展的角度提出了未来社会信息化发展的三个基本特征：第一，世界正在向仪器化 / 工具化的方向演变；第二，世界正在向互联互通的方向演变；第三，所有事物正在向智能化演变。仪器 / 工具化、互联化与智能化将是世界不可避免的发展趋势，也是“智慧地球”概念的三个支柱。截至 2010 年，集成电路的发展已可以为每一个地球人分配 10 亿只晶体管，而每只晶体管的成本大约仅为千万分之一美分，因而我们生活的世界正在走向仪器 / 工具化；人与人、人与物、物与物从未像今天这般如此被互相连接，世界已经被连接成一个整体，步入以全面透彻的感知、宽带泛在的互联、智能融合的应用为特征的智能互联新时代；人工智能、大数据等新技术的发展使得所有的仪器 / 工具化与互联化的物品正在变得智能化。

IBM 在提出“智慧地球”概念的同时，也给出了 21 个涵盖人们生活、学习和工作的智慧主题，包括能源、交通、食品、基础设施、医疗保健、城市、水、公共安全、轨道交通、产品、教育、政府和电信等。在这些领域实现智慧互联、信息即时共享与优化利用，实现智慧地球的构想。在“智慧地球”的背景下，“智慧”这一概念所代表的感知、智能、创新、融合也快速运用到其他领域，产生了“智慧城市”“智慧能源”“智慧交通”“智慧医疗”“智慧教育”“智慧校园”等。“智慧场馆”的理念也应运而生。智慧场馆相应的英文名称为“smart museum”，也有一些学者使用“I-museum”的英文译名，强调智慧场馆要围绕以人为本，可理解为“我的博物馆”，也有部分学者使用“intelligent museum”这个名称。

第二节　智慧场馆的内涵

关于智慧场馆的内涵，尚无统一的权威定义，一些专家和学者给出了见仁见智的表述。日本学者 Eiji Mizushima 在 2001 年发表的文章中将智慧场馆的功能描述为：自动控制场馆的运行、管理和展览；控制场馆的环境（展览环境和保存环境）；具有信息和通信能力，能够控制计算机和新媒体设施①。Tuukka Ruotsalo 等研究人员在“smart museum”项目中给出了智慧场馆的界定，即智慧场馆可以利用现场知识库、全球数字图书馆和学习者体验等信息，通过自适应的观众分析，以文化遗产数字资源为介质，为学习者提供多样化和个性化的文化遗产参观体验②。台湾地区“智慧化居住空间”项目网站上的《智慧场馆，以故宫及科博馆为例》一文提道：“所谓智慧场馆，就是运用无线网络基础建设的完备让更多人借助科技，在任何时间、地点取得场馆咨询服务；同时，运用互动式科技艺术活化场馆之典藏内容，创造新的互动式学习方式。”

① Mizushima E. What is an intelligent museum? A Japanese view [J]. Museum International, 2003, 53(4): 68-70.

② Ruotsalo T, Haav K, Stoyanov A, et al. SMART MUSEUM: A mobile recommender system for the Web of Data [J]. Web Semantics: Science, Services and Agents on the World Wide Web, 2013(20): 50-67.

国家文物局副局长宋新潮指出，智慧场馆是在实体场馆、数字场馆概念的基础上，由于科学技术的进步而演变发展起来的新生事物。智慧场馆可以从广义、狭义方面来理解。从狭义上来看，智慧场馆是基于场馆核心业务需求的智能化系统；从广义上讲，智慧场馆是基于一个或多个实体场馆（场馆群），甚至在文物尺度、建设尺度、遗址尺度、城市尺度和无限尺度等不同尺度范围内，搭建的一个完整的场馆智能生态系统，可以认为“智慧博物馆 = 数字化场馆 + 物联网 + 云计算 +……”①。郑霞认为，智慧场馆是数字场馆的进一步发展形态，主要利用物联网、大数据、云计算和移动通信等新技术，以人为本，加强物与物之间、人与物之间的信息交互，以更好地完善和强化场馆、展品和学习者之间的关系，为学习者提供更加智能化、个性化、多样化的服务。智慧场馆是一种发展基调的回归，将信息化过程中的场馆实际业务需求放置到了主导地位，以学习者需要什么、展品需要什么等为出发点，进一步提高展品管理的能力、展品保护的能力、展览展示的水平、学习者服务的水平等②。贺琳、杨晓飞认为，智慧场馆是通过充分运用物联网、云计算、大数据、人工智能等新一代信息技术，感知、计算、分析场馆运行相关的人、物、活动等信息，实现场馆征集、保护、展示、传播、研究和管理的智能化，显著提升场馆服务、保护、管理能力的场馆发展新模式和新形态③。还有学者指出，智慧场馆以多模态感知“数据”替代数字化场馆的集中式静态采集“数字”，并以此为基础建立更加全面、深入和泛在的互联互通，消除信息孤岛，使人与人、人与物、物与物之间形成系统化的协同工作方式，从而形成更为深入的智能化场馆运作体系。智慧场馆淡化了实体场馆相互之间以及实体场馆与数字化场馆之间的界限，形成了以场馆业

---

① 宋新潮 . 关于智慧博物馆体系建设的思考［J］. 中国博物馆，2015（2）：15–18.

② 郑霞 . 数字博物馆研究［M］. 杭州：浙江大学出版社，2016.

③ 贺琳，杨晓飞 . 浅析我国智慧博物馆建设现状［J］. 中国博物馆 .2018（3）：116–126.

务需求为核心，以不断创新的技术手段为支撑，线上线下相结合的新型场馆发展模式。

物联网、大数据、云计算、5G 技术、人工智能等新一代信息技术的发展与应用正在渗透到社会的每个角落，引发了诸多领域与行业的深刻变革，同时也对场馆领域产生深刻影响并带来系统性变革。智慧场馆是数字场馆的进一步发展形态，是以数字场馆为基础，充分利用物联网、云计算、大数据、人工智能等新兴信息技术构建的以全面透彻的感知、泛在的互联互通、智能融合的应用为特征的新型场馆形态，实现智慧的场馆学习、智慧的场馆服务、智慧的展品管理与保护。

第三节　智慧场馆的关键技术、特征及范畴

智慧场馆的实现主要依赖于物联网技术、大数据、云计算技术、5G 移动通信技术和人工智能技术。物联网技术是实现智慧场馆的基础。大数据是智慧场馆的资源，是产生智慧决策、管理和服务的基础。云计算技术是大数据得以发挥作用的基础，能实现快速、高效的大数据处理和分析。5G 移动通信技术与互联网的作用一样，在智慧场馆中源源不断地向大数据层汇聚数据和接收数据，同时为学习者随时随地体验、使用和访问场馆提供支持。人工智能则丰富了技术应用形式，在展品展示、展品管理、导览服务、学习者服务、展品保护修复、场馆管理自动化等方面发挥着越来越重要的作用。

一、智慧场馆的关键技术

（一）物联网

物联网（Internet of things）的概念是在 1999 年提出的，是把所有物品通过射频识别等信息传感设备与互联网连接起来，实现智能化识别和

管理。它指的是将无处不在的终端设备和设施，包括具备“内在智能”的传感器、移动终端、工业系统、数控系统、家庭智能设施、视频监控系统等，和“外在使能”的如贴上 RFID 的各种资产、携带无线终端的个人与车辆等“智能化物品”，通过各种无线和（或）有线的长距离和（或）短距离通信网络实现互联互通、应用大集成，以及基于云计算的 SaaS 营运等模式，在内网、专网和（或）互联网环境下，采用适当的信息安全保障机制，提供安全可控乃至个性化的实时在线监测、定位追溯、报警联动、调度指挥、预案管理、远程控制、安全防范、远程维保、在线升级、统计报表、决策支持等管理和服务功能，实现对“万物”的“高效、节能、安全、环保”的“管、控、营”一体化。

从技术层面来说，物联网是通过射频识别指纹、虹膜、影像及其他特征识别体，通过射频卡读写器、红外线扫描等设备，在指定的通信协议下，把需要接入物联网的物品接入互联网实现联网，并进行物品与物品、物品与网络、物品与人、人与物品等多元信息交互和通信，最后达到能对物品进行智能化识别、对物品所处位置进行定位、对移动物体进行跟踪、对监管物体进行监控和管理的一种网络体系。物联网技术应用于场馆，就是利用现有的传感技术，通过互联网把场馆内的设备设施、人相互连接，实现信息交互，以便对展品等设施进行定位、监控等。在场馆内应用的传感器大致有：环境监测的传感器，比如温湿度传感器、烟雾传感器、火灾监测传感器等；定位和监测的传感器，比如射频识别、红外摄像机、热成像摄像机、全球定位装置、激光扫描仪等传感器。

物联网有三个特征：（1）连通性。使用有线或无线网络或感应识别技术，使物体接入互联网络并随时处于连通状态。（2）物物相联。物体是通过传感器、射频识别卡、条形码、影像等技术实现联网。（3）智慧化。智慧化是利用先进的计算机技术、无线传感技术和对设备的控制技术进行的智能控制。

（二）大数据

1980年，著名未来学家阿尔文·托夫勒出版的《第三次浪潮》一书中，将“大数据”赞颂为“第三次浪潮的华彩乐章”。1997年，美国国家航空航天局研究人员 Michael Cox、David Ellsworth 使用了“大数据”一词来描述超级计算机在实验中生成的“巨大的对主机内存、磁盘等带来挑战”的信息数据量。1998年，刊发于国际著名学术期刊《科学》的《大数据的处理程序》一文中使用了“大数据”一词。2008年9月，《自然》杂志专门设立“Big Data”专刊。2011年2月，《科学》杂志专门设立“Dealing with Data”专刊。2011年5月美国麦肯锡咨询公司发布了题为《大数据：下一个创新、竞争和生产力的前沿》的研究报告，该报告中称“数据已经渗透到当今每一个行业和业务职能领域，成为重要的生产因素。人们对于海量数据的挖掘和运用，预示着新一波生产率增长和消费者盈余浪潮的到来”，更是将“大数据”视为创新、竞争与生产力的风向标。2012年，联合国发布了《大数据促发展：挑战与机遇》白皮书，其中指出：“大数据时代已经到来，大数据的出现将会对社会各个领域产生深刻影响。”2013年，牛津大学互联网研究所教授维克托·迈尔－舍恩伯格与《经济学人》杂志数据编辑、著名的大数据发展评论员肯尼思·库克耶合著的一本《大数据时代：生活、工作与思维的大变革》被认为是大数据的先河之作，真正把大数据推向了公众视野。正如舍恩伯格等在书中写的那样，“2013年是大数据时代的元年，标志着信息技术进入了新的发展时代”，“大数据开启了一个新纪元。就如显微镜能让我们看清微生物，望远镜能让我们感受到宇宙一样，大数据影响的不仅是我们生活的方方面面，还改变了我们理解世界的方式”。大数据的快速发展，引起了国际范围内学者的空前关注。

大数据的核心特征常被概括为“4V”，即数据量大（volume，一般认为在T级或P级以上）、输入和处理速度快（velocity）、数据多样（variety）

和精确性（veracity）。

（三）云计算

云计算（cloud computing）是分布式计算的一种，指的是通过网络“云”将巨大的数据计算处理程序分解成无数个小程序，然后，通过多部服务器组成的系统处理和分析这些小程序，得到结果并将结果反馈给用户。云计算早期，简单地说，就是简单的分布式计算，解决任务分发，并进行计算结果的合并。因而，云计算又称为网格计算。通过这项技术，可以在很短的时间内（几秒钟）完成对数以万计的数据的处理，从而达到强大的网络服务。

云计算的核心思想是将大量用网络连接的计算资源统一管理和调度，构成一个计算资源池，向用户提供服务。云计算具有以下特征：无所不在的网络、资源汇聚和共享应用、自助式服务、迅速机动地调配资源和计算服务。现阶段所说的云服务已经不单单是一种分布式计算，而是分布式计算、效用计算、负载均衡、并行计算、网络存储、热备份冗杂和虚拟化等计算机技术混合演进并跃升的结果。

在场馆内应用云计算技术，对通过网络收集到的场馆内的有关数据进行融合、分析、汇总、计算等，建立动态模型，根据需求进行动态调整，人们可以根据自己的需要读取、使用数据。场馆也可以把数据存储在所在地区或其他云计算中心，专业的云计算中心的技术和维护人员会对场馆的数据进行管理、维护等，场馆工作人员只需读取需要的数据。

（四）5G 移动通信技术

从 20 世纪 80 年代 1G 通信技术的模拟信号，到 20 世纪 90 年代 2G 通信技术的 GSM，接着是 21 世纪初 3G 通信技术的 CDMA2000。2009 年，随着 4G 基础网络的建成，运营商正式提供 4G 通信服务。2019 年是“5G 商用元年”，基于 5G 通信技术的新产品、新服务逐渐走入生活，一个新的通信时代正在来临，为全球经济和社会发展带来强大推动力。

5G 通信技术的特点是：（1）高速率。华为作为全球领先的 5G 通信技术公司，在 2019 年 1 月推出了全球第一个支持 5G 通信技术 3GPP 标准的巴龙 5000 商用芯片组，其理论网络传输速度高达每秒 2.3Gbps。（2）广覆盖。5G 采用微基站的基本结构布局，以消解高频导致的信号衰减问题。微基站会部署在居民区、办公楼等多种场景中。这种密集型结构布局不仅可以实现数据在基站之间进行快速传输和信息反馈，而且能够实现低于 1 毫秒的信息往返传播延迟。再者，广覆盖的网络不仅可以进行信息密集型的短距传播，更是可以实现万物在线智能互联互通。（3）低时延。目前 4G 网络反应是 20 ～ 80 毫秒，未达到低时延的标准。5G 网络反应时间是 1 毫秒，可以实现远程人机协同、人人协作和智能操控等，有助于实现精确同步、精准协同、精准定位以及视频“同步传输”。（4）低功耗。低功耗设备可长期使用且无须充电，如长期获取信息的传感器、智能终端等。（5）重构安全。通过研发免遭网络攻击的安全系统，保障数据安全、信息安全。

基于上述特点，5G 移动通信技术采用全新的网络架构设计，可以提供比 4G 高 10 到 20 倍的峰值速率、毫秒级网络传输延迟和 1000 亿设备级网络连通能力，充分体现了 5G 技术的高速连接和精准同步优势，为人类社会开启万物感知、万物互联和万物智能的未来世界以及人机深度交互的新时代。

（五）人工智能技术

人工智能是通过机器来模拟人类认知能力的技术。人工智能作为信息技术发展的新阶段，是众多技术积累与融合的产物。它涉及很广，涵盖了感知、学习、推理与决策等方面的能力，目前其核心技术包括知识表达、机器学习、深度学习、自然语言处理、计算机视觉、机器人等。英国机器人专家凯文 · 沃维克（Kevin Warwick）在《人工智能》一书中根据涵盖的学科将人工智能分为：计算机视觉，包括模式识别、图像处理等；自然语言处理，包括语音识别、合成以及语音对话；认知与推理，包括各种物理和社会常识；机器人学，包括各种机械控制、设计、运动规划和任务规划等；博弈伦理，包含多代理人的交互、对抗和合作、机器人与社会融合等议题；机器学习，包含各种统计的建模、分析工具和计算方法。斯坦福大学人工智能研究中心尼尔逊教授对人工智能下了这样的定义："人工智能是关于知识的学科——怎样表示知识以及怎样获得知识并使用知识的科学。"美国麻省理工学院的温斯顿教授则认为："人工智能就是研究如何使计算机去做过去只有人才能做的智能工作。"我们从知识的角度或许只能部分诠释人工智能的内涵，而从与人类智能类比的角度定义更便于理解。人工智能本身是一个模拟人类能力和智慧行为的跨领域学科，涉及计算机科学、控制论、信息论、神经生理学、语言学、心理学等多个领域。这一定义更全面地表达了人工智能的内涵及涉及的研究领域。通过模拟人类能力，人工智能技术能取代人类生产生活中的一些繁琐工作或任务。人工智能技术为人类社会各领域的发展开辟了新途径。广泛的信息化与智能化触及包括体力劳动和脑力劳动在内的所有工种，带来生产方式的全面改变。在工业、能源、环境、经济、教育、医疗、公共事务等各个领域，人工智能都扮演着重要角色，目前已成为推动社会各领域前进的主要力量。

国内外很多场馆探索人工智能在场馆中的应用，利用如专家系统、自然语言处理、模式识别、机器学习、智能检索和智能机器人等在展品展示、展品管理、导览服务、学习者服务、文物鉴定、文物保护修复、场馆管理自动化等方面展开研究，以丰富人们的体验，充分发挥场馆的社会价值。

在观众管理方面，拿破仑博物馆采用人脸识别技术和智慧导览等智能设备，实现了对参观者的智能化数据采集和分析。中国国家美术馆为了分析观众访问数据，采用 Dexibit 的工具，并由此预测未来的观众访问情况。

在文物展示方面，秦始皇帝陵博物院携手百度启动“百度AI秦始皇兵马俑复原工程”，学习者通过手机百度AR功能扫描相关触发物就可以“唤醒”秦始皇帝陵下沉睡的秦兵马俑军团。百度公司启动“AI文化遗产复原计划”，通过多项人工智能新技术，让我国丰富的文化遗产以更加生动的方式被大众了解、熟知。

在导览服务方面，“湖北省博物馆在2018年元旦期间推出了‘国宝讲解机器人’，为其四大镇馆之宝之一的‘元青花四爱图梅瓶’进行讲解。在交互设计支撑下，机器人可以智能解答有关文物的‘前世今生’。仅在元旦假期3日内，‘国宝讲解机器人’的互动量就已超7000次，游客满意度达93%”。浙江省金华市博物馆首次引进机器人讲解员，机器人“艾米”与“奉天承运——明清圣旨精品展”同时亮相。作为导览机器人，“艾米”可自动完成环境探索，带领游客参观展览。

在文物管理方面，挪威国家博物馆尝试如何将机器学习和深度神经网络应用于展品的管理，利用机器视觉识别和标记图像。基于机器的“无情境凝视技术”（context free gaze），该馆统计藏品信息，创建藏品与学习者之间意想不到的联系。

在导览服务方面，法国巴黎的凯·布朗利博物馆给“人物：奇怪的人类”展览配备了一台机器人，它是一个人工智能的艺术批评家。在2016年举办的一个展览中，人类学家探讨了无生命体如何通过与人类的互动变成“有生命体”。本着这种探究精神，机器人贝瑞森（以已故艺术评论家贝纳德·贝瑞森的名字命名）跟踪人类参观者对展厅的藏品做出的反应，通过分析观众的面部表情，形成自己的意见：看见喜欢的藏品时会面露微笑，身体前倾；持负面看法时则会皱眉和后退。

在文物保护修复方面，西班牙雷纳·索菲亚博物馆（The Reina Sofia Museum）有一位名叫帕布里托的机器人，它可以拍摄精确度极高的照片，工作人员在其帮助下修复了馆内多幅珍贵的藏品。在文物鉴定方面，罗格斯大学的艾哈迈德·埃尔加马尔（Ahmed Elgammal）教授带领团队研发了一款能鉴别画作真伪的人工智能系统。在交流互动方面，场馆可以利用认知会话技术，比如由 IBM 公司开发的 Watson 虚拟代理，它可以被用来帮助初创企业、小型公司及大型公司，还可帮助学习者规划参观、预订票务和探索线上资源。

AI 与场馆的融合使人们与展品之间可以更加轻松地“对话”，使场馆的管理更加智能化。尤其在将来，机器人技术、深度学习、神经网络、超级人工智能的发展和应用会使场馆朝着人工智能化大步迈进，可以认为人工智能场馆是智慧场馆的高级发展形式。

二、智慧场馆的特征

智慧场馆与数字化场馆相比，区别主要体现在：（1）技术不同，智慧场馆更加倚重于物联网、云计算和大数据等来实现全面的感知、实时的交互等；（2）侧重不同，智慧场馆强调以各层面业务需求为驱动，重新梳理和构建场馆各要素，提供物、人、数据三者之间的多向信息交互通道；（3）着重点不同，智慧场馆更加突出“以人为中心”，以学习者的实际需求为出发点，综合分析学习者的参观行为、兴趣爱好、习惯等，为学习者提供随时随地的个性化服务；（4）角度不同，智慧场馆主要面向整体场馆系统，优化管理模式和工作机制，整合场馆信息资源，重建信息交流通道，提升场馆各业务层面的能力，强调实现智慧管理、智慧保护和智慧服务。智慧场馆不再是以数字资源建设与展示利用为核心内容，而是强调物与物的信息交互、人与物的信息交互，以及如何运用云计算和大数据分析技术，实现智能化的信息处理与分析。智慧场馆的主要特征可以概括为三个方面。

（一）全面透彻的感知

全面透彻的感知指的是能够充分地利用任何可以随时随地感知、测量、捕获和传递信息的设备、系统或流程。与数字场馆具有明显区别的是，智慧场馆系统的信息获取不再是以通过规模化的批量信息采集建立数字资源库为根本目的，而是更加强调对信息的实时采集、自动采集、按需采集，以对某些专项数据的深入采集为主要出发点。利用传感技术、智能技术等实现场馆展品、库房、展厅等对象及其运行状态的自动、实时、全面透彻的感知。

（二）泛在的互联互通

“泛在的互联互通”中的“泛在”主要有两层含义：一是指网络联通对象的广泛性，不仅包括展品、设备设施、展厅建筑等，也包括场馆工作者、学习者和相关机构等；二是网络联通方式的多样性，不仅包括互联网、广播电视网、移动网、卫星网络，而且还包括 WiFi、蓝牙等。通过泛在网络、移动技术实现无所不在的网络互联服务和随时随地随身的数据智能融合服务。

（三）更深入的智能化服务

强调人的主体地位，重视关注学习者视角的设计和提供开放服务主题的塑造及其间的学习者参与、体验等。能够利用先进技术更智能地洞察世界，提供决策管理依据，进而创造新的价值。通过感知和互联互通搜集来的海量数据，构成了大数据，要真正使这些大数据发挥作用，需要云计算提供大数据分析能力，进而实现各类基于大数据和云计算的智能化应用。强调通过政府、市场、社会各方力量的参与和协同实现场馆文化传承服务能力提升和塑造独特价值创造。

三、智慧场馆的范畴

宋新潮构建了智慧场馆的 ROAD 模型，指出了智慧场馆的三大范畴，分别为智慧服务、智慧保护与智慧管理①。其中，角色（role）指的是参

① 宋新潮 . 关于智慧博物馆体系建设的思考［J］. 中国博物馆，2015（2）：15-18.

与场馆活动的个人或组织机构，如场馆、人员、公共管理部门。对象（object）是智慧场馆赖以存在的主要资源，包括展品、展厅、库房以及各种信息化设施等。活动（activity）是场馆的核心智能，包括征集、保护、研究、展示传播等。数据（data）包括了场馆的各种数据，如展品数据、环境数据、人员数据、档案资料和网络数据等，如图 12-1 所示。

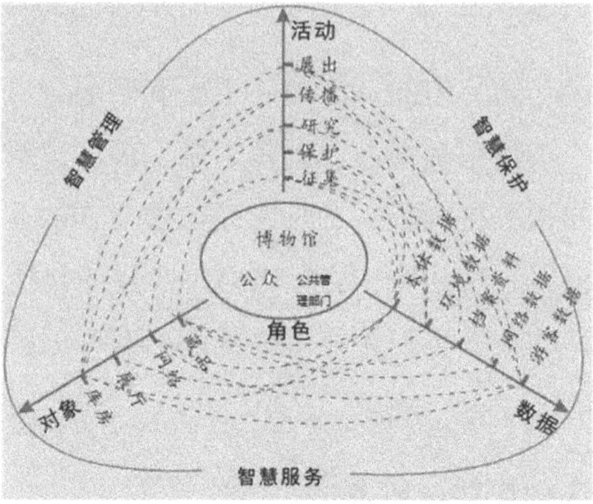

图 12-1　智慧场馆 ROAD 模型

由于场馆的教育功能日益凸显，而且被提到了几大功能之首，所以为人们的场馆学习提供智慧的支持与服务也是智慧场馆的主要范畴之一。由此，智慧场馆的建设目标是实现智慧学习、智慧服务、智慧保护、智慧管理。（1）更个性、适配的智慧学习——感知学习情境，为学习者提供适应性的场馆资源。（2）更全面、交互的智慧服务——以多维展现互动形式提高展示与教育服务能力，实现学习者与展品交互的高度完美融合，为学习者提供无处不在的服务体验，让知识在潜移默化中传播。（3）更透彻、感知的智慧保护——从“内”到“外”精准监测展品的健康状态，提高其预防性保护的深度和力度，在本体、环境、修复、运输、安防等方面真正实现文物风险预控。（4）更敏捷、高效的业务智慧管理——最大限度地减少内部与外部管理工作中的人工参与，提升馆内业务协同效率，保障人、财、物管理的精细化、决策的科学化。

（一）智慧的场馆学习

智慧的场馆学习，具有感知、连接、交互、适配等特征。感知主要包括位置感知、情境感知与社会感知，具有全面感知学习情境、学习者所处方位及其社会关系的性能，位置感知主要是感知学习者的物理位置；情境感知主要是探测学习者的不同场景以及他与谁在什么时间、地点做什么的知识；社会感知是感知学习者活动涉及的社会关系。连接指的是基于移动、物联、泛在、无缝接入等技术，学习者随时、随地、随需地拥有学习机会，学习者在任何设备以任何连接时，可以提供持续的服务会话。交互指的是提供自然简便的交互界面/接口，减轻认知负荷，支持多模态人机互动，也包括姿势、表情识别等，让学生沉浸于技术丰富环境中开展多向互动。适配指的是提供支持协作会话、远程会议、知识建构、内容操作等多种学习工具，促进学习的社会协作、深度参与和知识建构，提供丰富的、优质的数字化学习资源供学习者选择，根据学习者某时的学习访问、偏好和需求推送学习资源，基于学习者的个体差异（如能力、风格、偏好、需求）提供个性化的学习诊断、学习建议和学习服务，提供直观和透明的方式访问学习材料，在他们明确表达的需要之前预测学习者，记录学习历史数据，便于数据挖掘和深入分析，做出科学合理的评价、建议以及推送相应的服务。

（二）智慧的场馆服务

传统的场馆公众服务方式简单，参与度较低。对于儿童、老年人、残障人士等提供的服务也极其有限。智慧的场馆服务指的是以公众服务需求为核心，借助智能技术，通过多种服务系统的建立以及交互技术的应用，在活动预约、门禁系统、智慧停车、社交分享、信息推送、交流互动、电子商务等方面为公众提供智慧的服务。比如，人们可以使用智慧终端和智慧场馆平台将场馆展品感受、拍照、点评等互动结果进行一键分享。场馆内的展览、活动等信息也可以随时推送到智能终端。还可以通过建立场馆文化产品设计、制作、推介、交易平台，为人们提供丰富、快捷、个性化的文化产品。比如智慧停车，可以整合场馆周边区域的停车场，为人们提供交通路线的智能推送以及智能车场管理、智能停车引导服务等。人们可以通过智能终端及时获取交通路况信息，选择最佳路线，获得停车实时车位信息，逐步解决行车难和停车难的问题。人们可以通过智能门禁系统快速驶入停车场区域，在场馆以及周边这一区域内使用一票通，缓解多次购票排队等候的拥挤。在针对残障人士的服务方面，比如南京博物院视障观众全自动导览车系统，可以为视障观众提供自动导览。其功能主要有障碍物自动规避、自动播放语音讲解等，并实现了行车路线的远程控制。

（三）智慧的展品保护

随着展品保护新理念的推行与发展，“监测—评估—预警—调控”展品预防性保护受到越来越多人的认可。智慧保护指的是以新型传感器技术、计算机网络与通信技术、数据库技术以及智能信息处理为手段，搭建比较完善的展品保存环境监测系统，建成统一的场馆环境监测数据存储、交互和安全管理平台；通过监测技术系统的应用，实现数据采集、传输、记录、储存、分析、管理、查询、交流；通过调控应用系统实施环境质量评估、风险预警、决策调控，并可应用于研究环境因素劣化作用机理等需求。如敦煌莫高窟 60 多个洞窟安装了 200 多个传感器，监控洞窟内的温度、湿度等情况。上海博物馆建立了“环境因素无线传感监测系统＋实验室离线监测系统”的成套环境质量监测评估体系，采用恒温恒湿净化过滤系统，对库房、展厅的温度、湿度、污染物等进行主动性监测与净化。再如宝鸡青铜器博物院的环境监测系统可以及时感知、修复展厅、展柜的环境，调控展柜、储藏柜内微环境，并配备了相应的校验检测仪等设备。成都金沙遗址博物馆则开展了文物保存环境监测系统建设一期工程，即在展厅布设环境因素传感系统，建立全国馆藏文物保存环境监测平台，对包括大气温湿度、土壤温湿度、二氧化碳、光照紫外线、有机挥发物等进行监测和相应的调控设施，系统实现自动预警功能，能够及时、迅速地解读数据，实现自动化分析等。

（四）智慧的场馆管理

借助信息技术手段实现场馆信息的管理，提高了管理效率，提升了管理质量，但是仍然存在一些问题，诸如数字化资源的管理较为分散、缺乏统一的资源管理手段，馆内各部门和各环节之间的资源割裂、存在信息孤岛等。面对数量庞大的展品、每天数以万计的观众，如何以智能控制技术为支撑，优化场馆管理模式和工作机制，为场馆决策提供支持，这就需要智慧的场馆管理。智慧的场馆管理指的是通过 RFID、数据挖掘、红外热成像、高清视频监控等信息技术的运用，最大限度地减少馆内闭环管理的人工参与，提高管理智能化，加强人和物之间的信息联系与融通，尽可能地消除各部门和各环节的信息孤岛问题，使各部门的职能发挥得更有效，使各类资源的利用最大化。

第四节　智慧场馆的体系架构

关于智慧场馆的体系架构，一些学者进行了研究与实践。如焦俊一（2014）从智慧场馆的目标角度，提出场馆的智慧系统包括安全智慧系统、便捷智慧系统、健康智慧系统、高效智慧系统、文化智慧系统五大系统[①]。阮晓东（2015）认为，智慧场馆有四种模式：一是引导服务类，二是交互性强的虚拟现实展示类，三是新型的移动终端展示应用形式，

① 焦俊一，闵浩．基于物联网技术的智慧博物馆综合管理系统［J］．物联网技术，2014（5）：70–75.

四是个性博物馆展示[①]。秦新华（2015）认为，智慧场馆的核心体系包括五个方面：智能化的信息管理系统、智能化的观众行为管理系统、智能化的移动导览系统、智能的在线3D展馆以及开放性的信息资源建设[②]。张小朋（2017）认为，智慧场馆的核心系统包括建筑/设备系统、业务系统、学习者系统、数据通信系统、决策支持系统五个部分[③]。

笔者认为，智慧场馆的体系架构包括感知层（数据采集）、通信层和数据层（数据传输、数据处理、数据分析、数据呈现）、应用层（面向用户的应用），以及智慧场馆标准规范和智慧场馆安全体系。如图12-2所示。

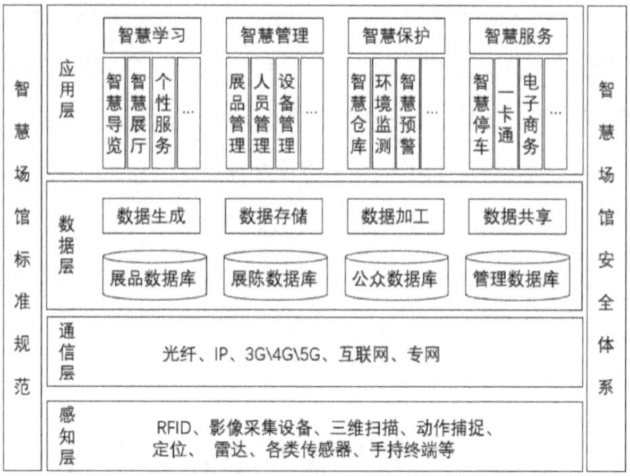

图12-2　智慧场馆的体系架构

一、感知层

感知层主要实现数据采集功能。利用场馆环境已有的基础设备，部署和安装新的传感器及智能终端设备，如RFID、影像采集设备、三维扫描、

① 阮晓东.寻找智慧博物馆［J］.新经济导刊，2015（3）：18-24.

② 秦新华.智慧博物馆建设研究与思考——以山西博物院为例［J］.办公室业务，2015（1）：33-35.

③ 张小朋.智慧博物馆核心系统初探［J］.东南文化，2017（1）：109-114.

动作捕捉、定位、雷达、各类传感器等。这些传感器和智能节点可以通过有线或无线的方式，接入网络层，为智慧场馆提供数据基础。

二、通信层

通信是在一定的媒体中进行的信息传递，通信系统是用以完成信息传输过程的技术系统的总称。数据通信系统是将分布在各点的数据终端和数据传输设备、数据交换设备和通信线路互相连接而成的通信系统。通信层将感知识别的数据接入互联网，供上层服务使用。互联网以及下一代互联网是物联网的核心网络，处在边缘的各种无线网络则提供随时随地的网络接入服务。各种不同类型的无线网络适用于不同的环境，合理提供便捷的网络接入，是实现物物互联的重要基础设施。在智慧场馆体系中，数据通信系统是整体能够有效发挥作用的生命线。通过传输线路把分布在不同地点的多个独立的信息应用系统连接在一起，在标准与规则的约束下，使人们共享数据资源。为了保障数据能够顺利传输和共享，需要建立标准体系和维护体系。

三、数据层

“数据”是智慧场馆的核心和关键，建设智慧场馆必须要紧紧围绕“数据”展开，包括数据的生成、加工、运用以及数据共享等环节。抓住了数据就是抓住了智慧场馆建设的灵魂，以数据来推进技术运用、促进职能调整、带动功能提升，这是智慧场馆建设发展的基本路径和有效方法。

（一）数据生成

数据生成是智慧场馆建设的基础。数据生成的过程也是获得数据的过程，数据生成的全面性直接决定了数据资源的应用前景。“人”和“物”是数据的两大来源。“人”的数据是非常关键的。除了对场馆学习者的性别、年龄、学历等个人信息进行采集以外，更要把数据采集的重点放在动态行为方面，这也是智慧场馆向人们提供定制式、个性化服务的前提条件。动态行为数据的获取可以通过蓝牙定位技术，可以感知人们的位置，计算出人们在各个展位的停留时间；通过无线交互技术，可以获取使用数字推送资源的数量和频次；通过人机交互的方式，可以了解人们对场馆资源产品的评价。尽管目前还很难做到行为数据获取的高度智能化，但随着信息技术的不断发展，这类数据将会逐渐完备。

与“物”有关的数据覆盖了展品存藏、教育、展示、保护与研究等工作环节。根据文物藏品的管理流程，又可细化分为存藏管理数据、登记管理数据、使用管理数据。

（二）数据存储

教育数据处理环节包含数据存储和数据加工。数据存储是所有数据的集中存放地，主要用来存放各种结构化、半结构化和非结构化的历史数据、预测数据、汇总数据以及需要共享的数据等。教育大数据的存储系统不仅需要以极低的成本存储海量数据，还要适应多样化的非结构化数据管理需求，具备数据格式上的可扩展性。主流的开源大数据处理平台有 Hadoop、Spark 等。

（三）数据加工

数据加工是智慧场馆建设的关键。数据生成为数据资源的运用提供了基础，但这些数据本身并不具备直接使用的条件，需要对生成的数据进行加工才能满足各种运用要求。数据类型不同，运用方式和运用对象不同，数据的加工方式也不尽相同。一般情况下，智慧场馆基础数据资源有数据整合和数据分析两种加工方式。

数据整合是指通过高质量的数据整合方法，对数据进行加工处理，并在尽可能保留原有语义的情况下去粗取精、消除噪声，从全局的角度保证数据的一致性和相关性。数据整合主要针对的是展品数据。展品采集形成的数据由于没有足够的关联性，因而不能进行完整的信息表达，直接运用的价值较低。只有将两者有机整合、相互串接形成数据集群，才具有展品信息内涵的系统性和完整性，才能够满足面向公众展示的数据运用需求。数据整合不是数据堆砌的过程，是场馆根据一定的展览主题和表现形式要求，有针对性地选择数据，采用最合适的技术手段进行加工。数据整合的质量取决于加工策划水平的高低，对策划者的综合素质要求较高。也正因为此，数据整合一直是博物馆文物藏品数据加工的瓶颈，需要在智慧博物馆建设的过程中重点突破提升。

数据分析也是一种重要的数据加工方式。智慧场馆关注的是某一时间段内各种管理活动产生的最终结果以及大批量不同类型的观众表现出的整体参观倾向，需要对大批量的数据进行研究并从中发现隐藏的规律。以大量数据为基础，进行统计分析，从而得到结论，这种数据加工方式就是数据分析。需要指出的是，数据整合和数据分析并不是两种完全割裂的数据加工方式，两者之间存在互为因果的动态循环关系。以观众数据分析为例，发现观众有一定的观展倾向后，就需要对数据整合的内容和方式进行调整，以更好地满足观众的需求。观众面对调整后的产品资源，可能会表现出与之前不同的行为，因而需要对数据重新进行分析，以得到新的结论。如此周而复始，使得智慧场馆的数据资源始终处于动态的循环更新之中。

（四）数据共享

数据共享是智慧场馆建设的愿景。开放、平等、协作、共享是互联网精神的实质。在当今以互联网为基础的信息时代，开放共享是公共资源拥有者和管理者努力实践的目标。场馆数据的共享在向更多的公众提供公共资源的同时，也将极大地提升场馆的影响力和宣传教育的广度。业界分享与跨界共享应该是场馆数据共享的美好前景。业界分享指的是一方面，有一定内容关联性的场馆可以通过数据分享构建场馆集群，为公众提供更加丰富、更加全面的资源服务和欣赏视角；另一方面，场馆间的数据分享也能使场馆管理者和研究者充分了解馆外资源的情况，为常规陈列、临时展览和展品的研究提供方便。跨界共享则指的是场馆数据资源突破场馆业界范围，在更为广阔的领域内，与其他类型的数据资源实现整合融合、交叉运用。

四、应用层

智慧学习、智慧管理、智慧保护和智慧服务是智慧场馆建设的目标指向，应用层也围绕这几个方面展开。

（一）智慧学习模块

智慧学习主要包括智能导览系统、智慧展厅系统、个性化学习支持服务系统等。

智能导览系统。综合使用感知识别技术、定位技术、增强现实技术等，通过 AR 实景导航等方式，为人们提供智能导览。语音识别技术用于识别人们的语音咨询的问题，通过预设问题和答案的模式，进行智能解答。

智慧展厅系统。智能展厅系统将整个展厅及其内的展品进行智能化呈现。通过对展品的三维立体动画演示，利用信息技术手段进行信息整合，实现以物联网为基础的人机交互式互动效果，呈现较为逼真的虚拟三维展厅环境。

个性化学习支持服务系统。当人们踏入展馆时，场馆通过射频识别系统、定位系统等实现对学习者的实时追踪，以提供更多的个性化服务。综合使用情境感知、大数据、云计算等技术，获取学习者类型，分析他们的特征，通过情景感知与适应技术、跟踪与分析技术等，感知学习者位置及学习情境，通过深入发掘与分析参观轨迹的历史数据，运用智能终端或者智能手机实现数据的推送与运用，给予学习者科学合理的评估，以支持学习者的学习。

（二）智慧管理模块

智慧管理模块包括智能建筑管理、智能展品管理、智能人员管理、智能业务管理等。通过各个子系统优化传统场馆的管理模式工作流程，为管理者的决策提供数据支持，从而使场馆内部和外部都能实现智慧化管理。

智能建筑管理。智能建筑管理包括中央智能化集成系统、智能楼宇管理、信息设施系统、通信网络管理等，以实时监控场馆建筑的健康状况。在业务上，主要有强弱电管理、网络与信息基础设备管理、智能网络管理、中心机房、电梯群控、智能照明、智能会议中心、广播系统、智能中央管理中心等。智能建筑管理可以将结构、系统、服务、管理整合起来满足人们对建筑空间安全、舒适、便利、健康、环保的要求。

智能展品管理。智能展品管理不仅可以实现展品资源信息化管理，还完善了展品评估体系和动态管理机制。系统涵盖展品保管业务流程，实现全信息化工作方式，建立展品全生命周期数字档案，确保展品保管规范化、数字化和智能化。智能展品管理系统可以设置人员访问权限，既方便馆内专业技术人员进行检索和使用，同时也可实现场馆数字化展品资源的有效管理和有序利用。

智能业务管理。智能业务管理包括财务管理、人力资源管理等内容。财务管理负责经费管理、预算管理、收入开支、绩效考核、固定资产管理等。人力资源管理涉及场馆工作人员的档案信息、隶属部门、岗位职责、业绩评估、职称管理、人员考勤、工资福利管理、员工培训等。

（三）智慧保护模块

智慧保护模块主要包括环境监测系统、智慧库房系统、智慧安防系统等。

环境监测系统。场馆内的任何一件展品都是不可复制的，尤其是一些珍贵文物，特别需要重点保护。如果要长久且完整地保存展品，展馆和展品区域的全天候物理环境就尤其重要。基于智能感知技术和无损检测技术，在恰当的位置安装必备的环境监测智能传感器，比如温度、湿度智能传感器，数据通过有线或无线网络传输到数据平台，对场馆内物理环境和展品的健康状况和影响因素进行定量监控分析。环境监测系统主要是通过获取物理环境及展品或文物在不同时间段的状态数据，经过数据分析加工，对保存现状做出评估，从而决定是否对展品或文物的保护措施进行调整。这种“监测—评估—预警—调控”的数据应用模式正是智慧保护的基本要求。

智慧库房系统。场馆内有丰富的展品，这些展品一部分被展陈于展厅内，还有一些会存放于库房。存储于库房的展品同样也是需要进行智能化管理与保护的，智慧库房系统就是将物联网等技术应用于库房内，以实现对其中的展品进行智能管理与保护的目的。通过 RFID 等技术，为每件展品附上电子标签，将其“身份”信息存储在该标签中。读写器主要用于收集、读写标签，传输给服务器做运算。通过大屏展示展品信息及预警信息，以提示管理人员需要重点关注哪些内容。对库房温度、湿度进行实时监控，让库房温、湿度能够在适当的环境下，避免意外损坏。

智慧安防系统。安全保卫是场馆工作的重中之重。智慧安防系统需要建立全方位的数字视频安防监控中心、入侵报警系统、电子巡更、客流监测、人脸识别、停车场管理和对讲通信系统等。智慧安防系统一般单独布线，和局域网、互联网物理隔离，但一些功能和业务仍有联动的需要，例如消防广播、展厅客流监控、视频取证等。

（四）智慧服务模块

智慧服务模块主要包括智慧票务系统、智慧停车系统、智慧文创系统等。

智慧票务系统。可以实现远程票务预约、活动预约等功能。通过人们在线预约，场馆可以将电子门票发放到人们手中，每张门票涵盖姓名、证件号码、日期、联系方式等信息。这些信息会与智慧导览、智慧展厅、智慧停车、智慧文创等其他数据系统相联通，以便更好地获得检票、导览等相应的服务。

智慧停车系统。通过对场馆周边区域的停车场进行整合，可以实现交通路线的智能推送、智能停车场管理以及智能停车引导功能。人们可以通过智能终端及时获取交通路况信息，选择最佳路线，获得实时车位信息，可以通过智能门禁系统快速驶入停车场区域，在相应停车场使用一票通，以缓解多次购票排队等候的拥挤，以及行车难和停车难的问题。

智慧文创系统。每家场馆都有丰富的展品，甚至是文物珍品。围绕这些珍品做更多级别的衍生品开发，也是越来越多场馆尝试的领域之一。文创产品是场馆重要的资源，也是开展创意产业的新兴业务。智慧文创系统将文创产品的策划、展示、运营、咨询、导购、销售服务等功能整合在一起，并且通过与设计师资源的整合，根据需求为人们提供个性化的文创产品设计。

五、安全与保障

智慧场馆的发展不可避免地带来了安全问题，所以安全与保障模块贯穿整个智慧场馆框架体系，以保证各个步骤与环节的安全性。贯彻“安全第一，预防为主”的方针，严格执行各项安全制度规程和技术措施，切实做到建设与安全并管并重，充分保障设备安全、数据安全、内容安全、行为安全。第一，在保障各设备物理安全的基础上，建立双机热备份机制，一旦主系统遇到故障或受到攻击导致智慧场馆不能正常运行，保证备用系统能及时替换主系统提供服务。第二，在服务器和其他计算机之间设置经公安部认证的防火墙，在服务器及工作站上均安装正版的防病毒软件，对计算机病毒、有害电子邮件、恶意网络攻击设置整套的防范措施，以防止有害信息对数据和系统的破坏、更改、泄露。同时及时用补丁修复系统漏洞，定期查杀病毒。并设置备份恢复系统，确保数据和系统的可恢复性。第三，建立内容审查机制，保证信息内容符合国家的法律法规，政治立场正确并符合中华民族优良的道德规范。同时，应注重加强信息内容保密、知识产权保护、信息隐藏和隐私保护。第四，实行集中式权限管理，针对不同的应用系统、终端、人员，设置共享数据库信息的访问权限，并设置相应的密码及口令。强化安全意识教育工作，主抓数据安全意识以及网络安全意识。

六、标准与规范

标准与规范描述了智慧场馆在采集、处理、分析数据时需要遵循的标准，是智慧场馆框架的基础，用以保障各个环节之间以及整个系统数据的融通与共享。为保障应用系统的集成式管理与建设，需对应用层面的数据字段、元数据以及数据的接入和使用进行标准化处理。编制标准的数据字典与数据接入和使用规范，以便各应用系统之间的数据能够实现流通与共享。

第五节　智慧场馆的案例

一、个性化学习支持：欧洲 Smart Museum 项目

Smart Museum 项目是受到欧盟委员会第七框架计划（The 7th Framework Programme，FP7）资助的项目之一（FP7216923）。欧盟自1984年开始实施“研究、技术开发及示范框架计划”，简称“欧盟框架计划”，是欧盟成员国和联系国共同参与的中期重大科技计划，具有研究水平高、涉及领域广、投资力度大、参与国家多等特点。欧盟框架计划是当今世

界上最大的官方科技计划之一，以研究国际科技前沿主题和竞争性科技难点为重点，是欧盟投资最多、内容最丰富的全球性科研与技术开发计划，也是迄今为止世界上最大的公共财政科研资助计划。欧盟研发框架计划肩负着四大重任：建设欧盟统一的研究区域（ERA）、保持科学技术的卓越、提升工业企业的竞争力和应对经济社会的挑战。通过不断整合资源、改革管理体制，以期在欧洲层面更有效地利用研发创新资源，着力提升科技创新能力，推动欧盟真正进入创新驱动发展的轨道。至今已完成实施 7 个框架计划，第八项框架计划——“地平线 2020”（Horizon 2020）正在实施。2018 年 6 月欧盟委员会又提出了预算达 976 亿欧元的第九期研发框架计划——“地平线欧洲”计划（2021—2027 年）。该计划将遵循“开放科学、开放创新和向世界开放”的总原则，通过“开放科学”“全球性挑战与产业竞争力”“开放创新”三大支柱执行，注重平衡、连贯和协同，并支持加强研发创新体系。

1984 年，研发经费总投入 32.71 亿欧元的第一个框架计划（The 1st Framework Programme，1984—1987 年）的出台，以及在《单一欧洲法》（1986 年）中单独增加了一章关于 RTD 的内容，预示着欧洲研究政策向注重欧洲工业竞争力和欧洲公民生活质量的一体化研究政策的转变。第二框架计划（1987—1991 年）旨在加强欧洲工业的研究基础，以应对日本的激烈竞争。发展信息通信技术是政治议程上的优先事项，研发经费总投入 53.57 亿欧元。第三个框架方案（1990—1994 年）是在欧洲市场一体化的背景下拟订的，研发经费总投入 65.52 亿欧元。第四个框架方案（1994—1998 年）是在《马斯特里赫特条约》（1992 年）和《增长、竞争力和就业白皮书》（1993 年）期间提出的，研发经费总投入 131.21 亿欧元。第五个框架方案（1998—2002 年）更加强调社会经济价值，研发经费总投入 148.71 亿欧元。第六个框架计划（2002—2006 年）旨在帮助建立欧洲研究领域，研发经费总投入为 192.56 亿欧元。

第七个框架计划（2007—2013 年）是在欧洲人感到焦虑的背景下设

计的，他们担心欧洲在全球范围内正从一个积极的“例外”转变为一个消极的“例外”。非洲大陆面临着一系列重要的经济、社会和环境挑战。这些都从积极意义上破坏了欧洲的“例外”，也就是欧洲人最引以为傲的：迄今在实现有价值的社会目标（例如提高生活水平和生活质量）方面取得的进展。虽然一些（如环境）困难是所有主要世界经济的共同问题，但其他问题（如低经济增长和高失业率）似乎是欧洲独有的，使其成为消极意义上的全球例外。FP7 计划要实现的欧盟战略目标就是：实现向知识型社会的转型，提升欧洲研究潜力和附加值，促成欧盟成为世界领先的研究中心，使得科研、技术革新和知识积累在经济增长、社会进步和环境保护方面发挥着更加重要的作用。为此 FP7 投入了 558.06 亿欧元研发经费，按照科研务求卓越的主要原则，强力促进在世界级的最尖端领域的研究工作并加大投资，而且其计划周期比 FP6 延长了两年。除了在自然科学技术领域外，欧盟在 FP7 中还增加了社会经济科学和人文科学项目，着力促进人文社会学科与自然科学之间的对话，通过鼓励批判性反思，使科技研究计划尽量满足普通公民的需求，增强民众对科技的信心。

Smart Museum 项目就是受到 FP7 资助的一个项目。Tuukka Ruotsalo 作为项目主要负责人，同时在美国加州大学伯克利分校信息学院、芬兰阿尔托大学媒体技术系、赫尔辛基信息技术学院等机构任职。不仅如此，该项目还得到了 FinnONTO 项目的资助与支持。FinnONTO 项目是一项芬兰的国家层面的语义网本体项目，旨在为芬兰的国家元数据、本体、本体服务和关联数据框架奠定基础，并在实际应用中展示其有用性。语义网络需要概念化的语义基础设施，就像交通运输需要公路、能源供应需要发电厂和电力网络、移动手机和无线通信需要 GSM 标准和网络一样。一个可靠的、公认的开放基础设施将使公共组织和公司在语义网络上创建可互操作的智能内容和服务变得更加容易和低成本。基础设施应该是开源的，其核心组件由公共部门维护，以确保不同应用领域和用户之间的广泛使用和互操作性。该项目始于 2003 年，延续到 2012 年。一开始有

14 家资助公司和组织参与，后来逐年增多。2008—2009 年，已有 38 个组织资助、参与了这个项目，使 FinnONTO 真正成为一个芬兰全国性的项目。在 2010—2012 年的最后阶段，该项目被分为两个项目——FinnONTO 2.0 和 Semantic ubiquitous services SUBI。FinnONTO 2.0 延续了 FinnONTO 的传统，由 36 个组织参与。衍生项目 Semantic ubiquitous services SUBI 由 17 个组织参与，专注于 FinnONTO 基础设施的移动应用。目前有 40 多个芬兰组织资助并参与了 FinnONTO 项目。该项目在本体、元数据、自动注释、语义计算和 Web 等许多领域形成了一系列成果。该项目以应用为导向，产生了许多 DEMO 和系统，其中一些已经在实践中得到应用。

Smart Museum 项目就是在 FP7 和芬兰基金资助机构支持下的研究成果之一。该项目研究者来自美国、芬兰、马耳他、意大利、法国、保加利亚、爱沙尼亚等多个国家，参与人员有研究机构、场馆和企业等。Elena Fani 来自意大利的伽利略博物馆。Krister Haav、Antony Stoyanov 分别来自于爱沙尼亚 Apprise 公司、保加利亚 Melon 技术有限公司。设计、开发的 Smart Museum 系统是该项目的重要研究成果之一。

Smart Museum 系统[①]是一个移动的、泛在的数据网络推荐系统，在移动的场馆境脉中，根据学习者特征以及对展品的喜爱和偏好，还有学习者所处的情境，提供个性化推荐，为学习者推送适宜的内容。该系统基于本体的方法，使用语义 Web 语言作为数据表示形式。本体用于弥合异类内容描述、传感器输入和用户配置文件之间的语义鸿沟。情境信息可以通过描述学习者的特定信息来提高推荐系统的准确性。通过捕获来自环境的传感器数据用于协助过滤过程。这在移动场景中尤为重要，因为移动设备的可用性常常限制学习者执行复杂的搜索查询的意愿。移动系

① Ruotsalo T，Haav K，Stoyanov A，et al. SMART MUSEUM：A mobile recommender system for the Web of Data［J］. Web Semantics：Science，Services and Agents on the World Wide Web，2013（20）：50-67.

统应该只需要最低限度的学习者干预，并且应该尽可能地保持学习者对系统的信任。该系统利用了一个信息检索框架，利用情境信息和搜索结果聚类为移动学习者推荐合适的内容。结果表明，在信息过滤框架中引入语义数据表示、基于本体的推理、查询扩展、搜索结果聚类和情境数据可以显著提高推荐系统的性能。语义内容表示和检索能显著提高移动推荐系统在知识丰富领域的性能。该系统在实际使用中达到了使用者的期望，为使用者提供满意的用户体验。下面将介绍 Smart Museum 系统的应用场景、技术架构和算法。

（一）系统应用场景

Smart Museum系统的设计是为了增强学习者的个性化场馆学习体验。该系统的主要目的是满足对文化遗产感兴趣的移动学习者的信息需求。系统根据学习者画像和情景信息，如物理位置和动机等，推荐相应内容。如果学习者对某个特定展品感兴趣，系统可以从网络上检索关于该展品和相关内容的信息。移动客户端提供了相关内容的用户界面。此外，该系统还支持视频内容的现场视频流，以及针对残障人士的语音合成。Smart Museum 的功能可以用三个场景来说明。

1. 移动户外场景

移动户外场景指的是学习者在场馆物理环境之外，在城市中走动，系统可以为其推荐学习者感兴趣地点的相应信息。户外场景主要是通过全球定位系统（GPS，global positioning system）或学习者移动设备的标识符对学习者的位置进行准确定位。位置信息是学习者情境中最重要的特征。位置信息与学习者的特征以及参观时间情境结合在一起，就可以为学习者推荐一些户外场景，显示在界面上。图 12-3 显示了为学习者推荐的户外场景的列表形式，以地图形式呈现了为学习者推荐的场景。当学习者发现一个合适的站点并想要访问时，可以点击适当的接口指示，进入相应的网站。系统的模式将切换到室内场景。

（a）推荐以列表形式呈现　　（b）推荐以地图形式呈现

图 12–3　室外场景

2. 移动室内场景

学习者在场馆物理环境内走动，系统可以为其推荐学习者感兴趣的展品信息。在室内场景中，使用射频识别传感器检测学习者在室内的位置，还可以使用界面中的控件手动获取。之所以选择 RFID 技术，是为了尽可能方便学习者识别物体。这是可能的，因为数据集合中描述的大多数对象都是经过设计的，并且可以将 RFID 标签附加到对象上。换句话说，对象描述不是纯粹从公共 Web 获取的：它们来自主动维护的集合。然后将用户配置文件与一组对象（仅限于这些对象）进行匹配。用户可以使用他们当前的配置文件，或者最初使用博物馆工作人员预定义的配置文件更新配置文件。这样，系统就可以有初始的相关配置文件。即使对于用户配置文件由数据组成的用户，其信息也与访问站点中显示的对象的细节几乎没有共同点，从而避免了由于使用不同的数据收集的配置文件信息而导致的冷启动问题。对于在系统中没有用户配置文件的用户，或者其用户配置文件是从与用户请求建议的环境非常不同的环境中收集的用户，均可以消除冷启动问题。

图 12–4 为登录系统后出现的输入画面。学习者可以选择“Companion”和“Motivation”等这些无法用传感器检测的内容。“Companion”主要是学习者类型，包括“Alone”“With Family”“With Friends”“School group”“Tourist Group”等选项供选择。“Motivation”主要是动机，包括“Adventure”“Art and Culture”“Educational”“Wellness and Relaxing”等选项供选择。这些将用于进一步为学习者推荐内容。图 12–4 右侧显示呈现给学习者的推荐列表。学习者可以浏览推荐列表，获取更多信息，也可以表达针对推荐内容是否感兴趣提供明确的积极或消极的相关反馈。学习者可以从列表中选择单个对象并重新检索相关内容，如任何集合中的相关对象、视频和物品创造者的传记等。

（a）内容输入界面　　（b）室内场景的推荐列表

图 12–4　室内场景—移动端界面

图 12–5 显示了人们在马耳他国家美术馆所做的尝试。通过推荐的信息，学习者可以找到他们感兴趣的信息，检索相关展品的信息。学习者可以通过按钮“I like”“I dislike”来表达他们对展品及相关信息的喜好，学习者特征随之更新。图 12–5 呈现了一位学习者通过阅读 RFID 标签检

索某展品的信息。使用这个系统，学习者可以检索更多的信息，如视频。

（a）用户通过 RFID 标签检索展品相关信息

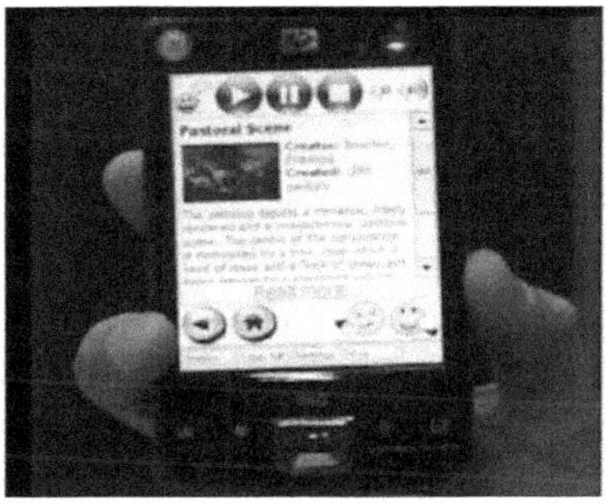

（b）视频流功能

图 12-5　室内场景—学习者使用

3. 在线场景

学习者在进入场馆之前或者走出场馆之后，在电脑上手动输入或编辑获取所需的信息。在 Smart Museum 的在线场景中，学习者能够通过基于 Web 的界面创建和检视其个人信息。图 12-6 显示了可以填写或选择的兴趣信息的界面元素。该系统还提供了一些非主体的偏好供学习者填写或选择。这些非主题的偏好同样也表示了学习者的能力，比如听、看和走的能力。这些可以用来作为对学习者的进一步过滤内容的主题首选项。例如，内容介绍在外文中可能是禁用的，可以指定他们是否更喜欢相关多媒体的即时回放内容。对于基于能力的推荐，Smart Museum 的解决方案是用一般用户建模的有限子集本体（GUMO）。支持的用户属性包括物理属性能力、人口统计，以及——在一定程度上——社会角色。图 12-6 显示了一个基于 Web 的界面，该界面支持手动输入。通过本体检查学习者资料中的局部特征，工程师通过图形导航或自动完成搜索接口。

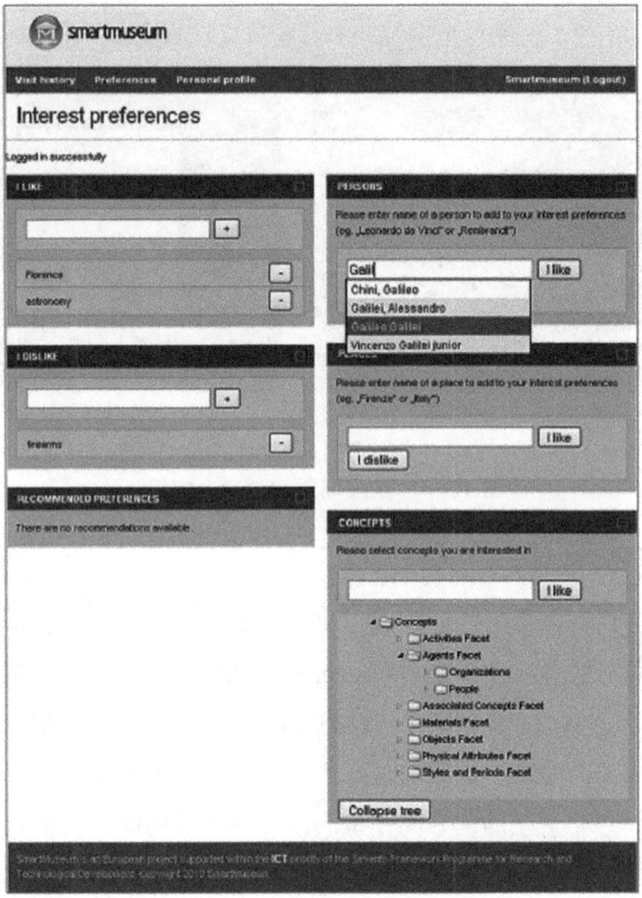

图 12-6　学习者的兴趣偏好录入

（二）系统技术架构

Smart Museum 系统由作为 Web 服务实现的四个主要组件组成：元数据服务、上下文服务、用户配置文件服务和过滤服务。各组成部分及其相互连接如图 12-7 所示。不同服务通过超文本传输协议（HTTP）的具象状态传输（REST）进行通信。

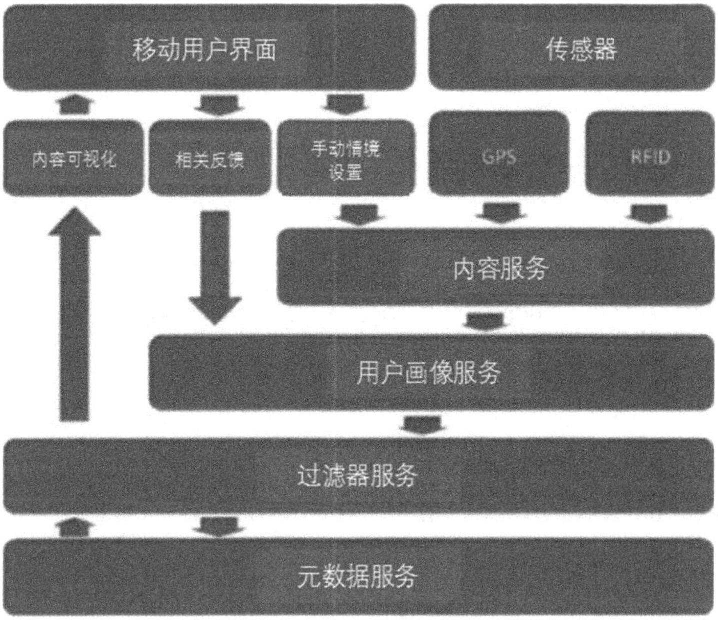

图 12–7　系统技术架构

1. 元数据服务

元数据服务负责存储从 Web 爬虫获得的元数据。爬虫检查利用指定的通用资源定位器（URLs）来完成更新。每个 URL 指向来自某个数据提供者的 RDF（S）数据转储。数据存储在数据库中，以供学习者进行进一步访问。元数据服务将用于索引的数据发送到筛选服务。这使得人们可以从数据库中提取数据并查看，并提供基于索引的快速筛选和排序。当移动客户端请求推荐或更新学习者特征时，元数据服务还充当中心。数据通过 RDF（S）以三种形式表示，并映射到三个主要元素以支持情境感知的信息过滤：物理描述、内容描述、情境描述。对象描述如下文所示。

Physical description：

<dc：identifier> <urn：imss：instrument：402015>.

<sm：roomNumber>"1".

<sm：physical Location> http：//www.imss.fi.it/.

Content description：

<dc：title>"Horizontal dial"

<dc：subject>"Measuring time"

<dc：description>"Sundial，complete with gnomon…"

<dc：subject><aat：300054534>.（Astronomy）

<sm：dateOfCreation><sm：time_1501_1600>.（16th Century）

<sm：material><aat：300010946>.（Gilt Brass）

<sm：objectType><aat：300041614>.（Sundial）

<sm：placeOfCreation><tgn：7000084>.（Germany）

<sm：processesAndTechniques><aat：300053789>.（Gilding）

<dc：terms/isPartOf>"Medici collections".

<rdf：type><sm：Instrument>.

Context decription：

<dc：educationLevel><aat：300054368>.（Secondary）

<dc：educationLevel><aat：300254108>.（Continuing educaion）

<dc：educationLevel><aat：300254154>.（Universities and colleges）

<sm：ageGroup><aat：300025944>.（Young people）

<sm：ageGroup><aat：300154397>.（Elderly）

<sm：purposeOfVisit><sm：PurposeArtAndCulture>.

<sm：purposeOfVisit><sm：PurposeEducational>.

<sm：targetGroup><sm：CompanionsAlone>.

<sm：targetGroup><sm：CompanionsFriends>.

<sm：targetGroup><sm：CompanionsSchool>.

<sm：visitorType><sm：VisitorTypeGreedy>

这三个部分分别是描述对象的一个独特方面：物理描述包含与对象的物理位置和可访问性相关的对象属性；内容描述主要描述的是客体，

如主体、创造者和生产场所；情境描述包括附加到对象上的情境信息，例如目标受众，以及用户检查对象的原因。通过引入三个高层来实现这三个元素属性，分别对应这三个部分，并映射每个部分特定模式中的一个属性。其思想是，这可以适应任何底层模式以及任何一组域本体。所有进一步的推理都是有根据的、关于领域本体和其中指定的 RDF（S）关系三个高级属性的平衡。

2. 情境服务

情境数据来自传感器输入。传感器通常以某种数字形式提供数据，但不指定输入的语义。在筛选阶段，将传感器输入与对象描述匹配，这需要传感器输入与用于描述对象的本体之间的映射。情境服务将情境数据映射到本体中定义的概念。我们观察两种类型的情境信息：一类是学习者自由输入的、很难通过传感器感知到的一些信息，如学习者在一个特定位置的持续时间、学习者动机、系统提供内容的理解能力等。另一类是被嵌入到移动设备的传感器如 GPS 接收器、加速器、RFID 阅读器所捕获的展品或学习者位置的信息。该系统使用了传感器输入数据的目的有两个，一是识别学习者位置，二是识别学习者所处物理环境中的展品信息。

3. 学习者画像服务

学习者画像服务支持情境感知的学习者特征。画像要适应学习者的情境、反映学习者在特定情境下对于特定展品的偏好。学习者画像是基于明确的相关反馈，通过指示特定展品相关或不相关来确定。相关反馈是依赖于情境的，因此，我们根据提供反馈或请求内容的情境存储和使用相关反馈。我们使用基于本体的画像方法，这背后的原因在于，它可以通过基于本体的推理和查询扩展。

学习者画像建立在概率情境模型之上。这意味着要为每个三元组建模提供相关反馈的情境，将学习者的兴趣描述为条件概率。该概率框架是可扩展的，并且与域无关，这意味着 Smart Museum 可以很容易地适应其他情境变量和数据，不仅仅局限于 Smart Museum 环境中使用的那些情境变量和数据。

4. 过滤服务

过滤服务主要涉及两项内容：第一是元数据服务，把从网络上获取的数据进行索引；第二是根据学习者需求，进行内容的推荐。在这个阶段，将学习者画像服务和情境数据等作为输入，也就是说，筛选是在学习者画像基础上进行的。然后，根据过滤阶段匹配的三元组，对结果对象集进行聚类。这减少了结果的过度专门化。最后的推荐列表返回给元数据服务，元数据服务将结果传递给移动客户端。

5. 移动客户端

移动客户端使用元数据服务器提供的应用程序编程接口（API）。考虑到户外场景中可用的有限带宽，将客户端和服务器之间的通信进行优化。考虑到计算复杂性，在学习者刚进入室内场景时就进行推荐。在户外场景中，仅当学习者移动时，才请求推荐；当学习者保持静止时，请求不会通过网络发送。在场馆内，移动客户端会自动切换到本地无线局域网。这需要更多的带宽服务，以支持更多的功能，如视频流功能等。

（三）算法

Smart Museum 系统的关键部分是推荐系统，它将所有单独服务的功能结合在一起。推荐系统依赖于多种计算方法：学习者画像、数据索引、结果排序、查询扩展、特征平衡和结果聚类。该部分将详细讨论这些内容。

1. 学习者画像

Smart Museum 是为了支持学习者在不同场景中的学习，学习者的情境信息是非常重要的。感知学习者情境需要可用于表示不同情境变量的灵活模型。因此在研究中采用了概率学习者画像模型。学习者画像 P 由一组特征条目 p_i 组成。特征条目由一个变量 $t \in T$ 和一个属于笛卡尔坐标的情境变量 $ct \in T$ 组成。T 是域内资源 R 与标记和词根 L 的乘积，用公式表示为 $T \in R \times R \times (R \cup L)$。每个画像用四个要素组来表征，即 p_i=<t，c_t，count，to>。“count”用于计数，“to”用于表述 count 的积极或消极情绪。

每个学习者画像是根据学习者的相关反馈动态构建的。当看到一个感兴趣的展品时，学习者能够使用“我喜欢”或“我不喜欢”按钮来提供相关的反馈，以表达自己的喜好，与特定展品、情境联系在一起的学习者画像则随之更新。比如，在意大利米兰的某教堂，关于展品“Duomo di Milano”，该类资源类型记作 rdf，学习者表达了“I like”，则 t、ct 表示为：

t = DuomoDiMilano，rdf：type，aat：church，

ct = rdf：Resource，sm：userLocation，place：Milan，positive.

这种直接估算的问题是，学习者表示了对教堂的偏好，但地点只是在米兰。即使本体中的包含层次结构可用于概括情境，观察到的情境也可能较少。因此，我们使用 Laplace 在没有观测结果的情况下加大概率。通过这种方式，即使在指定的情境中没有收到反馈，也可以观察每个三元组的一些可能性。借鉴了信息检索语言模型的思想，如果没有外部先验信息，则可以从特征项的相对频率观察到这种可能性。用公式来表示就是：

P（t|ct）=count（t|ct）/count（ct）

分别对负反馈和正反馈进行计算，从而得出特定的三元组在给定情境中无效的概率（负计数）和该三元组在该情境中有效的概率（正计数）。正、负反馈概率之差为：

Pt= P（t|ct，to=positive）P（t|ct，to=negative）

这样，得到正反馈和负反馈的对象的注释中出现的三元组的概率为0，对过滤阶段的对象排序没有影响。手动输入的学习者画像的特性以1的概率添加到画像中，并且对于每个可能的情境都是有效的。这使得对学习和手动输入的概要使用相同的概要分析机制成为可能。

2. 数据索引

Smart Museum 系统需要根据学习者画像和情境快速过滤推荐和动态查询扩展。索引是必不可少的，以支持这样的功能。为了实现这些功能，我们构建了如下四个指标。

注释索引：存储原始的注释，并通过存储每个展品的所有 RDF 三元组来构建。该索引的目的是在构建三维空间索引时支持快速过滤。我们对展品—三元组矩阵使用反向索引。这可以通过三元组或使用对象 URL 的查询实现快速的进一步访问。

本体索引：用于存储本体的全部和部分层级的结构，用于支持快速查询扩展和构建三维空间索引。对于域中的每个资源，使用资源—资源矩阵的反向索引将资源的超类存储在包容和部分层次结构中。比如一个名为“Helsinki”的资源，可以用乌西马、芬兰、北欧、欧洲和地球等层次结构来存储。

空间索引：用于存储对象定位信息的索引。该索引也用于通过地理本体中的实例间接引用坐标的注释。

三维空间索引：用于存储关于传递关系的注释，即源自基于推理的注释的三元组。三维空间索引是基于信息检索的向量空间模型（VSM，vector space model）思想提出的。对于由 RDF（S）表示的有向标记图的组合组成的矩阵，使用反向索引，构建了基于所有三元组的索引。比如，一个索引 sm: Object1, dc: subject, place: Helsinki 就用来表示一个三元组，类型是 sm：Object，dc：subject 以及 place：Helsinki。

标注索引支持其他索引任务，本体索引支持在线查询扩展。因此，索引注释可以用空间索引和三维空间索引表示。对象的注释由一组附加到对象上的三元组和坐标组成。对象 D 由一组在其注释 $t \in T$ 中使用的三元组和一组附加到为其分配坐标的属性上的坐标 C 组成。

3. 信息过滤

信息过滤服务的目的是为学习者提供与学习者画像最相关的信息。为实现这个目的，关键是对对象进行相应的排序。使用 VSM 进行排序，三元组 t_i 存储在一个向量 $\boldsymbol{V}$ 中，索引一个对象 j，为三元组分配权重 $t_0 \cdots\cdots t_k$，通过演绎推理 $\boldsymbol{V}=（w_1，\cdots，w_k）$，其中 k 是所有原始和推导出的三元组的数目。在普通布尔值情况下，根据三元组是否属于对象的注释，可以将权值设置为 1 或 0。然而，对结果进行适当的排序需要更复杂的加权。出于信息过滤的目的，其中一些三元组可能比其他三元组与排名的关系要小得多。例如，匹配一个学习者画像，只基于一个三元组 rdf：Resource，rdf：Resource，rdf：Resource，将导致所有对象的匹配，对于信息过滤是没有意义的。另一方面，一个索引为 tgn：Helsinki 的对象，不仅可以与所有标签为 tgn：Helsinki 的对象匹配，而且可以与标签为 tgn：Finland 的对象匹配。

因此，要使用 tf–idf 加权方法，这是一种用于信息检索与数据挖掘的常用加权技术。Tf 意为词频（Term Frequency），idf 意为逆文本频率指数（Inverse Document Frequency）。词频（tf）是某个三元组在一个对象的注释中出现的次数，用公式表示为：

$$\mathrm{tf}_{ij}=\frac{N_{ij}}{\sum_k N_{kj}} \qquad （式 12–1）$$

这里的 N_{ij} 指的是在对象 j 中三元组 i 被提到的次数。$\sum_k N_{kj}$ 指的是对象 j 中所有三元组出现的次数之和。Idf 用公式表示为：

$$\mathrm{idf}_i=\log\frac{N}{n_i} \qquad （式 12–2）$$

其中，n_i 是对象的数量，i 是三元组出现的次数，N 是系统中对象的总数。每个特征的权重为：$W_{ij}=\mathrm{tf}_{ij}*\mathrm{idf}_i$。

使用信息检索的 VSM 会使每个向量的长度等于域内三元组可能组合的数目，这将影响 VSM 的效果，因为许多匹配的概念在超概念的尾部是相同的。所以，通过在每个属性的基础上构造 VSM 来避免这种偏差。因此，我们将对象的索引和它们的注释的三元组重新构造为描述每个三元组在给定其属性 p 时出现的向量。索引三元组的向量为每个属性创建为 $\boldsymbol{V}p=(w_1, \cdots w_k)$，其中 k 是所有原始的和推导出的三元组的数量，由其中的性质 p 持有。在向量模型中，三元组向量可以用来计算系统中存储的每个对象 O 与学习者 U 之间的相似度。向量模型对表示单个对象 WO_j 的向量与学习者画像 W_U 之间的相似性进行评估。

$$\mathrm{sim}(WO_j, W_u)=\sum_p^l \alpha_p \frac{\sum_{i=1}^k wi,j_p*wi,u_p}{\sqrt{\sum_{i=1}^k w^2i,j_p}*\sqrt{\sum_{i=1}^k w^2i,u_p}} \quad \text{（式 12-3）}$$

其中，k 是在每个向量空间 p 上的三元组总数，j 是对象的索引，u 是用户画像的索引，i 是三元组索引，p 是向量空间属性的索引，l 是向量空间分配单个属性的数量。

4. 查询扩展

由上述公式指定的余弦相似度变体可以根据注释和对注释三元组的知识库执行的演绎推理对对象进行过滤。这已经在异构注释中得到了推广，因为它允许将更具体的三元组匹配到更一般的三元组。但是，对于信息过滤的目的来说，并不清楚应该如何扩展查询。考虑更具体的案例是否就足够了，或者推理是否应该揭示更多在过滤过程中使用的一般概念。基于本体的查询扩展，可以通过不同于标准演绎推理确定的本体关系来扩展学习者画像中的三元组 t。本体可能非常不平衡，根据注释中使用的概念，可能需要不同级别的查询扩展。度量一个概念与另一个概念的语义亲密度，从而度量查询扩展的候选对象在本体层次结构中的位置。三重空间的查询扩展和 VSM 解决了异构数据的问题，从而提高了系统对相似数据进行泛化和对结果进行准确排序的能力。问题仍然是注释对象情境的数据和注释对象内容的数据可能非常不平衡。这可能会导致 VSM 由于情境的良好匹配而将对象排在较高的位置，但是对象对于学习者的相关性更多地取决于排序所暗示的内容。这里通过平衡独立的三维空间的效果来解决这个问题。正如前文所讨论的，这项工作是通过三个一般属性集来区分属性：情境、内容和物理属性。从这个属性的高级分类中，我们可以推断出哪些三元组影响这三个方面的过滤。该项研究中的物理描述仅包含定位数据；因此，它被用作过滤中的布尔约束。

5. 聚类

上述公式用于计算对象相对于学习者画像的相似性，可以根据相似度对对象进行排序，这给了我们一个信息过滤的初始排序结果集。虽然对象的排序很重要，但是学习者可能还希望获得更丰富的推荐内容，这要求增加为学习者提供的结果的多样性。通过聚类来解决这个问题。每个聚类都应该对应着学习者画像中的内容。因此，我们对最初排序的结果进行聚类，并从每个聚类中选择具有代表性的对象数量。图 12–8 显示了该系统的聚类。

学习者画像由用四个三元组表示的用户偏好组成。首先，被注释为具有“instruments”类型的对象；第二，被标注为具有“铜”属性的对象；第三，被标注为铜合金材料的；第四，被标注为以天文学为主题的物体。图 12–8 中用虚线标记的第一个聚类由一些对象组成，这些对象是仪器，并且具有铜和铜合金材料类型。第二个聚类由作为仪器的物体组成，它们的材料用铜表示，并有天文学这门学科。第二个集群中的对象使用公式获得较低的排名，但是除了第一个集群中的对象外，它们仍然可能与学习者相关。

图 12–8　聚类

二、AI 智能服务：日本深川江户资料馆的智能机器人项目①

位于东京的深川江户资料馆再现了深川江户末期的街景和建筑，以及生活用品等，还原了当时人们生活的情景。通过各色模型、光影等形式将江户末期的情景一一展示在人们眼前，栩栩如生。馆内排列有长屋、

① Okano S，Matsuhira N，Shimokawara，et al. Employing Robots in a Museum Environment：Design and Implementation of Collaborative Robot Networ［C］. 16th International Conference on Ubiquitous Robots，2019.

船宿、蔬菜店等，20 分钟再现一次深川从早晨到夜晚的情景。沿建筑物间的街巷而行，人们能感觉时光仿佛回到了江户时代。资料馆灵活运用江户街道再现了全年节日活动，根据季节的不同，展示厅中的花草以及照明或音响的效果也会随之变更。馆内还举办有特别展览，以及传统艺能演出，使人可以更好地了解江户时期的文化。

深川江户资料馆的智能机器人项目由日本学者 Satoshi Okano 等负责。在该项目中，他们设计与研发了多款智能机器人，并不是简单地进行机器人演示，而是使智能机器人参与场馆中的一些具体工作。

（一）智能机器人

在该项目中，共设计与研发了五个智能机器人，分别负责接待、摄影服务、问卷、导览、巡逻等工作。

接待机器人。接待机器人 Poco 被放置在场馆一楼的前台，主要用于传达问候、统计人数、估计人流量。

摄影服务机器人。在一楼大厅 Yokozuna（相扑冠军）展区，摆放了一个摄影服务机器人。这个机器人可以用 Yokozuna 的海报为学习者自动拍照，并能立即打印照片留做纪念。

问卷机器人。问卷机器人 Takerobo co. 被安置在一楼展厅出口附近和入口后面。这个机器人可以在平板电脑屏幕上给学习者一份问卷。另外，可以通过声音“请配合问卷”和手臂的动作，让路过它旁边的人完成问卷。此外，还有两个机器人被放置在永久展览空间附近。调查问卷的结果会实时显示在附近的屏幕上，并对展览内容进行评估。如图 12–9 所示。

图 12-9　问卷机器人

导览机器人。在地下室的一层，导览机器人放置在展览室。导览机器人配备了信标，跟随着参观者，当参观者进入特定的区域时，导览机器人通过对展品进行语音解释，来引导学习者进行参观。未来将考虑扩大导览范围，以及更多的语言支持。如图 12-10 所示。

图 12-10　导览机器人

巡逻机器人。在永久性的展览空间里，一个机器人通过遥控移动。这个机器人可以通过远程控制自由移动，目的是通过安装在机器人上的摄像头来观察周围的环境。它应该能够从办公室或其他地方看到展厅的状态。

（二）系统配置与通信传输

机器人的数据采集系统配置，该系统通过在每个机器人上安装 RTC 中间件和 RSNP 来实现。对于每个机器人，使用 RTC 软件组件，通过网络将每个机器人的状态传输到 RSNP 服务器。通过将这个 RTC 连接到每个机器人系统的 RTC，可以传输任意信息的数据，并监控每个机器人的运行状态，即它是否在运行。

每个机器人传输的数据内容为：

（1）对于接待机器人 Poco 来说，它存储的数据是相应的动作和问候语，以及通过外部传感器获取的人数的计数数据。

（2）对于拍照服务机器人，发送拍摄的总次数和照片中的总人数。

（3）对于问卷机器人，数据主要是问卷数量。同时，在本地网络中，对问卷的反馈被发送到 RSNP 构建的作为服务器的笔记本电脑上。

（4）对于导览机器人，负责的是传输是否正在进行导览和发送信标通信总数的数据。

（5）巡逻机器人只传送它的工作状态。同时，为了实现远程控制，通过 RSNP 将一个用于远程控制的笔记本电脑的动作命令发送给 SIT 的服务器，并通过该服务器操作巡逻机器人。

XML 格式的数据通过 RSNP 传输。下面呈现的是一个摄影服务机器人的例子。“Action_id”是一个连接到机器人状态结果的 ID，在本例中，它分别是“1”和“2”，因为有两个状态，包括照相的次数和人数。“Action”表示状态，“taken count”表示拍照的次数，“taken person count”表示人数。“Result_id”是与“action_id”对应的 id。“Result”包含机器人状态的数值。

"Comment"表示书面评论，在本研究中未使用。"时间"指传输数据的时间节点，这使得确定服务器何时发送它成为可能。


```
<?xml version="1.0" encoding="UTF-8" standalone="yes"?>
<notification>
        <states class="java.util.ArrayList">
            <status>
                <action_id>1</action_id>
<action>Taken count</action>
<result_id>1</result_id>
<result>2</result>
<comment></comment>
</status>
<status>
<action_id>2</action_id>
<action>Taken people count</action>
<result_id>2</result_id>
<result>4</result>
<comment></comment>
</status>
</status>
<time>20180811113630</time>
</notification>
```


服务器端的处理按照上面 RSNP 服务器描述的 XML 格式处理和接收数据。接下来，提取每个机器人的状态数据（在本例中称为"state"）并将其注册到数据库（DB）中。这里通过将每个机器人的状态信息转换成 JSON 格式，从数据库中获取状态。然后，在终端屏幕上显示每个机器人的图像时，获取 JSON 格式的状态并显示在屏幕上。

三、联通“人”和“物”的共享化平台：广东省博物馆

广东省博物馆以广东历史文化、艺术、自然为三大主要陈列内容，分为历史馆、自然馆、艺术馆和临展馆四大部分。2008 年被评为首批国家一级博物馆，2014 年被国家文物局确定为首批智慧场馆试点单位，经过近年来的实践与探索，广东省博物馆在智慧场馆建设方面取得了丰硕的成果。

广东省博物馆实行全方位的智能化管理，包括安全防范、设备管理、信息通信、网络应用和音、视频等数据的智能化系统。文物库房和部分展馆实现了恒温恒湿和气体消防系统。广东省博物馆还充分利用物联网、云计算等信息技术，将与“人”“物”相关的数据进行共享、互联与互通，整合建立了一站式的门户系统。与“人”相关的数据包括会员、观众、场馆人力资源等。与“物”相关的数据包括展品实物资源、数字场馆资源、图书资料、文创产品等。通过门户系统，梳理馆内各种业务的流程，完成现有平台的改造与升级，使各个系统的数据相互关联，通过虚拟化和应用服务总线实现界面集成、功能集成、数据集成，让各个系统的数据可以相互交换和共享，建成统一的智慧场馆平台，从根本上消除“信息孤岛”，优化管理流程，提高工作效率，促进业务创新，实现“物”与“物”的信息交互、“人”与“物”的信息交互以及“人”与“人”之间的信息交互。数据之间的关系如图 12–11 所示[①]。

---

① 黄青松 . 基于共享式的业务架构设计——以广东省博物馆智慧博物馆平台为例［J］. 文博学刊，2019（3）：41–51.

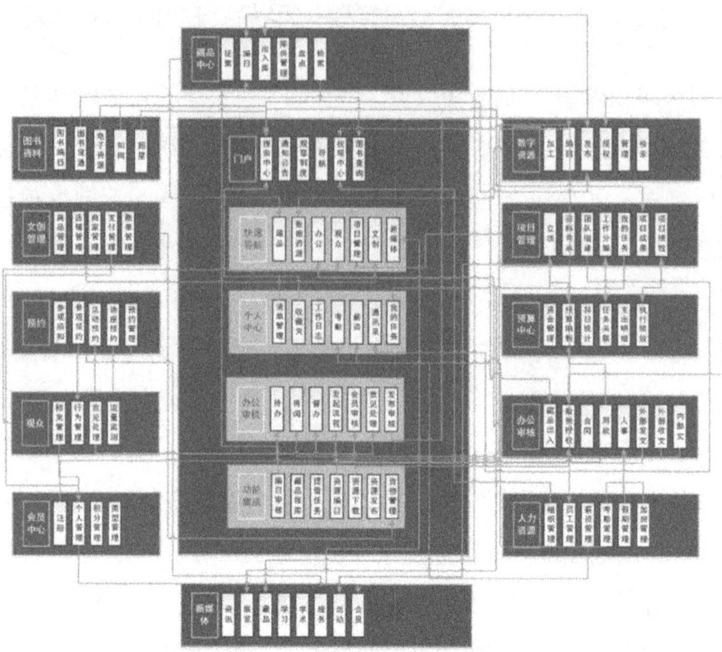

图 12–11 广东省博物馆的数据关系

门户系统通过权限中心的数据授权访问权限，将可共享的数据集成到门户桌面。在各个服务中心里，管理的服务类型是相对集中的，具有相对稳定的业务模型，其业务数据也具有相对完整性。这样可以避免重复建设，提高服务模块的可重复性。整个业务架构的设计初衷是共享、便利和人性化，各项数据在平台中采取共享的方式供用户检索、查询和使用。如图 12–12 所示是使用该门户平台进行展品信息检索的页面。

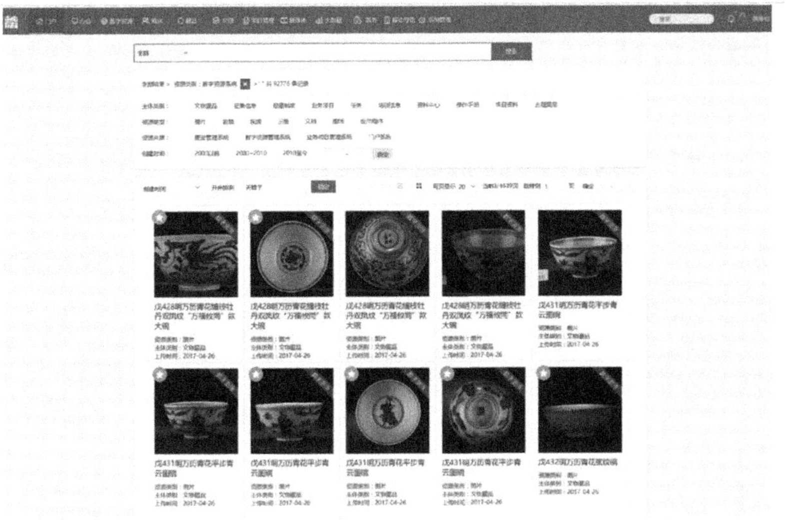

图 12-12　广东省博物馆的展品搜索界面

四、让数据开口说话：上海博物馆可视化数据中心[①②③]

上海博物馆以青铜器、陶瓷器、书法、绘画等的收藏为特色，有文物界“半壁江山”之美誉，是一座大型的中国古代艺术博物馆。近年来在智慧场馆建设方面也取得了显著的成果。

2018 年 5 月，上海博物馆基于多年的信息化建设，率先建成了国内第一家数据中心。数据中心是一个综合性的大数据管理与展示平台，是连接了“人”与“物”的特殊空间。该平台涵盖了场馆各项业务工作的主要流程，融合了展品数据、客流数据、新媒体传播数据、展区观众行

① 陈晴．大数据分析在博物馆场景中的应用——以上海博物馆数据中心为例［J］．科学教育与博物馆，2018，4（3）：188-199.

② 刘健．博物馆大数据运用初探——以上海博物馆数据中心项目为例［J］．文物保护与考古科学，2017，29（3）：97-103.

③ 刘健．博物馆数据可视化的探索与实践——以上海博物馆数字化建设为例［J］．博物院，2019（2）：91-97.

为数据、商店文创产品数据等主要业务数据，达到俯瞰式的数据观测效果，并对这些数据进行科学挖掘和精准分析，将它们以可视化的方式在综合信息屏上予以呈现。数据中心可以及时准确、全面、综合地反映场馆的实时运行情况，实现了以物联网、大数据等技术手段对场馆教育、收藏、展示、研究等多维度的关联分析和精准判别，为管理和进一步发展提供从“经验驱动”到“数据驱动”的决策参照。上海博物馆数据中心的界面如图 12–13 所示。

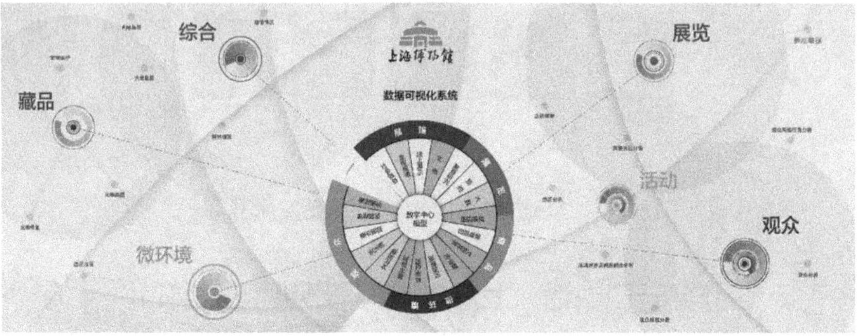

图 12–13　上海博物馆数据中心首页

数据中心将现有内外网的数据整合到统一的平台上，在设计之初就充分考虑到了各个系统间直接的接口调用与整合问题。在设计过程中充分考虑各连接系统接口所涉及的应用扩展情况，给各个接口定义 Web service 接口规范，并采用目前业内比较广泛使用的 XML、Excel 等格式数据作为主要的数据传输载体来进行数据交换，把需要展示的系统都用统一的传输格式传送到显示大屏上。同时也注重数据传输过程中数据的中断和反馈机制，以保证了数据的稳定性。通过互联网入口、现场服务入口及馆内局域网入口等多种来源实现数据汇集。基于数据中心各类数据的累积与分析，可以获得公众服务效应的数据画像，得到该馆教育传播的趋势性预测，以便及时调整发展策略，实施基于馆藏和人员需求的精准服务，产出重要的评估及决策依据。

通过数据中心的主要界面，我们可以看到数据中心的内容涉及“博物馆大数据”“参观客流”“观众服务”“馆藏文物”“传播教育”“文创成果”“基础设施”七大板块。

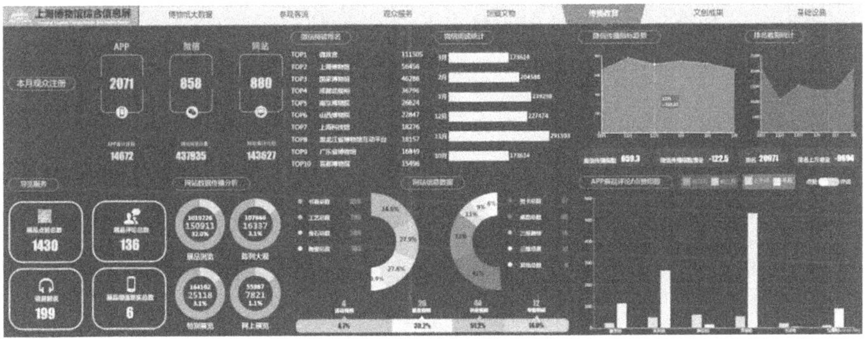

图 12–14 上海博物馆数据中心的主要界面

（一）“博物馆大数据”板块

该板块主要以可视化方式实时呈现客流、传播、展品、文创四个部分的内容，以及馆内的湿度和温度。其中，客流信息包括北门、南门的入馆人数、离馆人数以及在馆总人数；本周客流总数；停留 15 分钟的总人数；停留 30 分钟的总人数等。传播信息包括访问场馆的微博、微信、网站、APP 等的人数以及总人数，每一楼层的联网人数、总人数以及前一天的人数；在线讲座预约、活动预约、服务信息、微信发布、导览下载等的人数。藏品信息包括陶瓷馆、绘画馆、青铜馆、雕塑馆、明清家具馆、书法馆等实时人数比例；藏品、展品的总件数；一级藏品、二级藏品、三级藏品、其他藏品的件数及比例；玉器类、木器类、服饰类、书画类、青铜类、其他等各类藏品或展品的件数及比例。文创部分包括了文创产品的总件数、文创产品的类别以及影像类、工艺类、纪念类、其他等各类文创产品的件数和比例。

（二）“参观客流”板块

“参观客流”是数据中心的重要内容板块之一。在该板块，通过展馆 APP 及 WiFi 信号抓取客观的客流数据，可以准确、实时了解各个展厅内每一周、每一天、每一小时的观众人数，以及每一周、每一天、每一个小时观众大致分布在馆内的哪一个展厅，并进行一周内数据的比较。如果客流人数达到限制人数，客流报警系统将进行预警。人们在每个展厅留驻的时长、分布的密度，热点区域的人流数量以及他们对相邻区域同等级展品的不同程度关注也会有可视化呈现，以及在馆内停留 15 分钟、停留 30 分钟的人数。通过对于每个展厅观众留驻时长的比较，热点区域人流数量的分析，最受欢迎展品的挖掘，来寻找本馆展陈的亮点与盲点。比如，在家具馆中，平均停留时间为 3 分 44 秒。这说明在该馆中，很多人只是走马观花、匆匆浏览。这也说明陈列展览的内容或者环境设计等方面还有提升的空间。这些数据也为如何为人们提供高品质服务提供改进方向。

（三）“观众服务”板块

在“观众服务”板块，通过对人们在展品前的停留时间、行为数据的收集，形成热门路线，并进行可视化呈现。找到这些展品受到人们喜爱的原因，并对其他展品或展区进行改进，为人们提供更优质的服务。同时，也可为开放服务、文创服务等提供科学、可靠的数据支持。

（四）“馆藏文物”板块

在“馆藏文物”板块，可以了解馆内展品的数据信息，如某件展品的名称、编号，以及它所处年代、长度、高度、重量等基本数据，还有它的保管数据，如国内展览、专题研究、国外展览等。除此之外，还有该件展品的地理信息、花纹结构、流传经过、相关视频、功能诠释等内容，都是以可视化方式呈现，便于人们更清晰地观赏并了解它的相关知识。在该板块内，也可以看到各类展品所占的比例。不仅可以看到静态的图片和信息，还能对展品进行三维观看，观察它的细节之处。

藏品数据图见 12-15、12-16。

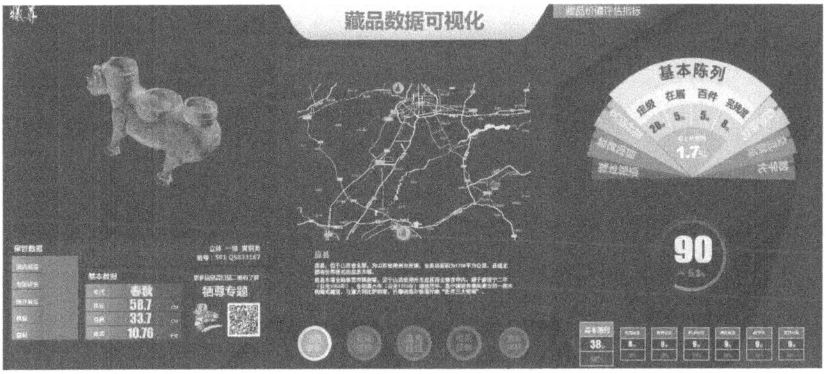

图 12-15　藏品数据（1）

图 12-16　藏品数据（2）

该馆数据中心的“董其昌数字人文”专题子项也是智慧场馆的一个开拓性尝试。该项目以明代著名书画家董其昌为本体，依托馆内丰富的展品资源和雄厚的研究基础，打通展品基本数据和研究数据壁垒，利用算法挖掘数据，运用人工智能解析和重构数据，依靠数据关联和量化分析，以可视化的形式展现与董其昌相关的时、地、人、事，并尝试引入最新的机器学习技术，以人工智能方式分析中国古代绘画的元素及特征，构成素材数据抓取和聚类的自动化模式。

（五）传播教育

在“传播教育”板块，主要以可视化方式呈现出人们在网站、微信、微博、APP 等的访问、阅读、点赞、评论等内容。网站、微信、微博、APP 承担了大量的传播工作，它们的传播面向、容量、时效、范围、深度既有所重叠，也各有特点。通过对相关数据的挖掘和分类解读，了解人们使用不同数字媒体的喜好和习惯，便于场馆对自身的数字资源进行科学的顶层配置、制定针对性的传播方案，形成互为补充的立体化传播模式，发挥资源型、社交型、移动适配型等各种虚拟传播的综合优势。

（六）文创成果

在“文创成果”板块，主要呈现以下内容：文创新品及价格、热销商品排行榜、商品销售排行榜、临展销售数据、特供商品信息、月销售金额、月销售数量、年销售分析等。通过这些数据可以看出文创产品的销售情况，从而为文创产品的设计与开发提供思路。

五、结语

本节遴选了四个在智慧场馆建设方面各有特色的案例。欧洲 Smart Museum 项目给出了个性化推荐的极好的范例。日本深川江户资料馆则进行了智能机器人的尝试。广东省博物馆的智慧场馆重在打通了所有系统、数据资源以及基础软硬件资源，构建了统一的综合应用与服务管理体系。上海市博物馆通过建设大数据中心平台，以可视化形式呈现多源异构数据汇聚、展品数据信息、观众客流监测与评估、观众参观过程的综合建模和行为分析等，构建了全面感知、泛在互联互通的智慧场馆。这些探索将对智慧场馆的建设与发展起到积极的推进作用。

参考文献

一、外文文献

1. 图书文献

[1] AAM. Commission of museum for a new century. Museums for a new century [M]. Washington, D. C., 1984.

[2] AAM. Excellence and equity: education and the public dimension of museums [M]. Washington, D. C., 1992.

[3] Bruguiere C, Tiberghien A, Pierre Clément. Topics and Trends in Current Science Education [M]. Springer Netherlands, 2014.

[4] Danilov V J. Science and Technology Centers [M]. Cambridge, MA: MIT Press, 1982.

[5] Edward P. Alexander. Museums in Motion–An Introduction to the History and Functions of Museums [M]. American Association for State and Local History, 1979.

[6] Ekman P. Rosenberg E. What the face reveals: basic and applied studies

of spontaneous expression using the facial action coding system [M]. NewYork: Oxford University Press, 2005.

[7] Falk J H, Dierking L D. Learning from museums [M]. Walnut Creek CA: Alta Mira Press, 2000.

[8] G. Ellis Burcaw. Introduction to Museum work (third edition) [M]. American Association for State and Local History, 1997.

[9] Hein, G. Learning in the Museum [M]. London: Rootledge, 1998.

[10] Hooper-Greenhill E. Studying visitors [M]. Macdonald S. A companion to museum studies. Oxford: Blackwell, 2006.

[11] Hooper-Greenhill E. Museum and Gallery Education [M]. University of Illinois Press, 1991.

[12] Hooper-Greenhill E. Museums and the Interpretation of Visual Culture (Museum Meanings) [M]. Routledge, 2000.

[13] Leinhardt G, Knutson K. Listening in on Museum Conversations [M]. Walnut Greek, CA: AltaMira press, 2004.

2. 学位论文

[1] Benton D P. Intergenerational interaction in museums [D]. Columbia University Teachers College, 1979.

[2] Evans J A. A study of portable computers and interactive multimedia as a new tool for interpreting museum collections [D]. University of Salford, 1999.

[3] Henriikka V. Principles for design-oriented pedagogy for learning from and with museum objects [D]. University of Eastern Finland, 2014.

[4] R Wolf, B Tymitz. Do giraffes ever sit? a study of visitor perceptions at the National Zoological Park [D]. Smithsonian Institution, Washington, 1979.

[5] Randol S M. The nature of inquiry in science centers：Describing and assessing inquiry at exhibits [D]. University of California，2005.

3. 期刊文献

[1] Ahmad S，Abbas M Y，Yusof W Z M，et al. Adapting Museum Visitors as Participants Benefits their Learning Experience? [J]. Procedia Social and Behavioral Sciences，2015（168）：156–170.

[2] Allen S. Designs for learning：Studying science museum exhibits that do more than entertain [J]. Science Education，2004，88（S1）：S17–S33.

[3] Anderson D，Lucas K B，Ginns I S，et al. Development of knowledge about electricity and magnetism during a visit to a science museum and related post–visit activities [J]. Science Education，2000，84（5）：658–679.

[4] Anderson D，Lucas K B，Ginns I S. Theoretical perspectives on learning in an informal setting [J]. Journal of Research in Science Teaching，2003，40（2）：177–199.

[5] Andre L，Durksen T，Volman M L. Museums as avenues of learning for children：a decade of research [J]. Learning Environments Research，2016（20）：1–30.

[6] Angeliki，Antoniou，George，et al. Modeling visitors' profiles：A study to investigate adaptation aspects for museum learning technologies [J]. Journal on Computing & Cultural Heritage，2010，3（2）：1–19.

[7] Ansbacher T. John Dewey’s experience and education：Lessons for museums [J]. Curator，1998，41：36 – 49.

[8] Bakken S M，Pierroux P. Framing a topic：Mobile video tasks in museum learning [J]. Learning，Culture and Social Interaction，2015（5）：

54－65.

[9] Bamberger Y，Tal T. Learning in a personal context：Levels of choice in a free choice learning environment in science and natural history museum [J]. Science Education，2007，91（1）：75–95.

[10] Barron B. Interest and Self–Sustained Learning as Catalysts of Development：A Learning Ecology Perspective [J]. Human Development，2006，49（4）：193–224.

[11] Bell P E，Lewenstein B E，Shouse A W E，et al. Learning Science in Informal Environments：People，Places，and Pursuits [J]. Journal of Science Communication，2010，8（3）：66–68.

[12] Bitgood S C，Loomis R J. Environmental Design and Evaluation in Museums [J]. Environment and Behavior，1993，25（6）：683–697.

[13] Borun M，Massey C，Lutter T. Naive knowledge and the design of science museum exhibits [J]. Curator，1993，36：201－219.

[14] Callaway C，Stock O，Dekoven E，et al. Mobile drama in an instrumented museum：inducing group conversation via coordinated narratives [J]. New Review of Hypermedia & Multimedia，2012，18（1–2）：37–61.

[15] Cameron D F. A Viewpoint：The Museum as a Communications System and Implications for Museum Education [J]. Curator the Museum Journal，2010，11（1）：33–40.

[16] Carole A Kubota，Olstad RG. Effects of novelty–reducing preparation on exploratory behavior and cognitive learning in a science museum setting [J]. Journal of Research in Science Teaching，1991.

[17] Charitonos K，Blake C，Scanlon E，et al. Museum learning via social and mobile technologies：（How）can online interactions enhance the

visitor experience? [J] . British Journal of Educational Technology, 2012, 43 (5) : 802–819.

[18] Charles Callaway, Oliviero Stock, Elyon Dekoven, et al. Mobile drama in an instrumented museum: inducing group conversation via coordinated narratives [J] . New Review of Hypermedia & Multimedia, 2012, 18 (1–2) : 37–61.

[19] Chinn C A, Malhotra B A. Epistemologically Authentic Inquiry in Schools: A Theoretical Framework for Evaluating Inquiry Tasks [J] . Science Education, 2002, 86 (2) : 175–218.

[20] Cone C A, Kendall K. Space, time, and family interaction: Visitor behavior at the Science museum of Minnesota[J]. Curator, 1978, 21(3): 245–258.

[21] Cox–Petersen A M, Marsh D D, Kisiel J, et al. Investigation of guided school tours, student learning, and science reform recommendations at a museum of natural history [J] . Journal of Research in Science Teaching, 2003 (40) : 200–218.

[22] De Backer F, Peeters J, Buffel T, et al. An Integrative Approach for Visual Arts Mediation in Museums [J] . Procedia Social and Behavioral Sciences, 2014, 143: 743–749.

[23] Diamond J. The behavior of family groups in science museums [J] . Curator, 1986, 29 (2) : 139–154.

[24] Dierking L D, Falk J H . Family behavior and learning in informal science settings: A review of the research [J] . Science Education, 1994, 78 (1) : 57–72.

[25] Dooley C M M, Welch M M. Nature of Interactions Among Young Children and Adult Caregivers in a children' s museum [J] . Early Childhood Education Journal, 2014, 42 (2) : 125–132.

[26] Eshach, H.Bridging in-school and out of school learning: Formal, non-formal, and informal education [J]. Journal of Science Education and Technology, 2007 (16), 171-190.

[27] Falk J H, Balling J D. The Field Trip Milieu: Learning and Behavior as a Function of Contextual Events [J]. Journal of Educational Research, 1982, 76 (1): 22-28.

[28] Falk J H. Testing a museum exhibition design assumption: Effect of explicit labeling of exhibit clusters on visitor concept development [J]. Science Education, 1997, 81 (6): 679-687.

[29] Falk J H, Adelman L M. Investigating the impact of prior knowledge and interest on aquarium visitor learning [J]. Journal of Research in Science Teaching, 2003, 40 (2): 163-176.

[30] Falk J H, Dierking L D. School field trips: Assessing their long-term impact [J]. Curator, 1997, 40: 211 - 218.

[31] Falk J H, Heimlich J, Bronnenkant K. Using identity-related visit motivations as a tool for understanding adult zoo and aquarium visitors' meaning-making [J]. Curator, 2008, 51 (1): 55-79.

[32] Falk J, Storksdieck M. Using the Contextual Model of Learning to understand visitor learning from a science center exhibition [J]. Science Education, 2005, 89 (5): 744-778.

[33] Fátima Braña Rey, David Casado-Neira. Participation and technology: perception and public expectations about the use of ICTs in museums [J]. Procedia Technology, 2013, 9: 697 - 704.

[34] Feher E. Interactive museum exhibits as tools for learning: explorations with light[J]. International Journal of Science Education, 1990, 12(1): 35-49.

[35] Finson K D, Enochs L G. Student attitudes toward science-technology-

society resulting from visitation to a science–technology museum [J] . Journal of Research in Science Teaching, 1987, 24 (7) : 593–609.

[36] Gaver W W. Technology affordances [J] . Paper presented at the SIGCHI conference on human factors in computing systems: Reaching through technology, New Orleans, 1991 (1) : 79–84.

[37] Geerdts M S, Van d W G A, Lobue V. Parent–Child Conversations About Animals in Informal Learning Environments [J] . Visitor Studies, 2015, 18 (1) : 39–63.

[38] Gilbert J, Priest M. Models and discourse: A primary school science class visit to a museum [J] . Science Education, 1997, 81 (6) : 749–762.

[39] Greenwood T. The Place of Museums in Education [J] . Science, 1893, 22 (561) : 246–248.

[40] Griffin J. Learning to learn in informal science settings [J] . Research in Science Education, 1994, 24 (1) : 121–128.

[41] Griffin J. Research on students and museums: Looking more closely at the students in school groups [J]. Science Education, 2004, 88 (S1): S59–S70.

[42] Gutwill J P, Allen S. Deepening Students' Scientific Inquiry Skills During a Science Museum Field Trip [J] . Journal of the Learning ences, 2012, 21 (1) : 130–181.

[43] Hein G E. The constructivist museum [J] . Journal of Education in Museums, 1995, 16: 21 – 23.

[44] Hong O, Song J. A New Method of Understanding Learning in Science Centers: Context Diagrams of Learning Experiences [J] . Visitor Studies, 2013, 16 (2) : 181–200.

[45] Hooper–Greenhill, Eilean. Changing Values in the Art Museum:

rethinking communication and learning [J] . International Journal of Heritage Studies, 2000, 6 (1) : 9-31.

[46] Hou H T, Wu S Y, Lin P C, et al. A Blended Mobile Learning Environment for Museum Learning [J] . Journal of Educational Technology & Society, 2014, 17 (2) : 207-218.

[47] Huang Y M, Liu C H, Lee C Y, et al. Designing a Personalized Guide Recommendation System to Mitigate Information Overload in Museum Learning[J]. Educational Technology & Society, 2012, 15 (4) : 150-166.

[48] Hwang G J, Tsai C C, Chu H C, et al. A context-aware ubiquitous learning approach to conducting scientific inquiry activities in a science park [J] . Australasian Journal of Educational Technology, 2012, 28 (5) : 931-947.

[49] Jr O E M, Saunders C D, Birjulin A A. Emotional Dimensions of Watching Zoo Animals: An Experience Sampling Study Building on Insights from Psychology [J] . Curator the museum journal, 2010, 47 (3) : 299-321.

[50] Kimche, L. Science centers: a potential for learning [J] . Science, 1978, 199 (4326) : 270-273.

[51] Kisiel J. Understanding elementary teacher motivations for science fieldtrips [J] . 2005, 89 (6) : 936-955.

[52] Kisiel J F. Teachers, Museums and Worksheets: A Closer Look at a Learning Experience [J] . Journal of Science Teacher Education, 2003, 14 (1) : 3-21.

[53] Knez E I, Wright A G. The Museum as a Communications System: An Assessment of Cameron' s Viewpoint [J] . curator the museum journal, 2010, 13 (3) : 204-212.

[54] Koran J J, Koran M L, Ellis J. Evaluating the effectiveness of field experiences: 1939—1989 [J]. Visitor Behaviour, 1989, 4 (2): 7-10.

[55] Leinhardt G. Museums, Conversations and Learning [J] . Revista Colombiana De Psicologia, 2014, 23 (1) : 13-33.

[56] Leona, Schauble, Gaea, et al. A Framework for Organizing a Cumulative Research Agenda in Informal Learning Contexts [J] . The Journal of Museum Education, 1997 (2) : 3-8.

[57] Leonie J. Rennie. Measuring Affective Outcomes from a Visit to a Science Education Centre [J] . Research in Science Education, 1994, 24: 261-269.

[58] Linda Ramey - Gassert, Walberg H J, Walberg H J. Reexamining connections: Museums as science learning environments [J] . Science Education, 1994, 78 (4) : 345-363.

[59] Lucas A M, McManus P, Thomas G. Investigating learning from informal sources: Listening to conversations and observing play in science museums [J] . European Journal of Science Education, 1986, 8: 341 - 352.

[60] Lucas K B. One Teacher' s Agenda for a Class Visit to an Interactive Science Center [J] . Science Education, 2000, 84 (4) : 524-544.

[61] Lynn, Dierking. Learning Theory and Learning Styles: An Overview [J]. Journal of Museum Education, 1991 (16) : 4-6.

[62] Mason M. The Dimensions of the Mobile Visitor Experience: Thinking beyond the Technology Design [J] . The International Journal of the Inclusive Museum, 2013, 5 (3) : 51-72.

[63] Mizushima E. What is an intelligent museum? A Japanese view [J] . Museum International, 2003, 53 (4) : 68-70.

[64] Morentin M, Guisasola J. The Role of Science Museum Field Trips in the

Primary Teacher Preparation [J] . International Journal of Science & Mathematics Education, 2015, 13 (5) : 965–990.

[65] Morey R H. Education in science museums; or the ten parts of the functional exhibit [J] . Science, 1944, 99 (2583) : 535–536.

[66] Mortensen M F, Smart K. Free–choice worksheets increase students' exposure to curriculum during museum visits [J] . Journal of Research in Science Teaching, 2007, 44 (9) : 1389–1414.

[67] Myrczik E P. Satisfying personal needs at the museum: The role of digital technologies [J] . Mediekultur Journal of Media & Communication Research, 2014, 30 (57) : 21.

[68] Nouri J, Cerratto–Pargman T, Rossitto C, et al. Learning with or without mobile devices? A comparison of traditional school field–trips and inquiry–based mobile learning activities [J] . Research & Practice in Technology Enhanced Learning, 2014 (3) : 56–67.

[69] Oppenheimer, F. The Exploratorium: A Playful Museum Combines Perception and Art in Science Education [J] . American Journal of Physics, 1972, 40 (7) : 978.

[70] Orion N, Hofstein A. Factors That Influence Learning during a Scientific Field Trip in a Natural Environment [J] . Journal of Research in Science Teaching, 1994, 31 (10) : 1097–1119.

[71] Linda Ramey - Gassert, Walberg H J, Walberg H J. Reexamining connections: Museums as science learning environments [J] . Science Education, 1994, 78 (4) : 345–363.

[72] Orion N. A Model for the Development and Implementation of Field Trips as an Integral Part of the Science Curriculum [J] . School Science & Mathematics, 1993, 93 (6) : 325–331.

[73] Pekarik A J, Doering Z D, Karns D A . Exploring Satisfying

Experiences in Museums [J] . Curator, 1999, 42 (2) : 152–173.

[74] Ruotsalo T, Haav K, Stoyanov A, et al. SMART MUSEUM: A mobile recommender system for the Web of Data [J] . Web Semantics: Science, Services and Agents on the World Wide Web, 2013 (20) : 50–67.

[75] Sabra Price, George E Hein. More than a field trip: science programmes for elementary school groups at museums [J] . Science Education, 1991, 13 (5) : 505–519.

[76] Schauble L, Leinhardt G, Martin L. A framework for organizing a cumulative research agenda in informal learning contexts [J] . Journal of Museum Education, 1997, 22: 3 - 8.

[77] Serrell B. Paying attention: The duration and allocation of visitors' time in museum exhibitions [J] . Curator, 1997, 40: 108 - 125.

[78] Stronck D R. The Comparative Effects of Different Museum Tours on Children's Attitudes and Learning [J] . Journal of Research in Science Teaching, 1983, 20 (4) : 283–290.

[79] Sung Y T, Chang K E, Hou H T, et al. Designing an electronic guidebook for learning engagement in a museum of history [J] . Computers in Human Behavior, 2010, 26 (1) : 74–83.

[80] Tal R, Bamberger Y, Morag O. Guided school visits to natural history museums in Israel: Teachers' roles[J]. Science Education, 2005, 89(6): 920–935.

[81] Taylor F E. Learning by seeing; a series of photographs of museum specimens; the respiratory system [J]. Nursing Times, 1947, 43 (5): 95.

[82] Van Schijndel T. J. & Raijmakers M. E. Parent explanation and preschoolers' exploratory behavior and learning in a shadow exhibition

[J]. Science Education, 2016, 100 (1): 153-178.
[83] Vartiainen H, Enkenberg J. Learning from and with museum objects: design perspectives, environment, and emerging learning systems [J]. Educational Technology Research and Development, 2013, 61 (5): 841-862.
[84] Villa M. Learning at the Science Museum. A study on the public' s experiences with different types of visit at the Museo Nazionale della Scienza e della Tecnologia "Leonardo da Vinci" in Milan, Italy [J]. Journal of Science Communication, 2016, 15 (4): 1-16.
[85] White B Y, Frederiksen J R. Inquiry, Modeling and Metacognition: Making Science Accessible to All Students [J]. Cognition and Instruction, 1998, 16 (1): 3-118.
[86] Wishart J, Triggs P. MuseumScouts: Exploring how schools, museums and interactive technologies can work together to support learning [J]. Computers & Education, 2010, 54 (3): 669-678.

4. 专著中析出的文献

[1] Allen S. Looking for learning in visitor talk: A methodological exploration [M] //In Leinhardt G, Crowley K and Knutson K (Ed.), Learning conversations in museums. Mahwah NJ: Lawrence Erlbaum Associates, 2002.
[2] Bitgood S, Serrell B, Thompson D. The impact of informal education on visitors to museums [M] // In Crane V, Nicholson H, Chen M, and Bitgood S (Eds.), Informal science learning: What the research says about television, science museums, and community-based projects. Deadham, MA: Research Communication, 1994: 61-106.
[3] Champagne A B, Kouba V L, Hurley M. Assessing inquiry [M] // In

J Minstrell & E H Zee （Eds.），Inquiring into inquiry learning and teaching in science. Washington，DC：American Association for the Advancement of Science，2000.

[4] Chinn C A，Brewer W F. Theories of knowledge acquisition [M] // In B. J. Fraser & K. Tobin（Eds.），International handbook of science education. Great Britain：Kluwer Academic，1998：97–113.

[5] Fienberg J，Leinhardt G. Looking through the glass：Reflections of identity in conversations at a history museum [M] //In Leinhardt G，Crowley K，Knutson K（Eds.），Learning conversations in museums. Mahwah：Lawrence Erlbaum Associates，2002.

[6] Kirschner P A. Can we support CSCL? Educational，social and technological affordances for learning [M] //In P. A. Kirschner（Ed.），three worlds of CSCL：Can we support CSCL?. Heerlen，The Netherlands：Open University of the Netherlands，2002：7–47.

[7] Jakobsson A，Davidsson，E. Using sociocultural frameworks to understand the significance of interactions at science and technology centers and museums [M] //In Davidsson E，Jakobsson A （Eds.）Understanding Interactions at Science Centers and Museums. Rotterdam：Sense Publishers，2012.

[8] Leinhardt G，Crowley K. Objects of learning，objects of talk：Changing minds in museums [M] // In S. Paris （Ed.） Multiple perspectives on children’s object–centered Learning. Mahwah NJ：Lawrence Erlbaum Associates，2002.

[9] Mintzes J J，Wandersee J H，Novak J D. Meaningful learning in science：The human constructivist perspective[M]//In Phye G. D.（Ed.），Handbook of academic learning：Construction of knowledge. San Diego：Academic Press，1997：405–447.

[10] Valsiner J, Leung M C. From intelligence to knowledge construction: A socio-genetic process approach [M] // In Sternberg R J & Wagner R K (ed.), Mind in context: Interactionist perspectives on human intelligence. Cambridge: Cambridge University Press, 1994.

5. 会议论文

[1] Barry Kort, Rob Reilly, Rosalind W. Picard. An Affective Model of Interplay between Emotions and Learning: Reengineering Educational Pedagogy-Building a Learning Companion [C]. IEEE International Conference on Advanced Learning Technologies. IEEE, 2002.

[2] Bell, Philip, Bricker, Leah A, Lee, Tiffany R. Understanding the cultural foundations of children's biological knowledge: insights from everyday cognition research [C].International Conference on Learning Sciences. International Society of the Learning Sciences, 2006.

[3] Clipman J M. Development of the museum affect scale and visit inspiration checklist [C]. paper presented at the 2005 annual meeting of the visitor studies association, Philadephia, 2005.

[4] Fang R J, Wang Y H, Chang M C, et al. Develop a mobile learning model for museums [C]. Conference on Wseas International Conference on Applied Computer Science, 2007.

[5] Kaptelinin V. Designing Technological Support for Meaning Making in Museum Learning: An Activity-Theoretical Framework [C]. Proceedings of the 44th Hawaii International Conference on System Sciences, 2011.

[6] Okano S, Matsuhira N, Shimokawara, et al. Employing Robots in a Museum Environment: Design and Implementation of Collaborative Robot Network [C]. 16th International Conference on Ubiquitous Robots,

2019.

[7] Palumbo F，Dominici G，Basile G. Designing a mobile app for museums according to the drivers of visitor satisfaction [C]. 1st International Conference on Management，Marketing，Tourism，Retail，Finance and Computer Applications，2013.

[8] Songer N. Persistence of inquiry：Evidence of complex reasoning among inner city middle school students [C]. Paper presented at the annual meeting of the American Educational Research Association，2004.

6. 报告文献

[1] Bitgood S. A comparison of formal and informal learning [R]. Jacksonville State University：Center for Social Design，1988.

[2] Dancu T. Comparing three methods for measuring children' s engagement with exhibits：observations，caregivers，and child interviews [R]. 2006 Annal Meeting of the visitor studies Association，Grand Rapids，MI，2006.

7. 电子文献

[1] Access American Stories，http：//itunes. apple. com/us/app/access-american-stories/id513462347?mt=8.

[2] Rockman et al. Media-based learning science in informal environments[EB/OL]. [2020-3-23]. Background paper for the learning science in informal environments committee of the national research council. http：//www7. nationalacademies. org/bose/Rockman_et%20al_commissioned_paper. pdf.

二、中文文献

1. 图书文献

[1] [加] 埃里克·麦克卢汉. 理解媒介——论人的延伸 [M]. 何道宽，译. 北京：商务印书馆，2004.

[2] [美] D. A. 库伯. 体验学习——让体验成为学习与发展的源泉 [M]. 王灿明，朱水萍，等，译. 上海：华东师范大学出版社，2008.

[3] [美] J. 莱夫. 情境学习：合法的边缘性参与 [M]. 王文静，译. 上海：华东师范大学出版社，2004.

[4] [美] 菲利普·贝尔，布鲁斯·列文斯坦，安德鲁·绍斯，等. 非正式环境下的科学学习——人、场所与活动 [M]. 赵健，王茹，译. 北京：科学普及出版社，2015.

[5] [美] 夸美纽斯. 大教学论 [M]. 傅任敢，译. 北京：教育科学出版社，1999.

[6] [英] 托·亨·赫胥黎. 科学与教育 [M]. 单中惠，平波，译. 北京：人民教育出版社，2005.

[7] 曹兵武. 记忆现场与文化殿堂：我们时代的博物馆 [M]. 北京：学苑出版社，2005.

[8] 丁卫泽. 教育技术博物馆建设与场馆学习 [M]. 北京：科学出版社，2016.

[9] 高文. 教学模式论 [M]. 上海：上海教育出版社，2002.

[10] 郭俊英，王芳. 博物馆——以教育为圆心的文化乐园 [M]. 广州：暨南大学出版社，2011.

[11] 黄荣怀. 移动学习——理论·现状·趋势 [M]. 北京：科学出版社，2008.

[12] 黄希庭. 普通心理学 [M] 甘肃人民出版社，1982.

[13] 刘兴富. 现代教育理论选讲 [M]. 沈阳：东北大学出版社，2009.

[14] 罗炳良. 康有为大同书 [M]. 北京：华夏出版社，2002.

［15］乔纳森，豪兰，摩尔，等．学会用技术解决问题——一个建构主义者的视角（第 2 版）［M］．任友群，李妍，施彬飞，译．北京：教育科学出版社．2007.

［16］乔纳森，兰德．学习环境的理论基础（第二版）［M］．徐世猛，李洁，周小勇，译．上海：华东师范大学出版社，2015.

［17］申克．学习理论（第六版）［M］．南京：江苏教育出版社，2012.

［18］唐卫海，刘希平．教育心理学［M］．天津：南开大学出版社，2005.

［19］王宏钧．中国博物馆学基础［M］．上海：上海古籍出版社，2001.

［20］维果茨基．维果茨基教育论著选（第二版）［M］．余震球，选译．北京：人民教育出版社，2005.

［21］徐士进，陈红京，董少春．数字博物馆概论［M］．上海：上海科学技术出版社，2007.

［22］姚安．博物馆 12 讲［M］．北京：科学出版社，2011.

［23］约翰·杜威．学校与社会·明日之学校［M］．赵祥麟，等，译．北京：人民教育出版社，2005.

［24］张华．张恩富．博物志［M］．重庆：重庆出版社．2007.

［25］张容．南通博物苑品目序．张容全集卷四“事业”［M］．南京：江苏古籍出版社，1994.

［26］郑霞．数字博物馆研究［M］．杭州：浙江大学出版社，2016.

［27］中国蔡元培研究会．蔡元培全集第四卷．杭州：浙江教育出版社，1997.

［28］中国社会科学院语言研究所词典编辑室．现代汉语词典（第三版）［M］．北京：商务印书馆，1996.

2. 学位论文

［1］鲍贤清．博物馆场景中的学习设计研究［D］．华东师范大学，2013.

[2] 李海梅．“互联网+”视野下博物馆的智慧管理［D］．厦门大学，2018.

[3]梁卓越．基于情境感知的个性化推荐算法研究与应用[D]．中北大学，2017.

[4] 刘瑞．概念为本、过程导向的科学学习——基于科学哲学的科学学习理论研究［D］．东北师范大学．2012.

[5] 盛瑨．博物馆展示陈列中的数字艺术应用研究［D］．南京艺术学院，2017.

[6] 王婷．行为、身份与认知的交互：亲子群体博物馆学习机制的文化透视［D］．华中师范大学，2019.

[7] 吴笈．基于移动应用程序的博物馆艺术教育［D］．陕西师范大学，2019.

[8] 徐俐媛．智能手机应用与博物馆教育研究［D］．吉林大学，2013.

[9] 许玄玄．国内博物馆教育中教学交互研究［D］．北京邮电大学，2019.

[10] 于璐．列昂捷夫的活动理论及其生态学诠释［D］．吉林大学，2011.

[11] 张曦．英国博物馆教育的初步研究［D］．吉林大学，2008.

[12] 赵健．网络环境下城乡互动教师学习共同体构建与运行研究［D］．西北师范大学，2011.

[13] 郑奕．博物馆教育活动研究［D］．复旦大学，2012.

3. 期刊文献

[1] Naismith L，Lonsdale P，Vavoula G，et al. 移动技术支持的学习新进展［J］．远程教育杂志，2008（1）：4–13.

[2] Roy Hawkey，李远航，秦丹．在博物馆、科学中心和展览馆中利用数字技术学习［J］．远程教育杂志，2009，（3）：43–47.

［3］鲍贤清．场馆中的学习环境设计［J］．远程教育杂志，2011，（2）：84–88.
［4］鲍贤清．非正式环境中科学学习的生态学视角与学习框架——《非正式环境中的科学学习：人、场所与活动》导读［J］．自然科学博物馆研究，2017，2（1）：84–89.
［5］陈佳利．在过去的时光中相遇——利物浦博物馆高龄教育活动之研究［J］．博物馆学季刊，2017（1）：5–25.
［6］ 陈晴．大数据分析在博物馆场景中的应用——以上海博物馆数据中心为例［J］．科学教育与博物馆，2018，4（3）：188–199.
［7］陈荣，梁美荣，郑旭东，等．新兴信息技术在优化残障人士博物馆参观体验中创新应用的趋势［J］．现代远程教育研究，2016（6）：56–64.
［8］城菁汝，陈佳利．回忆法与英国博物馆：促进年长者参与之应用［J］．科技博物，2009（2）：5–26.
［9］范文翔，赵瑞斌．数字学习环境新进展：混合现实学习环境的兴起与应用［J］．电化教育研究，2019（10）：40–46.
［10］方海光，高辰柱，陈佳．改进型弗兰德斯互动分析系统及其应用［J］．中国电化教育，2012（10）：109–113.
［11］干静枫，唐小云．维果茨基的唯物认识论和方法论的研究［J］．湖南社会科学，2012（5）：37–40.
［12］顾小清，王炜．支持教师专业发展的课堂分析技术新探索［J］．中国电化教育，2004（7）：17–20.
［13］贺琳，杨晓飞．浅析我国智慧博物馆建设现状［J］．中国博物馆．2018（3）：116–126.
［14］黄青松．基于共享式的业务架构设计——以广东省博物馆智慧博物馆平台为例［J］．文博学刊，2019（3）：41–51.
［15］黄卫国．论博物馆地理类型［J］．文博，1993（3）：84–90.

[16] 焦俊一，闵浩 . 基于物联网技术的智慧博物馆综合管理系统［J］. 物联网技术 . 2014（5）：70–75.

[17] 靳知勤 . 以博物馆情境为例探讨国小自然科教师运用社会教育资源充实教学之案例研究［J］. 科学教育学刊 . 1999. 7（2）：111–133.

[18] 康迎彦 . 首都博物馆老年观众行为与需求调查分析［J］. 东南文化，2011（3）：90–94.

[19] 黎先耀，张秋英 . 世界博物馆类型综述［J］. 中国博物馆，1985（4）：19–23.

[20] 黎先耀 . 世界博物馆发展趋势［J］. 科技导报 . 1985（6）：44–46.

[21] 李建萍 . 博物馆青少年教育活动设计之我见［J］. 古今农业，2002（3）：94–98.

[22] 李利 . 论场馆学习支持设计［J］. 现代教育技术，2014，24（05）：19–25.

[23] 刘凤清 . 我们是怎样为中小学的教学服务的［J］. 北方文物，1990（1）：106–107.

[24] 刘健 . 博物馆大数据运用初探——以上海博物馆数据中心项目为例［J］. 文物保护与考古科学，2017（3）：97–103.

[25] 刘健 . 博物馆数据可视化的探索与实践——以上海博物馆数字化建设为例［J］. 博物院，2019（2）：91–97.

[26] 刘婉珍 . 创意认同：博物馆在老龄社会中发挥潜能的实践基础［J］. 博物馆与文化，2017（14）：5–30.

[27] 罗跞，宋娴 . 国内外博物馆儿童教育的研究现状对比及其启示［J］. 科普研究，2019，14（3）：49–57.

[28] 马宪春，周速，刘巍 . 学习资源与学习环境辨析［J］. 电化教育研究，2005（11）：30–32.

[29] 孟庆金 . 学习单：博物馆与学校教育合作的有效工具［J］. 中国博物馆，2004（3）：17–21.

[30] 欧细凡，周志勇，刘博敏，等. 基于眼动追踪技术的产品形态仿生设计研究 [J]. 包装工程，2018，39 (12)：156-162.

[31] 彭文，程乾宁，戴少婷. 基于物联网相关技术的观众行为研究——以“考古工作者手札: 2009—2012秦始皇帝陵考古纪实”展为例 [J]. 中国博物馆，2015 (2)：61-65.

[32] 钱学森，许国志，王寿云. 组织管理的技术——系统工程 [J]. 上海理工大学学报，2011 (6)：20-25.

[33] 秦新华. 智慧博物馆建设研究与思考——以山西博物院为例 [J]. 办公室业务，2015 (01)：33-35.

[34] 青紫馨，伍新春. 学生在科技馆中的对话特点及先前知识的影响作用 [J]. 科普研究，2013 (2)：51-55.

[35] 饶元，吴连伟，王一鸣，等. 基于语义分析的情感计算技术研究进展 [J]. 软件学报，2018 (8)：2397-2426.

[36] 阮晓东. 寻找智慧博物馆 [J]. 新经济导刊，2015 (03)：18-24.

[37] 宋伯胤. 博物馆: 学校以外的教育机构——蔡元培的博物馆观 [J]. 东南文化，2010 (6)：8-10.

[38] 宋伯胤. 博物馆与学校教育——兼论博物馆专业的学制与课程 (一) [J]. 文博，1986 (2)：71-79.

[39] 宋娴，罗跞. 博物馆教育者的专业素质: 特征与框架 [J]. 全球教育展望，2019，48 (6)：119-128.

[40] 宋向光. 博物馆教育是贯穿博物馆一切工作的基本主题 [J]. 中国博物馆，1996 (4)：41-46.

[41] 宋新潮，安来顺. 变革世界中的博物馆: 新挑战新启示——关于2012年国际博物馆日主题的讨论 [J]. 中国博物馆，2012 (2)：4-10.

[42] 宋新潮. 需着力推进的四座国家级博物馆建设 [J]. 中国博物馆，2018 (4)：34-37.

[43] 宋新潮. 关于智慧博物馆体系建设的思考 [J]. 中国博物馆，2015

（2）：15–18.

［44］孙浩．博物馆学习单 ADE 设计模型研究［J］．教育教学论坛，2016（41）：141–142.

［45］孙浩．交互式博物馆学习单的设计与开发——以扬州双博馆学习单设计研究为例［J］．中国市场，2016（29）：230–231.

［46］孙艳超，杜华．国际场馆学习研究：引文编年图与主路径分析［J］．远程教育杂志，2016，（6）：103–110.

［47］唐锡仁．徐继畲与《瀛环志略》［J］．自然科学史研究，1983（3）：68–71.

［48］王乐，涂艳国．场馆教育引论［J］．教育研究．2015（4）：26–32.

［49］王美倩，郑旭东．在场：工具中介支持的具身学习环境现象学［J］．开放教育研究，2016（1）：60–65.

［50］王宁．人类知识的物象与记录考察——博物馆与图书馆关联性研究［J］．中原文物，2016（5）：125–128.

［51］王启祥．博物馆参观活动单之设计与运用［J］．科技博物，1998，2（5）：4–24.

［52］吴梦玲．浅析我国博物馆的无障碍建设与服务［J］．传播力研究，2019，3（12）：197–198.

［53］吴式敏．也谈博物馆教育与学校教育［J］．东南文化，1991（5）：308–310.

［54］伍新春，曾筝，谢娟，等．场馆科学学习：本质特征与影响因素［J］．北京师范大学学报（社会科学版），2009（5）：15–21.

［55］伍新春，李长丽，曾筝，等．科技场馆中的亲子互动类型及其对学习效果的影响［J］．教育研究与实验，2012（6）：88–92.

［56］伍新春，谢娟，尚修芹，等．建构主义视角下的科技场馆学习［J］．教育研究与实验，2009（6）：60–64.

［57］项隆元．中国博物馆事业应该把握现代教育发展的新趋势［J］．中

国博物馆，1986（3）：79–81.

［58］许玮，张剑平 . 场馆中的情境学习模型及其发展［J］. 现代教育技术 . 2015（9）：5–11.

［59］许一伶 . 博物馆与学校素质教育课程建构刍议［J］. 文物世界，2005（1）：72–74.

［60］闫英琪，阿不来提，郭绍青，等 . 基于 Moodle 平台的学习活动设计［J］. 现代教育技术，2008，18（6）：70–74.

［61］严建强 . 博物馆与观众——介绍肯尼思·赫德森的《博物馆社会史》［J］. 中国博物馆，1987（1）：55–59.

［62］尹睿 . 文化取向的技术哲学：当代学习环境研究方法论的新路向［J］. 现代教育技术，2010（11）：5–9.

［63］尹彤云 . 大学博物馆的过去、现在和未来［J］. 博物馆研究，2004（4）：4–8.

［64］于洪，何德牛，王国胤，等 . 大数据智能决策［J］. 自动化学报，2019（4）：1–19.

［65］于小涵，李恒威 . 认知和心智的边界——当代认知系统研究概观［J］. 自然辩证法通讯，2011，33（1）：21–28.

［66］翟俊卿，毛玮洁，梁文倩，等 . 亲子在参观自然博物馆过程中的对话研究［J］. 现代教育技术，2015，25（11）：5–11.

［67］张蓓蓓 . 试析老年参观者走进博物馆的需求［J］. 吉林省教育学院学报（中旬），2015，31（5）：147–148.

［68］张海，王以宁 . 国内教育技术学研究的定义和领域——对教育技术学研究现状的认识［J］. 电化教育研究，2003（3）：7–11.

［69］张衡，张泽宇 . 基于 MEMS 传感器和 Unity3D 的人体运动捕获系统［J］. 图学学报，2015，36（2）：274–281.

［70］张剑平，夏文菁，余燕芳 . 信息时代的博物馆学习及其研究论纲［J］. 开放教育研究，2017，23（1）：102–109.

[71] 张文娟，袁辉．科技藏品的多维信息与多维传播——以“解密编钟”系列教育活动为例［J］．自然科学博物馆研究，2019，4（3）：21–27.

[72] 张小朋．智慧博物馆核心系统初探［J］．东南文化，2017（01）：109–114.

[73] 张燕，梁涛，张剑平．场馆学习的评价：资源与学习的视角［J］．现代教育技术，2015（10）：7–13.

[74] 赵靓．语音导览的发展及在博物馆的应用——以中国国家博物馆为例［J］．计算机产品与流通，2018（4）：236–237.

[75] 赵廷鹤，辛治宁．博物馆高龄观众的经验与需求初探［J］．博物馆与文化，2017（14）：31–59.

[76] 郑旭东，李志茹．新兴信息技术在场馆学习中的创新应用：现状、趋势与挑战［J］．现代教育技术，2015（6）：5–11.

[77] 郑旭东，吴秀圆．教育研究取向转变进程中的会话分析：真实场景下教学研究的一种工具性支持［J］．电化教育研究，2015（1）：18–22.

[78] 郑旭东．从博物馆教育到场馆学习的演进：历史与逻辑［J］．现代教育技术，2015（2）：5–11.

[79] 郑旭东．培育反思性实践者——博物馆教育工作者专业发展的现实与未来［J］．现代教育技术，2015，（7）：5–11.

[80] 中国历史博物馆群工部．谈博物馆与学校教学［J］．中国博物馆，1985（1）：55–59.

[81] 钟启泉．学习环境设计：框架与课题［J］．教育研究，2015（1）：113–121.

[82] 钟志贤．论学习环境设计［J］．电化教育研究，2005（7）：35–41.

[83] 周国梅，傅小兰．分布式认知——一种新的认知观点［J］．心理科学进展，2002，10（2）：147–153.

[84]朱旭初，郭青生，张雷，等 . 上海地区博物馆教育的现状和前景[J]. 东南文化，1988（Z1）：171–177.

[85] 朱铁灵 . 新媒体艺术的多种视觉感官设计——试论其在中国当代博物馆中的应用[J]. 南京艺术学院学报：美术与设计，2016，163(1): 215–218.

[86] 邹慧玲 . 论博物馆教育与学校教育的关系 [J] . 南昌高专学报，2001（2）：31–33.

4. **报纸文献**

[1] 陈卫平 . 从创建南通博物苑看张謇的大教育观 [N] . 中国文物报，2002–08–30（08）.

[2]刘华成 . 智慧博物馆的新实践 [N] . 中国文物报，2018–11–16（06）.

5. **会议文献**

[1] 邱克 . 增强现实技术在博物馆的运用 [C] // 北京数字科普协会会议论文集，北京数字科普协会，2015.

[2]尚修芹，伍新春 . 不同类型任务单对学生场馆学习效果影响研究 [C] // 第十二届全国心理学学术大会论文摘要集 . 中国心理学会，2009.

6. **电子文献**

[1] 2008 年政府工作报告 [EB/OL] . [2008–03–05] . http://www.gov.cn/test/2009–03/16/content_1260198.htm.

[2] 中共中央办公厅，国务院办公厅 . 关于进一步加强和改进未成年人校外活动场所建设和管理工作的意见 [EB/OL] . [2006–01–21] . http：//www.gov.cn/gongbao/content/2006/content_291935.htm.

[3]关于全国博物馆、纪念馆免费开放的通知 [EB/OL] . [2008–01–23] . http://www.gov.cn/gzdt/2008–02/01/content_877540.htm.

[4] 中共中央办公厅，国务院办公厅．国家中长期教育改革和发展规划纲要（2010—2020 年）[EB/OL]．[2010-07-29]．http：//www.moe.edu.cn/publicfiles/business/htmlfiles/moe/moe_838/201008/93704.Html.

[5] 国务院．博物馆条例（国务院令第 659 号）[EB/OL]．[2015-02-19]．http：//www.gov.cn/ zhengce/2015-03/02/content_2823823.html.

[6] 国务院办公厅．关于印发全民科学素质行动计划纲要实施方案（2016—2020 年）的通知 [EB/OL]．[2016-02-25]．http://www.gov.cn/zhengce/content/2016-03/14/content_5053247.htm.

[7] 教育部．基础教育课程改革纲要（试行）[EB/OL]．[2001-06-08]．http：// www.gov.cn/gongbao/content/2002/content_61386.htm.

[8] 文化部，国家文物局．关于公共文化设施向未成年人等社会群体免费开放的通知 [EB/OL]．[2004-03-19]．http：//news.xinhuanet.com/zhengfu/2004-03/25/ content_1383710.htm.

[9] 教育部．完善中华优秀传统文化教育指导纲要 [EB/OL]．[2014-03-26]．http://old.moe.gov.cn//publicfiles/business/htmlfiles/moe/s7061/201404/xxgk_166543.html.

[10] 中共中央国务院. 关于深化教育改革，全面推进素质教育的决定 [EB/OL]．[1999-06-13] .http://old.moe.gov.cn/publicfiles/business/htmlfiles/moe/moe_177/200407/2478. html.

7. 其它

[1] 文化部，国家发展改革委，教育部，科技部，民政部，财政部，国家文物局，解放军总政治部，全国总工会，共青团中央，全国妇联，中国科协．关于公益性文化设施向未成年人免费开放的实施意见 [Z]. 中华人民共和国教育部公报，2004（12）.